本书内容为厦门市社会科学界联合会、厦门市社会科学院2011—2013年厦门市社会科学调研重大课题"闽台历史民俗文化遗产资源调查"系列课题研究成果之一，课题由厦门理工学院承接并组织完成。

闽台历史民俗文化遗产资源调查系列

2013年
厦门社科丛书

中共厦门市委宣传部
厦门市社会科学界联合会 合编

郭肖华 林江珠 黄辉海 著

闽台

民间节庆传统习俗文化遗产

资源调查

厦门大学出版社
XIAMEN UNIVERSITY PRESS
国家一级出版社
全国百佳图书出版单位

《闽台民间节庆传统习俗文化遗产资源调查》

本 专 题 主 持 人：郭肖华　　林江珠

本 专 题 组 成 员：郭肖华　　林江珠　　胡　丹　　姜　艳
　　　　　　　　　戚丹丹　　黄辉海　　王煌彬　　曾丽莉
　　　　　　　　　王商书　　朱秀梅　　林婉娇　　陈春香

本 专 题 图 片 摄 影：王煌彬　　黄辉海　　林江珠　　郭肖华
　　　　　　　　　刘芝凤　　戚丹丹　　柯水城

参加田野调查人员：上官婧　　王　珍　　王煌彬　　王商书
　　　　　　　　　田　楠　　冯银淑　　叶志鹏　　刘芝凤
　　　　　　　　　刘少郎　　刘丽萍　　匡　妙　　池荣秀
　　　　　　　　　李　钰　　李耿豪　　李稚珍　　李素芹
　　　　　　　　　汪文华　　庄忆雯　　吴　岚　　朱秀梅
　　　　　　　　　朱雅君　　林江珠　　林婉娇　　胡　丹
　　　　　　　　　陈伟宏　　陈春香　　陈子冲　　沈少勇
　　　　　　　　　林春红　　林佳荔　　林龙明　　和立勇
　　　　　　　　　黄辉海　　柯水城　　郭肖华　　姜　艳
　　　　　　　　　戚丹丹　　郑慰琳　　曾丽莉　　曾晓萍
　　　　　　　　　唐文瑶　　张凤莲　　卢艺强　　康加宝
　　　　　　　　　康　莹　　郑振嗣　　黄雅芬　　姜艳宏
　　　　　　　　　谢翠娜　　陈燕婷　　谢　楠　　谢　辉
　　　　　　　　　徐　辉　　谢赐龙　　郑元聪　　连小莉
　　　　　　　　　郭文源　　陈景贤　　翁艳艳　　黄雅瑜
　　　　　　　　　章紫丹　　张丽婷　　傅素勤　　高自宋
　　　　　　　　　郭丽萍　　黄艺娜　　袁　庆　　谢育仪
　　　　　　　　　周美容　　游燕燕　　蔡庆卫

1. 澎湖岛上的元宵灯会
2. 2014年元宵节澎湖岛上的太岁灯
3. 澎湖元宵锣鼓阵
4. 澎湖岛上元宵节上的舞龙
5. 石狮蚶江镇端午海上泼水习俗
6. 泉州市安溪县蓬莱镇春节祭祖节俗
7. 长汀彭坊村民为闹元宵准备鞭炮
8. 连城县罗坊乡下罗村元宵节走古事
9. 澎湖岛上的元宵灯节

1

2

3

4

5

1. 杜浔镇正阳村二月社祭玄天大帝
2. 漳州市诏安县东沈村好事节抬菩萨巡境
3. 抬菩萨巡境
4. 2012年正月初九，黄红武校长（右二）带队
   考察龙岩市永定县坎市打新婚习俗
5. 长汀彭坊纸龙灯闹元宵（彭庆华提供）
6. 舞龙舞狮是闽台节事活动的重要阵头
7. 漳州长泰县江都村排大猪祭三公

6

7

1. 台湾高雄清醮信仰节俗中的舞狮
2. 台湾高雄县新源里清醮祭祀
   节俗：狮阵
3. 台湾新竹佛祖巡游
4. 澎湖岛过上元节时，
   渔民为"有应公"奉祀
5. 台湾客家人义民节赛大猪
6. 台湾七月半鬼节城隍爷巡境习俗

1. 长汀县举河村菩萨巡田时村民打泥巴仗以求沾财多福，五谷丰收
2. 长汀县童坊镇举河村立春时节，当菩萨巡境到自家田头时，
   都会事先准备好案桌进行田头祭祀，以求五谷丰登
3. 为求一年风调雨顺、国泰民安，每年正月十五龙岩连城县罗坊乡都有走古事习俗
4. 台湾新竹县城隍庙会上的艺术表演
5. 台湾台中大肚区民俗节庆
6. 林江珠和刘芝凤教授率学生做节俗调研
7. 课题组在漳州漳浦县杜浔镇正阳村考察二月社节俗
8. 郭肖华、林江珠、胡丹在云霄县采访节俗
9. 课题组郭肖华（右二）等在台湾新北市乌来乡泰雅人家采访节俗

总　序

　　闽台历史民俗文化是民族文化和地域文化的融合体，是中国当代文化的有机组成部分。对闽台历史民俗文化进行全方位的调查与研究，是继承和发扬优秀传统文化的基础性工程，也是厦门社科工作者义不容辞的责任。

　　经过多位社科专家学者数年的努力，《闽台历史民俗文化遗产资源调查》丛书终于面世了。该套丛书涵盖闽台民间信仰习俗、民间文学、民间艺术等十三个方面，视野宽广、资料翔实。注重田野考察，掌握第一手资料，是该套丛书的一个鲜明特点；收集保存珍贵的民俗文化遗产资源，纠正相关研究中的一些资料文献误差，是该套丛书的又一个重大贡献。

　　两岸同根，闽台一家。福建和台湾文化底蕴相通、学术传统相似，《闽台历史民俗文化遗产资源调查》的出版就是一个很好的范例。习近平总书记最近指出，"要使中华优秀传统文化成为涵养社会主义核心价值观的重要源泉"。如何进一步挖掘闽台特色文化资源，让人民群众在优秀历史文化的传承中受到启迪和教育，切实"增强文化自信和价值观自信"，是时代赋予的重大课题。我期待厦门社科研究工作一直走在全省、全国的前列，体现出应有的担当。

中共厦门市委常委、宣传部部长

叶重耕

目录

第一章
综　述

　　节日是人类社会各个族群普遍传承的一种重大的显性文化事象,是民族文化的重要表征,是最具地方特色、蕴含丰富意义的区域文化符号。

　　中国的传统节日历史悠久,内容丰富,形式多样,有很强的内聚力和广泛的包容性。一到过节,举国、举县、举乡、举村同祭、同庆,其社会作用之大,历史认识价值、文化价值、艺术价值之重也是所有民俗中最重要的部分,是我国宝贵的精神文化遗产。

　　福建与台湾,一水之隔、一脉相承。闽台之间地缘近、史缘久、血缘亲、语缘通、商缘深。特别是民间传统节日,沿袭了大部分汉文化遗风,从节日时令、内容、形式上,都呈现出相同或相近的特征。

　　当然,随着社会政治、经济、文化的不断发展,民间传统节日也受到现代工业文明的洗染,在节日流程仪式、器皿物什、时空场所等方面都带上了鲜明的时代烙印。闽台之间由于文化传承、"原住民"分布的族群文化差异而在民间传统节日上也有了一定的差异。

　　归纳、梳理闽台民间传统节日,对传统文化礼仪及道德俗规的遵从和承继以及对美好生活的憧憬与祝福,都十分具有意义。

第一节　闽台民间传统节日田野调查概述

　　《闽台民间节庆传统民俗文化遗产资源调查》系 2011 年度厦门市重大社科调研项目《闽台历史民俗文化资源调查》的子课题。项目于 2011 年 5 月正式立项,总主持人为厦门理工学院刘芝凤教授,本项目主持人为厦门理工学院数字创意学院院长(原文化传播系主任)郭肖华副教授,组员包括林江珠、胡丹、姜艳、戚丹丹老师及 20 余位在校本科生。

　　本课题在总课题负责人刘芝凤的统一指导和安排下,确定该项目研究任务与执行时间、调研进程规划。课题组成员分工:郭肖华副教授作为项目负责人,负责课题研究的总体设计、调查实施资料分析与文本撰写,林江珠副教授负责田野调查与资料搜集,协助资料分析和文本撰写;胡丹参加田野调查,协助文献资料的搜集与分析,姜艳、戚丹丹负责摄影和摄像工作;在综合组刘芝凤、林江珠、胡丹、姜艳等老师以及王煌彬、黄辉海、曾莉丽、唐文瑶、庞聪等23位学生协助下进行田野调查与问卷搜集整理。

本课题组总计完成福建省8个大市的49个县市、78个镇以及132个自然村田野调查记录以及台湾地区的台北市、新北市、台中市、南台市4个直辖市,基隆市、新竹市2个省辖市,苗栗县、南投县、竹北县、屏东县、台东县5个省辖县,还有金门县的闽台传统节庆习俗资源调查。

本项目共回收到闽台传统节庆民俗调查问卷904份,完成田野调查报告和调查记录78篇,接受深度访谈者234人,调查拍摄照片和视频资料3T,公开发表论文5篇。

一、田野调查概述

自2011年5月立项至今,课题组足迹遍布福建省内大部分地区,3次赴台实地踏访,通过随机调查和座谈讨论等方式,相继考察了若干颇具影响力的与民间信仰相关联的节庆内容和仪式规程,特别是传统民间信仰恢复和节庆习俗保存相对较好的台湾客家人聚集区。

采访村落老者

采访赛大猪冠军家庭

本项目研究节庆活动内容、形式和参与者,在跨学科的研究设计中,秉承价值中立的原则,重点在田野调查。

课题组的田野调查主要围绕时间线索展开,即按一年四季的节气时令安排节日活动调查,制定了分区、片普查节日工作流程表。

课题组做好前期的考古资料、历史文献的梳理工作,并紧密结合田野调查,补充细节,使课题研究的总体方案不断深入。

自 2012 年 5 月到 2013 年 1 月期间,课题组主要推进福建省内传统节庆习俗资源的筛查补漏性调研工作,组织 3 次赴台,针对台湾客家人褒忠义民爷祭祀庆典、平埔族信仰中心竹堑社采田福地、新竹县城隍爷巡境、镇澜宫翡翠妈祖进香绕境、佛祖绕境、泰雅人丰年祭等作了全过程记录,同时收集整理闽台传统节庆习俗的文献资料,并且对与中国传统民俗节日相关的研究专著做专门阅读、札记。

采访泰雅人的节庆活动

丰年祭活动间隙采访部落长老

在乌来泰雅人部落实地访问

二、调查研究的思路及方法

由于两岸在政治、经济和社会文化发展进程不同,闽台两地节庆,存在一定的差异性。这就需要我们做脚踏实地的田野调查,辅以和考古验证与文献阅读紧密结合的形式,才能较全面解读闽台民间传统节日演变发展的结果。

本项目的调查研究主要围绕两个民俗片区平行展开:

一片区,为福建民俗区,按照方言分为漳泉同闽南区、客家地区、三明永安地区、莆田地区、福州地区、福安畲族地区、南平地区、武夷山地区等八个区块普查。

一片区,为台湾民俗区,按照地理条件参考族群分布状况,分成客家人地区、漳州府移民聚集区、泉州银同移民聚集区、台湾"原住民"分布区等四个块区调查。

平行调查,主要依据闽台传统节日历法习惯,农历时间表规划项目调查任务,具体调查记录田野点举办节庆时间、节日仪式和活动流程等。

本调查的主要方法:

(1)文献调查法。针对众多文献的描述捕捉闽台历史流变中的传统民俗特别节庆习俗的细节。

(2)田野调查方法。制定调研时间表,按照闽台民俗节庆习俗时间进行地区田野调查。

(3)深度访谈方法。闽台传统节庆习俗的流变现象明显,虽然节庆习俗活态传承形式丰富,但闽台民间传统民俗有按需取舍的特点,即按照生产和生活需要安排节庆时间、地点和活动内容,容易出现伪民俗之状况,需要加强对民俗专家的咨询和访谈。

三、调查难点及创新点

本项目调查难点:

(1)闽台节庆习俗历史流变现象明显,为预防出现伪民俗之状况,需要加强对民俗专家的咨询和访谈。

(2)闽台民众奉行"头上三尺有神明"的信条,传统节日仪式与民间信仰交融一体,在研究上无法严格分离。

(3)闽台传统节庆习俗调查,全年时间分布不均衡,重大节庆时间段相对集中、活动相当频繁,如正除夕正月,农历七、八月等,加之两岸调查地域跨度大、语言分区差异,课题组调查人员和地点调度有一定难度。

本课题调研过程中遇到的问题之一是,闽台节庆直接传承的活态文化丰富,但因政府发展经济的需要,有增加节庆和改造民俗的移花接木现象,如宁德屏南县双溪镇端午节,镇政府为配合白水洋旅游开发,开发"端午走桥"的节日仪式,其中有请巫师作法祭拜屈原的仪式,这使得节庆资源调查时真伪难辨。

本项目调查的创新在于:

(1)闽台传统节庆习俗调查从民俗学方向进行研究,不仅介绍节庆,而且把节日仪式、活动程序以及作用的具体细节挖掘了出来,详细地补充了相关文化史。

(2)闽台民间传统节庆活动的参与群体,以老人和妇女为主,但重大节庆活动时社会精英阶层参与度高,这是值得引起关注的社会现象。

(3)闽台传统节日与民间信仰、祖先崇拜和宗族文化结合密切,因此与民间信仰相关的祭祀节日是重要民俗旅游资源,可培育成为新型的旅游文化业态。

第二节　闽台传统民间节日形成的自然与人文背景

俗语道:"一方山水养一方人",说的就是不同的自然环境与地理条件,会约定俗成不同的区域民俗文化。

一、特殊的自然环境对闽台形成民间节庆的作用

福建位于我国东南沿海地区,地理特点为"依山傍海",东南方向海岸线长,东南海岸曲折,岛屿众多,海域茫茫,海路可以到达南亚、西亚、东非,是历史上海上丝绸之路的起点,也是海上商贸集散地;西、北方向多山,全省山地丘陵面积约占全省土地总面积的90%;山地多为森林覆盖,森林覆盖率达62.96%,居全国第一。

福建省的土壤东北与浙江省毗邻,西、西北与江西省接界,西南与广东省相连,东隔台湾海峡与台湾岛相望。福建省在东南海域特殊的地理位置与自然环境,自古以来,就为历史上另立城池、逃避战乱、固守海防、开辟海上丝绸之路提供了特殊的条件。

　　台湾宝岛宜人生活的自然环境与特殊地理条件,同样也为聚集异乡他族入台发展发挥着重要作用。闽台的自然环境和自然现象的地理位置对闽台形成与众不同的传统节庆日起到巨大的促进作用。如高山族群的少数民族节庆日多以宗社为单位,围绕狩猎、旱地耕作收获而形成庆典祭祀节庆日;而生活在平原、城市的漳泉后人却以祖籍地渔业生产和稻作生产传统节庆习俗为节庆习俗;闽南沿海及台湾东西海岸则几乎都保留了拜妈祖、烧船王等与海事相关的祭祀活动;台湾光复前后入台的大陆汉人,却保持着中原传统时令节庆日习俗。这些不同和相同的节庆习俗与各自处在的自然环境和因自然环境产生的生产习俗有直接的关联。

烧王船也与现世结合

二、特殊的人文历史背景对闽台形成民间节庆的作用

　　福建历史上以境内纵贯南北的鹫峰山(戴云山)博平岭为中轴线,形成沿海与内陆的分野。福建沿海通常又分为闽东(相当于闽江下游流域,含福州府和福宁府)、莆仙(相当于木兰溪流域,含兴化府)、闽南(以九龙江和晋江流域分为两地泉漳二府)三大区域,这也是沿海的三大方言区;内陆地区则以沙溪一线为界,大致分为闽江上游所属的闽北(含建宁、邵武、延平三府)与汀江流域的闽西(含汀州府和龙岩州)。有闽东、闽南、闽西、闽北之分。

　　福建地区因为其地理位置的特殊性,聚集了本土古闽人、中原人、江浙粤赣人等,这种南北文化交流磨合,复杂的人文背景,促成了时下特殊的福建节庆文化。

　　福建因其"依山傍海"特殊的地理位置和自然环境,史前是人烟稀少、自给自足的人间伊甸园。以文物发掘为例,从为数不多的旧石器时代发掘的文物和新石器时代发掘的文物看,相比中原地区和西南地区,文物点和数量都是少的,在文物业界还称不上文物大省。然而,从出土的文物看,类别、品种和质量,都不亚于同一时期其他省地的同一类种。

　　比如三明市岩前村万寿岩灵峰洞旧石器时期遗址发掘的文物,位于万寿岩西南面的峭壁上,相对高度 37 米,在洞内堆积的第三层中,清理出石制品 70 余件以及一批哺乳动物化石,该层钙板经铀系法测定,距今 18.5 万年。船帆洞遗址位于万寿岩西坡岩脚,相对高约 3 米。洞内地层包含上、下两组文化堆积。下文化层年代为距今 3 万～2 万年,发现有人工石铺面等遗迹。石铺面展露约 120 平方米,中部留有一块土质地面形成中央活动区,出土了石制品近百件,伴生的动物化石有巨貘、中国犀、鬣狗、虎、棕熊、牛类等 10 余种。上文化层年代为距今 1 万年左右,出土石制品 80 余件,石器全部打制,共存的文化遗物还有磨制的骨锥、骨匕、角铲以及一件带人工凹槽的角饰件。出土的动物化石中,有明显烧烤痕迹的数量较大。①

　　三明万寿岩旧石器时代遗址发掘的文物是一项非常了不起的发现,其120 平方米的人工石板铺面的发现,不但将福建的人类文明历史提前到3 万～2万年之前,还体现出古闽人在精神与物质生活上的质量之高。这与全国其他地区同一时期出土的文物相比,很明显具有超高生活质量。其距今 1 万年左右磨制的骨锥、骨匕、角铲以及一件带人工凹槽的角饰件等文物的发掘,说明这一时期古闽人不仅能依靠自然而生存,而且有非凡的睿智,科学的头脑,能利用狩猎的猎物骨头,制作骨器生产工具。与同一时期中国最早也是世界上最早的稻作文化遗址江西万年县仙人洞遗址、湖南道县玉蟾岩相比,同样也不逊色。湖南和江西因地理位置不同,自然环境适宜种水稻,因此,二地的先人发明了人工栽培稻的制作技术,除石器之外,有骨制工具;而三明是福建省的内陆,同样也是稻作地区,因此发明的生产工具有很大的相似之处。与江西万年县发掘出的 1 万多年前的骨制器相比,三明发掘的骨制器种类比之丰富,专业使用性也明显超过后者。

　　福建节庆习俗形成的人文背景主要反映在历史上几次大迁徙事件上。秦汉时期,福建已是独霸一隅的闽越国了。因闽越王造反而遭镇压,汉武帝强制

---

　　① 《福建三明发现距今近二十万年旧石器时代遗址》,www. chinanews. com/2000 - 11 - 29/26/58486. html,访问日期:2013 年 11 月 29 日。

性将闽人迁出闽地,这是历史上第一次大规模的迁徙。距今 1700 多年前的二晋时期,因流官制度和其他原因,山西、河南、山东一带的中原人开始陆续入闽,这对闽地节庆文化影响最大,甚至改变某些区域节庆习俗。

唐代有两次中原人入闽事件。一次是距今 1300 多年前随陈征、陈元光入闽开漳的中原人,成建制数万人军队开进闽南,屯兵、屯垦,安家立业;再是距今 1100 多年前晚唐河南人王审知率军入闽,建立闽王体制。这两次中原人入闽,从闽南到福州,中原文化从磨合到主导,对闽地传统文化产生了深刻的影响,使闽地文化发生从质到量的演变事实。

自秦以降至魏晋隋唐,大批中原士民入闽遂与闽越古族铸融为一体,形成了闽台地区独特的区域民俗文化。不仅其语言多样、风俗多样,节日习俗也呈现多样化特征。

此外,唐宋时期,尤其是宋代,中原汉人也有两种形式大量入闽。一是南宋末年,元军占领南宋国都,不愿降元的皇室和军政要人,20 余万人迁都福州,之后在两年多的时间内被元军追打到闽南到广东珠江一带沿海,最后张世杰将军战死海上,文天祥被俘就义,陆秀夫背着 8 岁的小皇帝投海自尽,南宋覆没。被打散的 20 余万将士和家属,有的逃难到台湾,有的沿闽南沿海躲藏深山野村隐姓埋名,忍辱负重地生存着。晋江星海村"生吴死赵"习俗就是因此形成的。漳州长泰县三都村、江都村每年一次"排大猪祭三公"(文天祥、陆秀夫、张世杰)节祭习俗传承了几百年,莆田市仙游县盖尾镇前连村还保存着清乾隆年间重修的祖墓,上面写的是宋左丞相。这些从南宋古都浙江临安迁来的 20 余万人中,有中原人,也有江南人。南宋皇室迁徙入闽,使闽文化再一次经历了文化多元化的大融合。

长泰县乡村的"排大猪祭三公"节事活动

长泰县乡村的"排大猪祭三公"节事活动

宋代,从闽南泉州港、厦门港到福州港的海上丝绸之路商业蓬勃发展、开发,福建沿海开始接受西方文化。从18世纪到20世纪初的清末民国初年,赴外国做劳工的华人数以百万。而这一时期洋人、洋船、洋文化也随之入闽。因此,在福建传统的民间节庆上除了增加了中原的时令节日,还增加了外来宗教的节庆日。

台湾相比福建而言,它是福建的避难地,也是闽、浙、粤及内地逃生、发展的目的地。每次福建发生大的战乱或自然灾害,就会有大量的难民冒着生命危险,渡海入台。从最早的"原住民"入台,到明清时期随郑成功收复台湾,成建制数万人入台,大量的闽南人、广东人陆续成为台湾的居民。据道,台湾汉人中,74%是闽人。而"原住民"迁入高山深处,变成了"高山族"。

闽台地区因特殊的地理位置和人文背景,形成了文化多样化,十里不同风、百里不同俗的节庆现象。

从大文化圈分析,有闽都三山文化、莆仙妈祖文化、闽南信仰文化、闽北理学文化、闽东畲族文化、闽西客家文化等绚丽多彩八闽文化,在传统民间节日上,类型多、分布广,呈现了丰富而独特的地域特色。

第三节　闽台民间传统节日的文化特征与研究意义

一、闽台民间传统节日的文化渊源及文化特征

闽台民间传统节日的形成和演变,受地方文化的影响颇深,同时又与传统农业、渔业的生产习俗息息相关;而有时,因生产、生活需要的引申出的信仰,如对大自然的山水崇拜,土地崇拜或生产丰收祭的五谷神以及人之生死轮回的生命寄托等,在传统世俗节日中常常成为形式背后重要的精神依归;在社会发展进程中,外来宗教的进入与传播渗透,也让新的传统节日从内容到形式都打上了跨地区交流,跨文化交融的印记。

(一)承继性

承继性,是指文化传统在岁月更迭中、区域迁徙中仍然保持在内容要义、形式物什、审美意趣上的关联与沿袭。闽台民间传统节日,在大部分地区具有关联性和承继性的特征。比如在台湾有过半年节的习俗,农历六月是一年的一半,人们把六月初一到十五这一时段称为半年节。这时的天气一般很热,俗话说,"冷在三九热在三伏"。"三伏"之说,即以夏至日起,十天为一伏,称为头伏、中伏、末伏。由于夏伏较热,食欲缺乏,故人们饮食上较需谨慎。传统习惯中,新娘,初伏时就会被娘家接回家小住一阵子,以免过于劳累,称为"歇夏";结婚较久的媳妇也可趁此回娘家小住,省亲叙旧。此一习俗目前在台湾一些农村还被沿用,媳妇在回娘家时要带"等路"(礼物),等到回婆家时也要准备礼物,称为"款礼路",多则十二项,少则六项,其中多有栋蓝、洋伞、扇子、龙眼、木屐、四方糕仔等物,象征吉祥。

六月梅雨已过,故有以六月六日为"暴衣节"的古俗,谚语有云:"六月六,暴龙袍。"民间即在此暴晒衣被、图书等物;以往老人有准备"寿衣"的习俗,也取出暴晒,称为"张寿衫"。主要是为了去除梅雨的霉气,并准备晒后收藏冬衣,此为具有古代卫生教育功能的节日,这一习惯与大陆其他地区民俗是一样的,每年六月初六这天,老人们就会把家里的所有过冬的衣被都搬出来曝晒,这样可以防霉、消毒。

"半年节"的习俗,最早主要是福建闽南地区的漳州人和泉州籍的同安

人所过的节日。历书上把一年分为十二个月,自农历元月到六月刚好半年,这个节日主要是庆祝农作的丰收,民众为了感谢天地神明与祖先的庇佑,使得该时节能有丰硕的农作收成,生活无虞,为此准备供品而来。在台湾早期的漳州籍、同安籍人士,仍保留吃"半年圆"的习俗。先将汤圆和牲礼祭拜神明及先祖,以示谢恩之意,然后全家才共同食用,也是象征团圆的美意,所以半年节又称半年圆。后来这个习俗在台湾很多地区流行起来。

由于半年节多在农历六月初一或十五祭拜,正逢民间每月初一、十五拜土地公犒将的日子,所以一般多在当天准备牲礼等祭品和半年圆一同祭拜神明和祖先的默默庇护。

(二)交融性

交融性,是指文化传统在岁月更迭中、区域迁徙中因着地域、族群的不同而互为影响和融合。闽台民间传统节日,有一些流传民间已久,但地域不同,形式也互为交融。以农历腊月二十四日(或二十三日)祀灶神,俗称"祭灶"为例。古代祭灶是纪念发明锅灶、教人吃熟食的"先灶者",后来逐渐才演化成祀灶神。相传汉代阴子方腊月见灶神,以黄羊祭祀,遂成巨富,因此人们便在腊月祭灶。到了唐、宋时期,祭灶固定在腊月二十四日进行。明代时有"军三民四"或"官三民四"之说,因而祀灶时间有二十三日与二十四日之分。清代以来,福建多数地区在腊月二十四日祭灶,但也有人在二十三日进行。

祭灶的主要习俗是拂尘、换灶神像、祭祀灶神。拂尘就是打扫卫生。祭灶这天,家家户户打扫屋宇,洗涤器皿家什。尤其是厨房,从灶台、锅盖、桌椅,到菜橱、门窗,都擦洗得干干净净。拂尘的工具也颇为讲究,在漳平,许多人特意为此上山采一种当地人称作"扫豚西"的灌木枝,绑在长竹竿上,专门用来打扫天花板、屋檐等处。在福清,扫尘用的是新砍来的竹枝捆扎而成的扫帚,而且中午要吃猪血滑茹粉(当地人认为猪血有排除吸入体内尘污的作用)。祭灶日搞卫生的习俗,至今在全省还普遍流行,不过有些地方则提前到二十日进行。

旧时,一般人家的灶台上方都贴有灶神像。当搞完卫生之后,便要换上新的灶神像。灶神像是从街上买来的图,有的用套色木板印刷,更多的是单色木板印刷。灶神形象都是方脸大耳,威仪俨然。灶神也称灶王爷或灶君菩萨,依地区不同有不同的叫法。福州地区的灶神是一对夫妇,男的称"定福灶君",女的叫"增寿夫人",俗称"灶公、灶妈"。灶神图上署有他们的尊号。图的上方书"东厨府",两侧写"调和鼎鼐神仙府,善理阴阳宰相家"。连城的灶神则是个女的,叫"灶神奶奶",俗称"灶头神龛妈"。祭灶日,有的人家换上新的灶神奶奶图,有的人家只贴上写着灶神尊号的红纸。灶神尊号不一,有的写"九天练厨司命九天元皇感应天尊",有的写"南天护福星君利济真卿东厨司命万化天尊"等等。神像或尊号两侧大多配以对联,常见的是"上天言好事,下界保平安","上天奏善事,回驾赐祯祥"。在莆田,灶神像旁多写"灶公多赐福,弟子大虔诚"。现在,灶神像和尊号大多不贴了,或被"春牛图"等所取代,但还有些人家仍保留着祭灶换灶神图的习惯。

祀灶最主要的活动是祭祀灶神。民间传说灶王爷是玉帝派驻人间百姓家中监察善恶的神,每年上天述职一次,汇报每家所行善恶的情况。上天之前,家家户户都为其饯行。旧时福建祀灶相当隆重,祭品多具牲醴、瓜果、糖饼,唯恐不敬。意在让灶神上天后多讲自己的好话,不说坏话。福州祀灶旧俗最是繁琐,腊月二十三日夜祭"荤灶",二十四夜祭"素灶"。祭"荤灶"时,专供鱼、肉、鸡、鸭、美酒,祭品共十盘,并以红酒糟涂在灶口,即所谓"醉司命"。其用意是让灶神爷喝个烂醉,不会在玉帝面前说三道四。祭"素灶"时,供的是菠菜、豆腐、花生、甘蔗、荸荠、福柑以及灶糖灶饼等素菜,也为十盘。之所以用素,传说怕灶神爷贪馋,若再用荤,喝得太醉,在玉帝面前信口开河、胡诌一通,岂不坏事。灶糖灶饼是极具福州地方特色的食品,祭灶时绝不能少。一说用它来粘住灶神爷的口,使他不能在玉帝面前说坏话;一说用它来甜灶神爷的口,让他一开尊口便是好话。福州的一首童谣,道出了人们祭灶的心理和愿望:"尾梨(即荸荠)尖尖,灶公上天。灶公上天讲好话,灶妈下地保佑奴(福州方言,'我'的自称);保佑奴爹有钱赚,保佑奴奶(福州方言,即母亲)福寿长。"

霞浦的祭灶也颇为隆重,据民国版《霞浦县志·礼俗》(卷二四)记载:"祀灶之夕(或二十三,或二十四,各依先例),人家具牲醴,并各种糖食果品祀社神。焚香鸣炮,声闻四境。祀毕,布席而餕,俗称祭灶酒。祀灶之前后数日,盛设牲牢、年糕、福橘及山海各珍品。罗列堂前,以谢天神地祇。并延道士摇铃读祝,俗称还福,即古大祝祈福之意。"可见祭祀之盛。上杭祀灶在二十三日夜。祀灶的前几天,有僧尼挨户送"灶札"。"灶札"实为"奏札",黄纸制成,上印有奏文,说是专供灶君上奏玉帝时使用。祀灶之夜,备香烛糖果祭灶君,焚烧纸钱及"灶札"。祭完之后,把糖果分与儿童。建宁旧俗认为灶神二十四上天,二十五日返回人间过年,因此在二十三日晚供果品、茶、酒、米糖送灶神,二十五日再设供品迎接,俗称"过小年"。尤溪称祭灶为"大寒节",除了以糖食和果品祭灶神外,许多人家还从龙山挖土增灶。挖的人多了,被认为有伤地脉,后予禁止。

厦门的大多人家在二十四日祀灶送神,供品丰盛。俗传二十四日百神上天述职,为此玉帝于二十五日派天使降临人间监察。所以这天又多设香案迎接,不敢怠慢,并且忌恶语骂人,不干渎慢之事,不讨债。漳平的祀灶也有祭"荤灶"和祭"素灶"之分,与福州不同的是,漳平不分两次祭祀,仅依供品的不同而名称不同。有的地方用鱼肉为供品,称祭"荤灶",有的地方以瓜果糖饼为供品,则叫祭"素灶"。尽管祭品各异,但仪式与目的相同,都焚香点烛,祈祷赐福,正如民谣所说:"一盘瓜果糖,点燃三炷香,上天言好事,下界保平安。"

现在,祀灶日的各种祭祀活动在一些地方仍有进行,不过已大为简化。祀灶作为民间传统节日,实际成为春节活动的开端。

(三) 变异性

变异性,是指文化传统在岁月更迭中、族群迁徙中从内容要义、形式物什、审美意趣上发生了些微的变动与异化。闽台节庆习俗,因节俗的来源背景复杂,因此,其节庆习俗相比较于其他地区,具有很明显的变异性。

比如福建闽北、闽西地区,与浙江、江西交界地区的农村,还保存着比较完整的稻作文化节庆习俗,如浦城富岭镇,在家事节庆习俗中还保存着原形态的二月二龙抬头节事、四月八牛过节等,但六月六尝新节却因历史与环境变化等原因,发生了变异。这里虽然还保存着尝新节,却不是在六月六这天,而是在秋收后斛桶洗净入房或秋收开镰这天举行;闽南地区农村的尝新节因中原文化的磨合和掺和,变异成半年节等。

在台湾,"原住民"由稻作民族变异成狩猎、旱作民族。尝新节也演变成小米祭、收获祭等。

二、闽台民间传统节日的研究意义

我国是一个统一的多民族国家,在漫长的历史进程中,由于自然地理和社会历史发展的不平衡以及民情风俗的差异,各民族都形成了富有民族特色、异彩纷呈的传统节日。节日往往是一个民族特有的一种精神诉求。节日总是更集中、更充分地展示着多姿多彩的民族习俗风尚,传承着民族的精神和文化。传统节日作为民族文化的重要遗产,它在当代社会具有重要的传承传统文明的功用。研究闽台民间传统节日,对于两岸文脉的梳理、历史的溯源以及文化的交流与认同,都有着十分积极的意义。

1. 闽台民间传统节日传承着传统。两岸人民利用传统节日定期进行传统的传播教育,传统往往隐藏在生活的背后、隐藏人们的思想深处,人们要选择具体特殊的时间将它表现出来,人们通过各种节俗活动,在耳濡目染中自觉理解、接受传统,从而实现传统的传递与继承。

2. 闽台民间传统节日最大特点是周期性复现,强化着传统。民俗节日的周期性出现,人们不断地脱离日常世俗时空,回到神圣的历史时空中,直接面对自己的祖先,反复重温传统,体味传统,从中汲取传统精华,孕育新的文化力量。

3. 闽台民间传统节日给传统的创新与发展提供了机会。人们在传承文化传统的时候,不断地赋予传统以新的解释。这种新解释往往构成新的传统内涵。如我们中华文化传统的核心是和谐,它在古代偏重于人与神,人与家族的和谐。但在历史发展过程中,人们在节日活动中不断地创造出普通人与具有高尚情操的历史人物之间的精神联系,创造出人们与村落街区邻里之间的情感联系,强化人与自然、人与社会的和谐。在现代化的快节奏生活中,人们重新发现传统中的人性意义,亲近自然、亲近身边的人正成为现代休闲生活关注的中心内容。这一点课题组在实地调查中有切身的感悟。

第二章
闽台民间岁时节俗

闽台传统民俗节日从元旦算起到新年的除夕夜,大大小小数十个。唐代开国之初,由欧阳询等人编著的《艺文类聚·岁时部》,记唐代以前节日就有十多个,如元正、人日、正月十五日、月晦、寒食、三月三、五月五、七月七、七月十五、九月九、社、伏、腊等。南宋蒲积中据北宋宋绥《岁时杂咏》增补而成的《古今岁时杂咏》,将汉魏至宋代文人雅士逢时感慨的佳诗名篇,按一年四季的节气时令编排成册,如元日、春分、清明、立夏、端午、中秋、重阳、冬至、岁暮等等,共列 28 节。这些节日作为一种文明的载体,承载着比普通时日要丰富得多的物质文明与精神文明。民俗一旦形成便世代相袭,并以传统习惯势力、传袭规约和心理信仰影响和制约着人们的意识和行为,具有长久的传承性和相对的稳定性。

闽台地区因不同地理条件与不同人员组合背景,节庆习俗有一定的变异性,有时同一村不同姓就有不同内容的节俗。产生出不同区域的文化状况及节日本身的地域差异特征,在总体上构成了不同特点、不同样式、不同风貌的闽台民间传统节日区域。

闽台民间传统岁时节日是在中国古代的阴阳合历的节令历法的基础上发展起来的。"岁时"是历法年月日和节气时令结合起来而构成的。所谓历法,简单说就是根据天象变化的自然规律,计量较长的时间间隔,判断气候的变化,预示季节来临的法则。时间长河是无限的,只有确定每一日在其中的确切位置,民间才能记录历史、安排生活。闽台民间日常使用的日历,对每一天的"日期"都有极为详细的规定,这实际上就是历法在生活中最直观的表达形式。在闽台地区民间普遍有过立春、惊蛰、立夏、半年节、尝新节、冬至等,台湾"原住民"生产、生活中最隆重的节日普遍有收获祭、小米祭等,赛夏族因其一段特殊历史还有矮人祭等节日习俗,民间过节日仪式保留完好。

第一节　春节

春节是如今闽台地区全民参与的节庆日,不论是大陆还是台湾,春节都有公休假。

春节的公园挂满红灯笼

闽台的春节习俗由中原传播而来,福建畲族、回族、瑶族、壮族等少数民族和台湾现有的少数民族(统称为高山族),春节都是跟着汉人学的。汉人的春节过得很丰富,从大年初一到正月,几乎天天都有节事活动。

就闽台地区春节节庆日活动而言,主要表现在大年初一和十五。不同地区在春节期间的活动有所不同。

(一)漳州市云霄县

漳州市云霄县大年初一这天,在家中煮素菜供奉本家族的列祖列宗,烧银箔若干,向土地神灵致敬,祈请"关照"祖宗在天之灵。过后,全家团坐共进新年第一早餐,称"开正素"。其中豆干炒菠菜是必吃的一道菜,最后需要把盘中菜汤一律喝干。因有俗语云:"初一早菜汤要喝彻,出门才免遭雨厄。"此外,大年初一不能拿刀,不能扫地。俗语云:"初一早起勿拿刀,长年透天闲啰啰(寓意全年安闲自在)。"

闽南有的乡镇,每年的正月初五,除了逛花灯、赏花灯之外,最重要的就是敬天公(天公是闽南语中对天神的总称)。祭品包括鸡、鸭、鸡蛋、猪肉、鱼、韭菜和面线中的其中三样,以代表传统的"三牲"(即牛、羊、猪)。祭品的摆放:最靠近佛的是摆"五果",即五种水果;其次是荤食,若有鸡,则要鸡头向内(朝佛),鱼尾则要向外,也可摆"三牲";最外面摆的是鞭炮和锡箔纸等用品,并记得点上三根香。

(二)泉州市永春岵山镇塘溪村

泉州永春岵山镇塘溪村除夕夜西陵宫里人头攒动,南音队、八音队、鼓队各种喜庆之音共同奏响,热闹非凡,怀着喜悦心情等待新年的到来。子时一到由社首祭第一炷香,口中念祈语,如:"一求天下太平,世界无灾难;二求家家户户丁财两旺;三求扫去天灾;四求修来百福;五求风调雨顺,五谷丰登;六求善男信女发达兴旺。"(如社首不懂这些祈语,可由熟悉这些祈语的亲人代念。)社首点完第一炷香后,村民们争先点香求得一年好运。当然每个村民点完香后都会放鞭炮。祭品由社首置办,尤为讲究:四对大烛,27碗茶,27碗糖品,4对花果,以及其他丰富的祭品。

1. 社首选举

每年正月初二在西陵宫选社首,按报名顺序先后掷信杯,谁得三个胜杯即可当选为下一年的社首。如已选出社首,其他人就不再掷信杯。以前社首并不是每年选举,是多年选一次。从1989年至今为每年选举一次社首,每次报名者多达百人。社首在西陵宫的节事活动中要出资大头,并担任主祭。出资金额由社首的财力和愿力决定,如2012年社首出资3万,2013年社首出资25万。

2. "喝正"

大年初一的祭祀活动在这里叫做"喝正",祭拜灶君和土地公,与其他地区不同的是这里的神灵并没有去天上述职,所以这里也没有送神和接神仪式,初一早上依然拜神灵,也会到各宫里进香祭拜神灵,祭品数量为单数。

3. 火头选举

塘溪村所有成年男性村民都可以报名参加火头选举。每年正月初九由社首在西陵宫掷信杯选出,凡掷得三个胜杯的村民即为明年的火头。每年火头人数报名多达几百人。由管委会抓阄决定每个火头的节事活动的任务。每个火头要出资 200 元,并出人力和祭品(俗称菜桌,必有鸡、鱼、肉、糕、圆、棕(有崭露头角之意)。社首掷信杯从初二开始掷起,哪一天三胜杯即为那天请火,地点也是如此,哪个地点先三胜杯该地点即为请火地,请火地点众多,如城关、黄乾岩、舟山等。迎龙灯时间也由社首去年掷信杯选出从请火下一天开始哪一天三胜杯即为那天迎龙灯。如 2012 年请火时间是正月初六,迎龙灯时间正月初七;2013 年请火时间正月初三,迎龙灯时间正月初九。时间和地点的选择通过掷信杯决定,意为尊重吴公祖师的意旨。

4. 请火和迎龙灯

这里一年最热闹的当属正月请火和迎龙灯,请火寓意重新化佛光,香火旺盛,带来新一年的好运气,迎龙灯寓意五谷丰登。请火时间和地点是由社首去年初二掷信杯确定的。

请火当天早上五六点一切准备工作完毕,扛轿子的、举旗的、担香火炉的、挑茶担的、大吹队、通鼓队、闹台队、西乐队(现代才出现)、南音队、锣鼓队、威风鼓队、狮队、龙队等上千人浩浩荡荡向请火地点出发,出发前要做一个敬叫出佛敬。到达请火地点后,由道士拿着砍刀砍向取火石,产生的火花点燃金纸后将火种奉入香火炉(炉内有折成小段的香和生碳)。

请火回宫途中会沿途吃敬点,在吴公祖师确定请火地点后,西陵宫就会发谏通知会过境的宫庙,沿途宫庙就会摆敬点请吴公祖师。如有其他神灵经过西陵宫吴公祖师也会摆敬点宴请他,彼此相互尊重。沿途时常有十几个敬点,回到西陵宫一般要晚上六点左右。返宫后做的敬叫下马敬。入宫后还要做火醮,直到天明。出佛敬和下马敬,火头和社首都要置办祭品。请火过程中道士有时会变身乩童(用扎满铁钉的绣球击打自己后背和锋利的刀砍自己的后背却无痛感,且不出血或出少量血)受人抬拜。

迎龙灯一般在傍晚五点多就开始,各宫庙都会出一支龙灯队和南音队,锣鼓队、威风鼓队、狮队、西乐队等喜庆表演队一起组成庞大的队伍。由西陵宫出发经过番溪、尾霞、和林、铺上,途中也会吃敬点,一路巡游给各家带来光明,带来希望。

舞龙舞狮是闽台节事活动的重要阵头

正月初九拜天公,社首要准备面线蛋祭天公。但是这里却不过元宵、三月三、六月半,也不过普渡、七夕这些民俗节庆,重阳节在这里也只是近来发展起来的敬老活动。

(三)漳州城区

自清代以来漳州的春节活动十分丰富和繁盛。据《漳州风俗习惯》载:春节在漳州称为"新正"或"过年"。清代,"漳之俗,岁正月里具茶酒相娱乐,迎神,明灯击鼓,召巫,妆台阁,往来都市"。

春节节事活动过程持续近一个月。漳州城里关于春节风俗的民谣《正月歌》吟:"初一早,初二早,初三困够饱,初四豆干炒(又作'咖啦炒'、'佫再早'或'五更早'、'神落地'),初五假开,初六拍囝仔尻穿(又作'舀肥'、'舀饭'或'行得无脚目'),初七平宵,初八摸(又作'初七摸,初八浪荡空';'初八哮楒'),初九天公生(又作'敬天公'),初十地公生(又作'伽蓝生'),十一十一福(又作'有食福'),十二人拍(又作'转去拜'),十三人点灯,十四人办敬(又作'结灯棚'或'大铳'),十五元宵暝,十六倒灯棚(又作'拍灯架'或'鱼虾献落馂'),十七人相(找),十八挂睡(打瞌睡),十九买物配,二十做功课。"从这首歌谣可以看出,旧时正月十六拆掉花灯棚后漳州人还互相串门(相)、休息(挂睡)、购物(买物配),到正月二十才开始工作(做功课)。现在节日活动一般延续到元宵节,客家的习俗是休息到正月二十。

1. 拜年

初一日人人早起，穿新衣服烧香点烛，祭拜天地祖先。小辈向长辈拜年，长辈随即赐以红包和红柑，都必须成双，以示吉利。拜年后，燃放鞭炮，然后由长者打开大门，称"开正"。早餐吃红糖线面汤，即祈求全家幸福长寿。以甜线面及三碗干饭插上红纸花称"饭春枝"，"春"与"伸"（富余）在方言中同音，寓意家中粮食有余。还要到祠堂去祭祀宗族的共同祖先，进入祖庙后按辈分年龄站立，祭拜过祖先则族人互拜。

接着给邻里故旧、亲朋好友拜年。清代曾习轩的《漳州四时竹枝词》有"元旦春为一岁魁，大家拜贺礼相陪，儿童也解称恭喜，赢得红柑满袖来"的诗句。清代的地方志也记载："元日祭毕，无贵贱御新衣，谒亲贺岁。主人出辛盘共款。醉人相望于道，五日乃止，谓之假开。"亲友上门拜年时，主人用红枣、蜜金枣、桂圆干冰糖或冬瓜糖等煮成甜茶招待，并以朱漆的荐盒盛蜜饯、糖果、红枣等外加瓜子、红柑用以敬客。客人拿起甜点必须"唱好话"祝福主人，诸如"食甜甜给恁趁大钱"、"食红枣给恁年年好"等。明代漳州人过年时用槟榔敬客，现在此俗在台湾地区尚有留存。至亲好友上门拜年，主人往往会以佳肴美酒招待，称为"请春酒"。客人告辞时双方常以红包馈送对方的孩童。

俗谚云："正月正，新娘无出厅。"即当年过门的新媳妇初一日一整天都要待在房中，同时要大开房门迎接前来拜年的亲友，到来年的正月初一，这个媳妇就可以自由地走出房门过年。

2. 饮食

俗谚云："初一早食菜较赢食一年斋"，所以民间初一的早餐多为素食，用红枣、花生、桂圆肉、莲子、冬瓜糖等做成的八宝饭或甜线面汤。午餐则要开荤，饭桌上摆满鸡鸭鱼肉各种食品，象征一年中都会菜肴丰盛。

是日一般不煮新的饭而吃除夕特意多焖的饭，寓意年年有余。干饭佐以"长年菜"（以豆腐及整株的菠菜、韭菜、芥菜等做成）。长年菜要从头到尾吃完，俗谓可以消食去腻，又寓意长寿，为父母祝寿，自己也添寿。漳州城区的长年菜是将厚末菜，一叶一叶剥下（不得用刀切），在水中烫熟后置于钵中，任其发酸。除夕"围炉"时每人均要吃少许，其余留到新年里加到年饭的"菜尾"中。也有用芥菜代替厚末菜作长年菜。

灶神于初四日子时自天上回归本宅，户主沐浴焚香，摆三牲果品，烧印有马、轿及马夫、轿夫的"云马"。祭灶神的供品必有一盘"韭菜春"，即"豆干炒韭菜"，俗谓"韭菜春"、"豆腐有"，都寓意富足。

《正月歌》里有一句"初四伽啦炒"，意为到了初四，要将前几天的剩余食物全部炒一下，以免变质；或谓"伽啦炒"指经过初三的互相隔离，到初四又是人来人往，互相掺杂，喧嚣不已。

3. 禁忌和习俗

漳州人初一日不吃粥，认为吃粥今年出门会遇雨。不洒水扫地，不往户外倒垃圾、粪便，因为水、土是"财气"，垃圾、粪便是"肥水"，新年最忌"财气外泄"和"肥水外流"。这一天待人要礼貌，讲话要和气，不可骂人，也不能发脾气，这样才能和气生财。在漳州，居民春节期间都忌讲不吉利的话，万一小孩无知，说了不吉利的话，要用草纸拭嘴，意思是小孩说话像放屁，不算数。正月里还忌剃头、吵嘴、打骂和摔破器皿，尤忌打破碗碟，万一不小心打破碗盘，要将碎片收集起来放进石臼或水井，口中念"岁岁平安"，借"碎"与"岁"谐音来化凶为吉，保持祥和欢乐的气象。

读书人初一日忌书写，称"封笔"，要到初二以后才"开笔"，在红纸上写"开笔大吉"四字。俗以为初一白天不可睡觉，男人白天睡觉田坤会崩塌，女人白天睡觉厨房会倒塌。不汲水，有的地方还以米筛封井口。是日不许讨债，俗以为在这一天讨债对借贷双方都不吉利。此外还有不看病吃药、不杀生、不洗衣、不乞火，不用刀、剪和针线，不打骂孩子，不穿白色、青色衣服等。

正月初一死人是最大的忌讳，民间诅咒人的最刻毒的话就是"死在正月初一"。万一真有人在这一天去世，要等到初三才能报丧，并要说成是初二去世的。家有丧事，三年丧期内要取消过年的喜庆活动，不得到别家去拜年，来往时也不能进屋，要站在门外说话。

初二也要早起，做新年的第一次牙祭，以菜、饭、牲醴祭祖，但不烧冥纸。这一天漳州俗称"女婿日"，是日新老女婿携同妻室子女带熟猪脚和年糕等"伴手"（礼品，又称"带手"）向岳父母拜年，岳父母宴请。宴后夫妻应在当晚炊烟升起前回家，不得留宿岳家，若因故不得不留宿岳家，夫妇不得同房。

初三被视为"赤狗日"，赤狗是天怒之恶神，遇之不吉，故而是日不宜外出。经过除夕守岁和初一、初二两天早起之后，初三日可以"困够饱"（迟起床）。旧俗，新丧之家应在正月初三祭亡灵，有亲眷前来吊慰，谓之"消新愁"。因此，是日一般不互相串门拜年，避免不吉利。

漳州城区旧时初四凌晨要燃放三响炮，然后开启井盖汲水。

从初一到初四，如果扫地，一定要从大门口往里扫，垃圾也不得倒弃，以免财宝外流。初五可以开始打扫卫生,过年所积下的垃圾都要清扫出门。

初五假开的"假开"是古汉语词,意为"假期之后"。初五日漳州城区称作"隔光",又称"破五",因为过了初五就可以破忌。是日家家户户撤掉摆在供桌上祭神祭祖的年饭和其他供品,俗谓将供桌上的年饭拿去喂猪可使猪肥壮。民间传说初五是财神的生日,因此店铺多于是日开市,开门做生意时要燃放鞭炮,并在门前张贴上书"大吉利市"、"开张大吉"的红纸。"假开"后,过年的活动基本结束,过年的禁忌也可以放松,小孩子也被剥夺了"豁免权",从当天开始,再淘气就要受到惩罚,所以说"初六拍囡仔尻穿(打小孩的屁股)"。过了初五也可以煮稀饭吃,所以又说"初六䬹饭"。

正月初六又是三平祖师的生日,"三平祖师"或"广济祖师"是民间对唐代漳州三平禅寺长老义中法师的称呼。是日,善男信女从各地赶到三平寺或由三平寺分香到各地的寺庙,有的还抬着香片龟(糯米制成的龟状糕点),跳"大鼓凉伞",或请戏班到寺里演戏娱神,俗称"献戏"。寺内香烟萦绕、炉火熊熊、佛灯通明外,烟花爆竹、炮仗声与锣鼓声、管弦乐声交织在一起,响彻云天。没有进山礼拜的信徒也要备办甜线面、果品在自家门口遥祭。

初七为"人日"或"七元日",俗称"平(兵)宵",这一天又称"七煞日",诸事不宜,尤忌远行,人们一般不出门,也不可说不吉利的话。人日天气晴好则人平安,天阴则兆瘟疫。旧时,农民精选五谷和蔬菜合煮成饭吃,谓之"七宝汤",以为可解除百病。

初八为"谷"日,是日晴兆谷物丰收,阴兆谷物荒歉。《正月歌》中称"初八哮枵(喊饿)",意为到了初八这一天,年饭等新年的食物均已吃光,百姓要开始准备祭拜天公的食物了,故又称"初八摸(忙家务)"。但也有说"初七摸,初八浪荡空",大概是初七已经将敬神的事情预备妥了,于是到了初八就闲得无所事事。是日半夜开始敬天公,鞭炮声彻夜不断。有的人家在是日祭祀祖先。

初九俗称"天公生"。天公即玉皇大帝,漳州人称之为"天公祖",旧时认定正月初九是玉皇大帝的诞辰,朝野都有祭天的礼仪。这一天禁止倒水在地上,禁止挑粪肥,也禁止将便器和妇女下衣等不洁之物置于露天之下,以免亵渎天神。是日禁屠宰,漳州人要事先宰猪、杀公鸡家家户户祭神,祈求新年风调雨顺,家运昌盛。

祭天公的公鸡特别讲究,必须不是白色的,而且要保证全鸡完整,以示对玉皇大帝的特别礼敬。宰杀时尾羽必须留下三根,不能开膛,内脏要由肚子下挖开的小洞取出,洗净后除心脏外都要放回肚中。公鸡的双爪应从这个小孔塞入肚内,双翅反剪夹紧正摆在盘中,鸡头用红丝线系住使其昂起,鸡心夹在其喙中,凝固的鸡血夹在其颈后。家家设香案,用牲醴、米糕、甜粿、发粿、红龟粿和水果祭拜,较讲究的要用所谓的"六斋",即金、木、水、火、土、粮,就是汇集金针菜、木耳、豆腐、香菇、花生及粉条或面条供奉天公。还要将特制的黄色长条纸钱(漳州称"长钱",台湾称"天公金")用红丝线系在门环上,待祭拜完再焚烧。要用在胸前画三划在背后画四划同时念"改年经":"前三后四,平安无代志。"

旧时,社区还要请戏班演戏"敬天公"。娱神的露天戏台多设于庙前,神明端坐神龛即可赏戏,若在别的旷地"献戏",就要搭案恭迎诸神入座观赏。各地都有专门用于祭拜天公的特殊食品。

初十俗称"地公生"(土地神生日)。是日,禁舂米、劈柴、掘土,以免触犯地神,同时还要以一般的祭神物品祭拜。民间还有称初十为伽蓝爷的生日,是日在一些地方举行迎神赛会,因此,漳州的过年歌中有"初十人迓"。

十一日俗称"吃福"。各家各户准备丰盛的晚餐共食,寓今年有福气之意。俗谚称"吃福吃甲老",有祈寿之意。席上必吃韭菜和豆腐,祈求富足发财。

十二日人拍餂,就是敲木鱼,一说是村里有人敲着木鱼通知各家准备明天要张挂男丁的灯;又一说是虔诚的人开始念经,为十三和十五日的祭祀作准备。也有说"十二转去拜",意为贺年来往的客人都回家了。

十三日人点灯,是指上一年出生男孩的人家均要备一瓮酒敬神,并将一对写有"庆贺弄璋"的红灯笼,悬挂在祠堂或附近的庙宇前。其中"弄璋",即添丁之意。在方言中,"丁"与"灯"同音,添丁和点灯都是兴旺的现象。是日庙宇除了挂出红丁外,还挂出平安、发财、福寿灯,后三种灯是供社区的信徒求的。信徒以卜卦的形式求到灯后,可将该灯请回家挂在神龛边,来年要加倍还给寺庙灯钱。

十四日要开始为闹元宵作准备,在通衢大道上竖起鳌山灯棚,也即数家共同绑一个彩棚,将各家的灯集中起来成为一个景点,这就是"结灯棚"①。

(四)龙岩市永定县

福建地区大体上整个春节期间都有活动。以龙岩市永定县坎市镇为例

---

① 《漳州风俗习惯》,http://bbs. mtw168. com/thread－24253－1－1. html.

（见表1）：

表1　龙岩市永定县坎市镇春节活动一览表

节日时间	节名	节日内容
正月初一	春节	这天全家人都要早起，晚辈到亲戚家走访，拜见长辈。此外，这天不能扫地，不能挑粪。
正月初二	回娘家	一般新媳妇、新女婿要初二回娘家；老媳妇可以初三至初五回娘家。回娘家时，有"送年"的习俗，即要带一块年糕（当地称"板"）、一个肉圆、一个鸡臂（若没有的话，用红包代替）。此外，还要给父母、祖母包红包。相应的，娘家也需要回礼。即年糕一块，称"回板"，年糕与"年高"音相近，有长寿之意。
正月初三	人日	这天需要用生的白豆腐（不可炸过），在家门口拜灶神（家神）、天神。
正月初五	开小张	"开小张"意味着可以开始陆陆续续做事，做农活，可以骂人。这天需要在家门口用3种水果和斋食（木耳、黄花菜、莲子、香菇等）祭拜。
正月十一	打新婚	正月十一日坎市客家人要到祖祠举行打新婚活动。这天卢氏凡是上年结婚的男女都要参加祭祖活动。在两祠中间天然凹陷处的"村婆太"坟场祭坛上，一架猪、一架羊和189盘牲仪、熟食、糖果、糕点等祭品摆满六张八仙桌。下午一点开始新婚，主祭去年新婚头。新婚夫妇西装革履，分行排列陪祭。然后推举一位德高望重的长辈（酒醉公）作为祖宗代表。由两位壮年扶住，手拿面槌，状态滑稽的酒醉公出来了。酒醉公来到新婚夫妇旁边，举起面槌从左肩到右肩上下滚打起来，口中念念有词："生男生女都一样，只有培养教育好。"
正月十五		早上要吃南瓜，有一年都不会中毒之意。
正月十四 至 正月十九	闹龙灯	正月十四、十五闹家庙；正月十六、十七闹大街；正月十八闹龙归寺（老祖宗住的庙，位于坎市和高陂的分界处）；正月十九，闹龙灯的人，取龙灯上的一小部分，燃烧后放到河里。来年，再将撕掉的纸糊上，继续使用。
正月二十	开大张	"开大张"意味着从这天开始，什么事情都可以做，百无禁忌。俗话说"有吃没吃，玩到正月二十"。

台湾地区漳泉人居住的地区,年俗大体一致。

总之,闽台春节是中原入闽后人最隆重的节俗。其间祭拜神灵和菩萨巡境习俗是在闽文化和中原文化磨合后产生的节俗现象。

龙岩坎市卢氏家中采访春节习俗

第二节　元日

在闽台地区,每年农历正月初一开始新年,通常常称为"春节"、"过新年",又称"元日",是年与年之间的大节。辛亥革命后改行公历,以 1 月 1 日为元旦,于是原称为"元旦"的农历正月初一即改称为"春节",但仍习惯称为"年"。

春节原是作为月朔"元日"而定下的,因为它居一年之首,但其后又复合了对天帝和祖先的祭祀内容,清·乾隆《泉州府志·卷二十·风俗》:"元日:鸡初鸣,内外咸起,贴门帖及春胜,设茶果以献先祖,拜祠堂及尊长,戚友相过贺。日午,复献馔于先祖,明日乃撤;亦有晚即撤者。是日,人家皆以柑祭神及先,至元宵乃撤。(【夹注】按此即传柑遗意。《岁时记》:上元以柑相遗,谓之传柑或祈柑。)"目前泉州城乡地区,新年第一天仍保持祭天祀祖仪式。

课题组历时 2 年在闽台地区近 120 个城镇、乡村和社区调查发现,闽台地区保持最为完整、民间最为重视的重大仪式性活动即为"春节"。如前节所述在漳州市云霄县列屿镇正月初一早上，"素菜祭祖"、"敬土地神灵"、全家团坐"开正素"是必需的环节。俗语云："初一早菜汤要喝彻，出门才免遭雨厄"、"初一早起勿拿刀，长年透天闲啰啰"（寓意全年安闲自在）①也是很生动的写照。

福建宁德市福安畲族，在正月初一有访友、到村庙祭拜神祇、吃的较素（吃地瓜米、豆腐、面条、南瓜）意为一年都有好兆头的习俗；②宁德市屏南县双溪镇棠口乡漈头村正月初一早上晚辈要给长辈敬茶，长辈就会给晚辈红包。有些人家初一一整天都吃素，吃花生寓意年年生财；吃白豆腐，做人清清白白；吃线面，健康长寿；喝红酒，这一年家里会红红火火。初一早晨吃饭的时候，家里有几口人就摆几副碗筷，无论家人在不在家。③正月初一至十五不能扫垃圾，即使扫了也不能把垃圾倒掉，寓意不扫掉家里的钱财。在福州市，年初一必须先祭天，竹篾饭是必备的祭品。饭是盛在一个竹篾编的容器中，当中要插一朵纸红花，周围则插上筷子，有向天祈福之意。根据传统这天福州人还要吃一碗太平面，用红糟鸡鸡汤泡的面线，面里还要加两个鸭蛋，鸭蛋谐音"压乱"。顾名思义，太平面是吃平安的。④

元日，家家户户贴红纸春联，逢门必贴，无论前后，无论大小。在福建莆田和泉州地区有白头春联和丁忧春联之分。白头春联，是指对联顶端留有2、3 寸长的白纸额头。据传与清初时当地区百姓反抗清朝政府有关，因闽人抗清和不肯剃发，被杀甚多，办丧事者家家贴白联，清朝地方官府为粉饰太平，下令各户人家都要贴红纸春联，并以违者杀头相威胁。人们迫不得已遵命贴上红联，但却在顶端留出一小段原有白联的纸头，以示抗议，后沿承成俗。丁忧春联，是新丧人家于丁忧期间不得贴红纸春联，在守孝的第一年春节须贴绿纸春联，第二年春节为粉红纸春联，联语皆为哀感句子。

闽台地区自晋以来，在元日从祭天祀祖多有演出驱邪避鬼的内容。闽北蒲城县富岭镇马家庄村在春节多有开正习俗，除夕至正月初三每天夜里、早晨，人们封门和开门时要点香烧纸，大门贴上写有"封门利益"、"开门大

---

① 曾丽莉：《福建省漳州市云霄县开漳圣王巡安活动调查报告》，2012 年 2 月 15日。

② 唐文瑶：《宁德市福安畲族节庆习俗田野调查报告》，2012 年 3 月 5 日。

③ 黄辉海：《宁德市屏南县棠口乡漈头村节庆习俗调查报告》，2012 年 8 月 23 日。

④ 欧荔、杨慧玲：《福州市饮食民俗调查报告》。

吉"的红纸条幅。封门和开门时间是由《通书》(夏历)规定的,开门时间一到大家统一行动,争相开门,迎接"财、喜、运"三神。封门后不到第二天不得开门,外人有事门外应答。马家庄村也有开正习俗,不过时间只有除夕和正月初一,开门时要点燃天地香柱(门外插着两根竹筒,高者插天香,低者插地香),放鞭炮。①

台湾地区完整保留钉桃符的习俗,桃符画的是两个门神——神荼、郁垒。

在福建莆田仙游县盖尾镇前连村,正月初一不过年,初二不探亲。正月初二这天除了邻居外,是不能到人家家里去串门的。相传在明朝嘉靖年间,倭寇侵略,大年三十这天打到仙游县,人们外出逃难,等到第二天倭寇退走,大家回来村里已一片狼藉到处是被敌人砸坏的房子和被杀的人,由于初一这天是大日子,暂不发丧只能忍痛等到第二天,也就是大年初二发丧,所以这天也称"探亡日"。现在每到大年初二,人们是不喜欢人家到自家串门的。特别是女儿不能回家探亲,不吉利。也正因为如此,前连村村民贴春联上面有一段白条以此来悼念这一天死去的亲人。人们忙着给亲人办后事和重整家园,新年佳节时间早已过去,人们就约定以后二月初五重新过大年。但二月初五是农忙时节,人们没有时间享受佳节。后人们就重新约定正月初五过大年,从此正月初五过大年就一直传承至今。② 正月初五"做大岁"之俗,流传于泉州惠安县东部的崇武、泉港区(以前称"惠北")的山腰,后龙、南埔、界山等地,以及介于惠东、惠北之间的辋川村,及其北邻的莆田地区。其称呼各地叫法不一,或曰"过大年"、"吃大顿"、"无头节"。

"贺年"原本为一种传统礼尚往来的习俗,昔人比较重视,连商人也要亲自到顾客家里拜年。现在闽台地区,现代化生活方式改变着人们拜年习惯,因朋友多,事务繁忙,多流行电话拜年、短信、微信拜年,如此可节省时间,也免交通拥塞。政府提倡团拜,各机关团体集中于一地互相拜年,而不必再疲于奔波,如此可将节省时间用于春游或其他娱乐方面。若有亲密之朋友或亲戚来家贺年,则敬以甜食(甜食多盛于朱漆木盒或九龙盒内,内装甜料、糖果、饼干或瓜子等)。甜食以示圆满亲密俗称"食甜",而于食后,互道吉利话,如"食红枣,年年好"、"恭喜,大赚钱"、"食甜甜,乎(给)你生后生(生男

---

① 黄辉海:《南平市蒲城县富岭镇马家庄村节庆习俗调查报告》,2012 年 8 月 22 日。

② 黄辉海《:莆田仙游县盖尾镇前连村节庆习俗调查报告》,2012 年 8 月 11 日。

孩)"、"食甜、乎(给)你又大汉(快长大)"、"老康健,食百二(活到一百二十岁)"等,贺客若携有孩童,则赠以红包,为新年之见面礼。

政府春节团拜活动蔚然成风

现如今春节向着游艺竞技方面发展,比如画图腾演化为贴年画、剪窗花,设桃符演化为贴春联。年画、窗花、春联的内容,又从祭祀驱禳演化为祝愿纳福,而形式则不断工艺化,追求艺术上的创新和提高,以至年画成为绘画中别具一格的流派,春联则发展为文学领域中的一种独特形式——联语。燃放爆竹也变化为一种娱乐活动,由爆竹而至焰火,"满路硫香爆竹烟"成为这一节日活动欢乐的主要标志。

第三节　人日

正月初七,闽台地区民俗是在过人生日,称做人日。闽台地区民间普遍信奉女娲娘娘开天辟地、创造万物之神话传说。初一为鸡日,初二为狗日,初三为猪日,初四为羊日,初五为牛日,初六为马日,初七为人日,初八为谷日,初九为天日,初十为地日。旧俗正月初七是"人日",即众人的生日,俗称"众人生"。人日之说起源于我国古老的神话传说,相传女娲创世、造人,但小泥人不会动,女娲便向神仙请教,神仙告诉女娲,人要有七窍才有生命,女娲按照此说在泥人身上一日凿一窍,七日凿好七窍,人便诞生了,所以七日为人日,是人类的生日,又称"人启日"或"人胜节"。

清·乾隆《泉州府志》卷二十《风俗》:"人日,《闽书》:泉人以是日取菜粿七样作羹,名七宝羹。"各户点蜡烛七支,供奉生果三至五包,以面线为祭品,祭祖拜神,祈求一家人都能长寿,以"芹菜、荠菜、菠菜、青葱、大蒜、蒿菜、芥菜"等七种蔬菜在人日混合煮食,可祛病避邪,此即为"过七元"。厦门地区习俗,人日多阴。好像天穿了洞,要帮他补一补,以免天雨成灾,所以各户煎些或咸的或甜的如龙状(年糕)祀神明,叫做"补天穿"。

清末·陈德商《温陵岁时记》:"亦有熟煮面线,合家团食,若寿日。俗以是日为人生日云。"在泉州民间这一天的清早,家庭主妇要比平日更早起床,为全家老小煮一锅美味可口的面线,加入春节前早已准备的肉丸子、炸排骨、鱼丸、香菇、虾米等佐料。而泉州晋江还有一种和其他地区不同的做法,即在上述面线中加入几块甜煎粿。备好面线以后,主妇又得准备一些煮熟剥壳的鸡蛋和鸭蛋,每人两个,因传统风俗是"一鸡一鸭,吃到一百(岁)"。其风俗有如做生日吃鸡、鸭蛋一样,其差别只是一人生日和众人生日而已。

在漳州市云霄旧东夏镇正月初七为人生日,民间有歌谣曰:"学和尚,吃七样;七样菜,免用拜;菜清清,免念经;心向善,身康健……"所以云霄民间在此日有全家吃素,以表礼佛之虔诚。七素是指素餐的菜色必须备有七种,诸如萝卜、白菜、青菜、豆荚等类七种蔬菜(但葱、蒜、韭菜之类除外),皆以花生油、菜油或麻油煮之,合称七素菜。至今在东厦镇的船场、溪塘等沿江一带农村,有一些农户仍然保持此一习俗。[①] 这一天妇女多备清香、花烛、斋碗,摆在天井巷口露天地方膜拜苍天,求天公赐福。

课题组在闽台地区调查发现,闽南乡村特别是漳州地区如云霄县等部分乡镇和泉州地区的南安、安溪、德化和晋江普遍还保留正月初七过人日的习俗,但台湾保留此俗地区现在已经不多了。

---

① 曾丽莉:《福建省漳州市云霄县开漳圣王巡安活动调查报告》,2012 年 2 月 15 日。

第四节　元宵节

在闽台地区民众将每年的正月十五是元宵节,又称"灯节"、"上元节",台湾还特别称"紫微大帝神诞日"。这一天家家户户一大早即把五牲、果子、酒菜、纸钱等供在桌上,向天宫神烧香祭拜。从十三日到十七日的5天里,大街小巷家家户户都点缀着美丽的花灯。街上供应汤圆,闽台民间流传民歌《卖汤圆》唱道:"卖汤圆,卖汤圆,元宵的汤圆圆又圆……"便是元宵节吃"元宵吃汤圆"的写照。

课题组调查发现闽台民间在元宵节是民间民俗活动举办最丰富,也是"做热闹"规模最浩大而隆重的节日。台南地区有习俗,若元宵日天气晴好,就称今年"查某(女性)岁君好",民间认为该年对女性有利。未婚女子在元宵节外出游春,在归途中进入菜园里劈葱,以实现"劈葱嫁好翁(丈夫)"的愿望。妇女在元宵期间结伴游春,并采几枝含苞的桃枝回家赏玩。

整个节日形式考究,内容丰富,主要活动梳理如下:

1. "吃宵"

闽台地区普遍对正月十五的"吃宵"比正月十一日的"吃福"更为重视。是日家家户户蒸粿,做元宵汤圆。泉州的元宵丸闻名遐迩,其制法独特,以炒熟的花生仁去膜捣末,加上白糖、芝麻、蜜冬瓜、金橘泥,拌以焗葱白的熟猪油、香蕉油(香料),捏成丸馅,沾湿后置于盛有干糯米粉的盘中,反复数次滚转而成,煮熟后食之香甜而不腻嘴。"上元丸",古称"浮元子",亦称"元宵丸",是元宵节的应节食品。史料载此俗始于宋代,取其圆形,寓有全家人团圆、吉利、美满之意。在漳州城区和沿海地区还有吃蚝煎或牡蛎拌薯粉煮的线面,俗谓"蚝仔面线兜,好人来相交",祈望新年能交好运,有贵人相助。

2. 祭春

闽台地区上元节当夜有孝敬神祇之俗,当日以元宵丸汤供祀祖先、神明,并作家人早餐。清·乾隆《泉州府志》卷二十《风俗》:"上元:夜张灯,以米圆祭先及神,或以酒馔祀祠堂,谓之祭春。"清末·陈德商《温陵岁时记》:"上元圆——是日研术米作粉,捣碎长生果(土名落花生),杂以蜜冬瓜、桂花,和以沙糖,搏为寸许。丸熟而荐之祖先神前,曰上元圆。"

云霄县上坑村元宵节当日,村民皆盛备供品,祭祀幽冥鬼神,称为"做上元"(即做"普渡")。云霄县东厦镇荷步村,每年元宵节全村大鸣爆竹,响声震天,习称"响炮节"。① 在泉州市永春县城乡民众聚集祖厝,各族各房有身份有地位的男人排列齐整,或跪或拜,口中念念有词,举行拜祖典礼。有实力的乡族还在祠堂前日夜上演社戏。在龙岩连城县罗坊乡彭坊村,正月十三、十四、十五便是拜祭伏虎祖师的日子,主要仪式即全村的游龙。正月十三、十四、十五若是遇上阴雨天无法游灯,便会挑十五后最近的一个日子来补,若是到了正月二十四还不遇晴天,便取消当年的游龙。元宵游龙灯从元月十三便开始到十五晚上才结束,高潮在十五月圆之夜。元月十三晚上7点左右,灯会头放铳三声以示出灯,各户人家把提前做好的纸龙灯抬到十乡坪集中,并在此上香敬上祖。② 上元夜,乡亲纷纷弄狮、舞龙、游灯、"请火"、跳神戏。

3. 闹元宵

传统出门闹元宵的活动丰富,看花灯、焰火、猜谜语、攻炮城,举办文艺踩节等,化装游行有宋江阵、踩高跷、迎阁、骑马队,乐队有南音、十音、车鼓阵、笼吹,舞蹈有舞龙、舞狮、火鼎公、火鼎婆、踢球舞、拍胸舞、剑舞、扇舞等。漳州"海澄、漳浦之民,每正月半作火鼠及火梨之属,下书约斗,谓之'相烧'"③。

闽台地区各家各户在焚香祀神和敬祭祖先的同时还举行各种迎神赛会。

2012年7月课题组在宁德屏南县双溪镇调查,据当地老人讲,村里闹元宵在正月十五或正月十五往后几天(十五天气不好就往后推,通常是正月十七)是双溪镇上最热闹的日子,人们称之为闹元宵或庙会。正月十五,双溪的城隍庙、溪口宫、紫山宫等宫庙的神明会在镇上巡境,双溪镇(原是县城)四个城门头都会组织自己的巡境队伍,如花灯队、狮子队等。各个公庙也会有自己的队伍。巡境队伍:(1)四把铳(现用电炮)。(2)鸣锣开道。前面三角旗,后面有人敲锣。(3)高照灯两盏。(4)头牌灯。上书各宫庙名称和神明名号。(5)花灯队(花灯:一个大灯下面挂八个子灯)。花灯前有锣鼓队和彩旗队。(6)四只狮队,前有锣鼓队和彩旗队。(7)香火龙(稻草做成的龙,

---

① 曾丽莉:《福建省漳州市云霄县开漳圣王巡安活动调查报告》。
② 曾丽莉:《福建省漳州市云霄县开漳圣王巡安活动调查报告》。
③ 陈支平:《闽南文化三论》,《闽南文化研究——第二届闽南文化研讨会论文集》,海峡文艺出版社2003年版,第12页。

身上插满香,可长达五十几米有时是布龙)。前有锣鼓队和彩旗队。(8)高跷队。(9)铁枝队(小孩化妆成观音等神明站在铁枝上,年轻力壮的人举着)。(10)八仙(戏子)。(11)各宫庙神明。

城隍庙的神明分两列并进,先外十班再内十班,最后是城隍爷,城隍爷身后有行头旗。城隍庙的神明巡境时抬出去的是纸糊的替身,城隍爷是塑像,较小的那尊。溪口宫的天后等五位娘娘也是抬较小的那尊出去巡境。菩萨巡到何处或角落,居住人家就会放鞭炮迎接,并执三根香与巡境的香炉里换取三根香放置家里,求福分保平安。溪口宫有两头整猪供拜,还会在宫里演戏,以前演戏到天亮,现到午夜前就结束了。早上8点开始放铳、放鞭炮,道士做火醮。道士做法时会将到这里的信众名字念一遍,求平安。①

在福建三明市将乐县余家坪和凉地村,余家坪在正月初一到十五会到城关舞龙,舞龙一定要在白天进行,凉地村闹元宵一般从正月初十就开始,时间为初十到十五或初八到十五期间舞龙五次,正月十五这天一定要舞龙,现在舞龙是在村子内进行的。(传统上村舞龙队也其他地方去舞龙,相传出去舞龙的小伙子总是出现人不回来情况,村里人担心人口流失决定以后不再出村舞龙了,为了吸取教训和警示就把梁氏的梁字右边那"点"给去掉,我们现在看到梁氏宗祠那个梁字少了一点,现在当地老人写梁姓都不写那一点。)正月十五,当地文武庙会把所有菩萨神明的画像摆到大堂祭祀做法,还请戏班来唱戏。家家户户会到庙里烧香拜佛,庙里会准备素食供品,还会置办斋宴供大家一起享用。每年5户人家轮流做头,置办斋宴和供品。②

在福建省武夷山的下梅村,每年正月十五日,是下梅村一年中最热闹的日子,这一天为村里镇国庙中供奉的陈靖姑夫人的诞辰日,当日陈夫人、林夫人、李夫人要巡境下梅村,福佑村民。巡境从中午开始,直到后半夜。巡境过程共包括6趟,即白天由陈夫人大姐(当地人认为陈、林、李三位夫人是三姐妹,陈夫人是大姐)先巡境1趟,后面林李位夫人一起巡境2趟,晚上三位夫人又一起巡境3趟。巡境队伍中有香炉、唢呐、腰鼓队、大鼓队、一整猪整羊等。陈夫人在队伍前面,陈夫人的香炉由两个小孩抬着。巡到住家门口时,全家老小燃放鞭炮、烧香、设香案摆水果迎接,菩萨稍事

---

① 黄辉海:《宁德屏南县双溪节庆习俗调查报告》。

② 黄辉海:《三明市将乐县余家坪、凉地村节庆习俗调查报告》。

停留,走时拿走几个水果待到晚上大家一起吃。全村每家每户一定要到镇国庙,进香许愿或者还愿,有些人家还会带供品来进香。① 清·乾隆《泉州府志·卷二十·风俗》:"上元内外赛会迎神,乡村之间或于二月,谓之进香。"隆庆《府志》:"多者费数百金,少者亦不下十金。"明·万历《府志》:"装饰神像,穷极珍贝,阅游衢路,因起争端。"明·晋江人何乔远《闽书》:"泉中上元后数日,大赛神像,妆扮故事,盛饰珠宝,钟鼓震鍧,一国若狂。"清·乾隆《泉州府志·卷二十·风俗》又引《温陵旧事》云:"吾温陵以正月谓之朝拜,亦曰'会'。盖合闾里之精虔以祈年降福,亦遵古傩遗意,相沿已久。""董其事者鸠金定期设醮,然后迎神周其境内。人家置几棂焚香楮甚恭。""神皆四舁,惟通淮关大帝、花桥吴真人、南门天妃、虎山王相公、古榕玄坛元帅,则八抬。""神之前为道士,又前为鼓吹,又前为巡逆……锣声震天地。"

2012年2月和7月课题组在泉州市区、安溪、南安和德化的田野调查中发现有些特殊习俗:如在德化的元宵节,县城迎"城隍巡城",农村迎神闹元宵;在南安市洪濑镇的"妆阁",是元宵节该地的一项主要活动。所谓"妆阁"其俗源自元朝,闽南一带的民间流行的草台"蜈蚣戏"(现已失传),就是各家各户将自己年约七八岁的小孩,化装成《白蛇传》《三国演义》等古代戏文人物造型,继而准备一张绑好两根铁棍的板凳,让小孩坐在上面。活动开始后,由每家的两个成年人抬起坐在板凳上的童男童女,组成一列长长的队伍走街串巷。此活动要集全村人力物力一起过节,逐渐演化成村民间增进邻里往来,促进和睦相处、化解矛盾的极好方式。

2012年12月1日课题组在厦门钟宅畲族社区调查每四年一度的"烧王船"仪式,在王船绕境活动也遇到了"妆阁"阵头,做法与上面相同。如今舞龙表演既为求吉利,也是自娱娱人,百姓狂欢游乐持续到深夜,祈祷家中长辈特别是父母健康长寿之寓意。

4.闹花灯

唐·玄宗开元年间(713—741年),每逢上元都要放灯三夜(十三日至十五日)。上元活动由于都在夜晚,故有"元夜"、"元夕"和"元宵"的称呼。节日的主要景物是"上元灯",因此又有"灯夕"之称。

2012年2月课题组在龙岩市永定县坎市镇调查,该地有正月十三到正

---

① 黄辉海:《南平武夷山市下梅村节庆习俗调查报告》。

月十九闹花灯；十三、十四闹祠堂；十五、十六闹大街；十七闹大街、走人家；十八闹祖师公（在村庙龙归寺）的习俗。传统上花灯是由各家自做"化龙"：闹花灯的龙灯是将纸糊在龙的框架外，到正月十九必须将糊纸撕下，拿到河里化掉，龙灯框架才能拿回家收。当地人认为如果不化掉龙纸就将龙灯带回家，龙会闹到家里。① 晚上家家户户张灯结彩，灯笼上写"四季平安"、"五谷丰登"。在漳州地区有将元宵日作为注生娘娘诞辰习俗，这天新婚夫妇上街闹花灯，偷摸灯（寓"丁"）脚，来年可生贵子。已嫁妇女的娘家送莲花灯到女婿家，祈祝"连生贵子"。泉州地区元宵节亦称"灯节"、"灯夕"，家家张灯，户户结彩，闹花灯。泉语"灯"、"丁"谐音，寓祈望人丁兴旺、迎接光明之意。

泉州的"灯节"始于唐朝，在宋朝发展到顶峰。唐代士族南下，将闹花灯习俗带到泉州。南宋时泉州府设有南外宗正司，管理3000多名来泉州定居的皇室宗亲。上元节仿照临安大放花灯，上元的活动热闹壮观。宋·《五杂俎》誉称："天下上元，灯灼之盛，无逾闽中。"甚至连京城杭州点灯都委托泉州太守、南安知县雇工精制。泉州"灯节"花灯之盛，冠绝天下，形成泉州地区特有的元宵灯会。南安县的桃源上元点灯、南安县英都镇拔拔灯（串灯）、南安英都迎郡主、晋江东石数宫灯和安溪蓝田游灯龙。有"上品花灯"、"春光结胜百花芳，元夕分华盛泉唐"之说。泉州花灯内容，以山水风景、历史人物、飞禽走兽、亭台楼阁为主。类别主要有走马、莲花灯、宝莲灯等。最具泉州特色的是"无骨灯"和"料丝灯"。其中"无骨灯"为泉州独创，直接用硬纸连接而成，与一般用竹子做骨架的做法不同。而"料丝灯"则八面通透，采取镂空的做法，点起灯后整灯通透，灯会期间有猜灯谜的旧俗，"文人墨客明灯悬谜语于通衢，谓之'灯谜'。射中者以笔墨、果品酬之，备极欢谑"。

现在闽台地区的灯会多由政府统一组织，除文艺表演和群众游艺之外，还辟有专门场地供各单位展示花灯。当代的花灯制作精美，声光电动，多彩多姿，争奇斗胜，为往昔的纸灯所望尘莫及。像厦门政府早先在中山公园和白鹭洲公园组织全市各大企事业单位展出富有时代特色的主题灯会，随着杏林园博园主题公园建设完工后，灯会活动整体落地于此，成为厦门市民和附近区域民众过年赶热闹的重头戏。闽台各地猜灯谜活动更为普遍，政府

① 根据李琦、陈仲胜在龙岩市永定县坎市镇对当地物质生产习俗和节庆问卷整理。

有关部门多会组织灯会中的猜灯谜活动,与民同乐。

5. 挂灯"办丁"

闽南城乡多数人家元宵前夕,一定在居家或店铺门口悬挂花灯或大红灯,烘托喜庆气氛。年内新生男孩的家庭,必制作或购买花灯,挂到寺庙、宗祠,以示"添丁";在泉州市德化城乡除在祖庙挂灯外还要宰杀一只公鸡、加一篮白粿敬祖,意为通报祖先家中人丁兴旺。在漳州云霄县上年新婚或添男丁的家庭,在元宵夜要出资在祖祠里办酒宴,专门请客并雇请戏班搭台演戏,称为"丁桌"、"丁戏"。闽客家人在元宵节要将上年新出生男孩的名字写在专门制作的纸灯上送到祖祠悬挂,并送香油供奉祖先,祈求荫庇。不过课题组在台湾地区调查,台湾多数地区并未发现保留此俗。

6. 送灯"出丁"

闽南城乡有年内出嫁的女儿,元宵前夕娘家要买绣球灯或莲花灯一对,派家族中男童送到女婿家,祈祝早日"出丁";对嫁后未生男孩的,娘家习惯赠予"观音送子灯",谓之"送灯"。闽南语"灯"、"丁"同音,"出灯"即"出丁",寓意人丁兴旺。清末·陈德商《温陵岁时记》:"上元灯……有新嫁女者,女家须买白芙蓉灯一双,送于婿家,云是宜男兆。……张炳文云:最是女家忙送客,吉祥争买白莲灯。"

泉州正月十五挂花灯

从春节至元宵前夕,福州民间有送灯习俗。以福州市闽侯县鸿尾乡千里洋村为例,元宵节从正月十一到正月十八,非常热闹。正月十一称为"上彩",对出嫁之女,娘家例必送灯,"灯"与"丁"谐音,取添丁之意。第一年送"观音送子"灯,是将两根甘蔗绑在一起,甘蔗尾不能削掉,然后由女方家的兄弟送到自己的姐妹家中,希望来年生个儿子。

正月十四开始就正式进入元宵节了,这天下午家家户户会备十道素菜到庙里供拜,并点喜烛。很多人家都有买大的香烛送到庙里,希望神明保佑。晚上大家通常去庙里烧香,有的人还留在庙里嬉玩。

正月十五每户人家把先前做好的糖粿、煮过的鸡、纸做的纸鸡一起供奉到庙里,完了把十四摆的十道素菜带回去全家共享以保平安,当天下午庙里请道士做法事请神,保佑全村的人民康健、进财。之后大家共同分享喜酒、花生,共表喜悦之情。

正月十五这天也叫闹元宵(有的地方是正月十五,有的地方是十五和十六两天,有的地方是十六)。其他村的人来这闹元宵时,在对方到达之前,有两个人先来烧香,告诉村民他们闹元宵的队伍即将到来了,要村民做好准备迎接他们的人马。在闹元宵队伍到的时候,双方都要放三响大炮,然后两方要各自捧着香炉进庙里跪拜,跪拜结束后村民要送他们到门口,双方再次对拜后,再各自放三响大炮,就算到这个地方的闹元宵结束了,然后再继续到另一个地方闹元宵。

晚上的时候,村里的人在家里吃完晚饭后,很多人就会到庙里玩,有的人打麻将,有的人玩牌等等,快12点的时候庙里放烟花。烟花是那些元宵头和那些家有喜事的人准备的,晚上庙里还提供点心供大家品尝。

正月十六下午是千里洋村闹元宵的日子,这天下午要去闹元宵的人在自己家里吃完饭后到庙里集合,每家每户都要穿上自己的戏服,打鼓的打鼓,敲锣的敲锣,扛旗的扛旗(这些都是有分配的,例如你去年是元宵头的,今年你就要打打鼓)。整理好队伍后跪拜完大王就出发了。闹元宵中捧香炉的是大都是那些刚结婚的男人或者家有喜事的男人,寓意着来年生个儿子。每个村都闹过之后就返回到自己的庙里,回去的时候元宵头会准备好丰盛的晚餐等待大家回来。在闹元宵队伍回来的时候,庙里会放烟花迎接大家的回归。

正月十八早晨每家每户去庙里拿回自己供奉的糖粿鸡还有喜烛,然后庙里煮顿饭大家一起吃,庙里还准备了一个蛋和一个包子,大家吃完拿着这些东西回家,元宵节也就正式结束了。①

7."抢灯"

翔安区新圩镇古宅村于正月十五举行的"抢灯"民俗起源于明朝时期。但并不是每年都有举行的。一般是当村里在去年的正月十五到来年的正月十五有数个男婴出生时,才会举行这个仪式,一是感谢祖先让自家添丁,二是让其他没有男婴出生的村民沾点喜气,并祈求来年得一子,三是感谢祖先保佑全年丰收。

"抢灯"还要从灯塔说起,它其实就是个花篮。那么这个花篮又是如何做成的呢?其形态像中国的古塔,预示着这个家族的成员一年胜过一年。花篮的篮子也就是基座一般是用竹编的大篮子(也有用塑料制品)。制作花篮的师傅们会用竹子编成一座塔一样的篮心,然后把水煮的羊绑在最高处,下面用烫过的鸭子顺着篮心基座绑到最高,最后用各式各样的花草、气球、小玩具装饰。过去没有气球和小玩具,只用鲜花装饰,但随着生活越来越丰富,村民们也就依着小孩子的爱好,将他们常玩的玩具一并带上了这个花篮,使其更好看。因为这个花篮意为感谢祖先赐予男丁,所以花篮的顶部要绑上一个灯笼。在闽南语中"灯"相当于"丁",象征男孩。

抢灯的仪式在正月十五的中午 12 点举行。大约在 10 点左右有男婴出生的村民家就要由家中的两个男人抬去祖厝,还要有一些男人一路跟随着,一边走一边放鞭炮。到了中午 12 点,所有花树就位,族长会请戏班入内唱戏、拜祖。等仪式结束后,祖厝门前广场燃放礼花、鞭炮,全村同庆。同时开祖厝大门,请祈求来年生子的人群进入祖厝,有灯抢灯,没灯抢花,好不热闹。(注意:别人抢到手的灯笼也可以抢,花篮中的鸭子和羊都不能去抢。)抢完之后,还要在祖厝的大空地上燃放烟花爆竹、焚香祭拜,等带来的烟花鞭炮都燃放结束,花篮才可以从祖庙各自抬回家,在各自家里供奉祭拜完,把鸭子、羊从花篮上取下来,晚上宴请亲朋好友。②

8."踏火节"

厦门市同安区花莲乡道地村的正月十五,过"踏火节"。节庆活动形式如下:

农历大年初一全村家族代表在祖庙内用醮会方式,向天跪拜,以"掷筊"这种方式来完成在道地村所在地理环境寻找吉祥方位和选择吉祥时刻采集

① 谢辉:《福州市闽侯县鸿尾乡千里洋村正月十五节俗调查报告》。

② 黄雅芬:《翔安区新圩镇古宅村"抢灯"民俗调查报告》。

火种。(注:筊为两个半月形的竹根节,一面平整,另一面自然向外弯凸起,两筊掷于地面时,如两筊平坦面在上,称阳杯,寓意神灵在笑其意不置可否;反之则为阴杯或怒杯,代表神灵在生气,祈求者提出过分要求;如两杯一面朝上一面向下,称圣杯,表示神明同意祈求者要求。)掷圣筊3次为一簇,连续12次才可以确定神意。通过此方法发现道地村自古历来极少出现连续2年在相同方位或地方采集火种的情况。当吉祥时刻来到时,法师挥剑祈火后点燃香炉内燃料(古树皮制作成燃料),这时村内最有福气的人(指其父母、兄弟、儿女和孙辈齐全之人)喊出吉祥口号并守炉加料燃烧一整天后,用轿子抬回村里。

踏火节的重头戏"踏火",据说从火炭上走过可以保平安、祛疾病。人们赤脚从通红的一小山似的火炭堆上面疾行,而且在疾走过程中在场村民还要不断往"小山"上面添加木灰块,使得火势越来越旺。踏火队伍中有扛神辇、挑担子、抱孩子或手牵儿童。踏火开始时,一位领跑者随着鞭炮和锣鼓声首先冲进炭火中,如能安然通过火山,其他人才士气大振地大踏步冲过火山,走入草地。几百年来该村踏火活动中罕见受伤者,究其原因,据说在踏火前会往炭火中撒盐、米,同时踏火者疾走速度和勇气也很重要。

课题组历时两年跟踪调查发现,闽台地区的元宵节仪式在乡村阡陌间保存较好,内容丰富、仪式繁复,而现代化程度高的城区传统元宵节日仪式则形式较为单一并有和商业化倾向,两者形成鲜明对照,正如每逢春节中国各大中心城市出现空城化现象一样,越来越多的人希望回到更有乡野气息的农村小镇去寻回日益远离却弥足珍贵的传统节庆氛围。

第五节　清明节

清明节是中国重要的"时年八节"(上元、清明、立夏、端午、中元、中秋、冬至、除夕)之一,一般是在公历4月5号前后。传统的清明节大约始于周代,距今已有两千五百多年的历史。《历书》:"春分后十五日,斗指丁,为清明,时万物皆洁齐而清明,盖时当气清景明,万物皆显,因此得名。"清明一到,气温升高,正是春耕春种的大好时节,故有"清明前后,种瓜点豆"之说。清明节是一个祭祀祖先的节日,传统活动为扫墓。

清明节是民间传统的追本溯源的节日,"烧包袱"是祭奠祖先的主要形式。所谓"包袱",亦作"包裹",是指孝属从阳世寄往"阴间"的邮包。过去,南纸店有卖所谓"包袱皮",即用白纸糊一大口袋。有两种形式:一种是用木刻版,把周围印上梵文音译的《往生咒》,中间印一莲座牌位,用来写上区号亡人的名讳,如:"已故张府君讳云山老大人"字样,既是邮包又是牌位。另一种是素包袱皮,不印任何图案,中间只贴一蓝签,写上亡人名讳即可。

扫墓起源于秦代,《厦门志》记载:"清明,各祭其先。前后十日。墓祭挂纸帛于墓上。妇人亦出郊展墓踏青,采新麦簪之。"往昔扫墓一般全家老小全部出动,携带纸钱和墓纸,还有锄头、畚箕等,称"行山"或"踏青"。到墓地后,先检查墓地有否倒塌、破损,然后锄净坟地周围杂草,清理墓埕、墓碑,培土植树,俗称"培墓"或"巡墓",并用蛋清调和的朱砂将墓碑上的字描红。再将供品(有三牲、酒、米糕、薄饼、墓粿等)放置在墓碑前的石板上,同时将部分祭品一并供奉墓边的土地神,然后焚香点烛祭拜。再将压墓纸(五色纸或黄古纸)放置在墓地上。为防风吹走,以小石压住,成为"挂纸",以此作为扫墓的标志,表示该墓为有主之墓,以防他人侵占。祭拜完,烧银纸,放鞭炮。

课题组在蒲城县富岭镇马家庄村调查,清明节前三天和后四天是马家庄村的扫墓期,人们在这几天内选好日子到先人坟上祭拜,以抒哀思之情。要带上六碗供品——鸡、鱼、肉、豆腐、豆芽、面条,还会在坟上压纸钱。清明这一天很多人家会做清明粿吃。在清明节马家庄村还有做冥寿的习俗,五十岁以上先人整十岁的冥寿,会请道士做法给他们做寿。[①]

在龙岩市连城县罗坊乡罗坊村,四月过清明节,清明这天,分散各地的亲人齐聚一堂,给已故亲人扫墓烧金银标。金银标上凿有 3 列 11 行"乾隆通宝",一张共 33 钱,30 张为一本,每本共 990 钱。每本封面应注明日期和收寄人,样式如下[②]:

---

① 黄辉海:《南平市蒲城县富岭镇马家庄村节庆习俗调查报告》。
② 陈燕婷:《福建省龙岩市连城县罗坊乡罗坊村调查报告》。

虔备金银标

道

某某上祖冥中受用

王

阳上某某寄

……（时间）

　　闽南地区及台湾、金门等地的俗谚说："清明无回就无祖"或"清明无回家无墓（无祖）"，远赴外地者一般都要赶回家过节、扫墓。闽南旅居海外的侨胞不能回来的，一般也要事先汇钱回家，资助备办节日和扫墓之需，以表游子心意。

　　台湾的清明节是从前一年冬至开始算起的第105天，台湾漳州籍人的清明节则是在农历三月初三。台湾清明节的习俗和闽南差不多，台湾客家人祭祖扫墓的时间则是从元宵节过后便开始，日期由每家自定，一直到清明为止。

　　台湾民众的扫墓习俗，一般可分为两种：一种是一般祭扫，仪式及祭祀的东西比较简单，大都只供一些米糕、粿类和糕饼；二是修整祖墓，祭礼相当隆重，供祭的祭礼一般包括各种祭礼品12种蔬菜及粿类、糕饼等。扫墓时一定要在坟墓的四周献置"墓纸"（用五色纸剪成长方形）每张纸压上小石头，还得放一沓在墓碑上。这个仪式俗称"挂纸"，是献给祖先的钱。如果是培墓即修整祖墓，全家人要围在坟墓四周吃红蛋，蛋壳就撒在墓地上，含有新陈代谢、生生不息的吉祥意思。扫墓的同时，也要祭拜长期站在一旁守护墓地及祖先安灵的土地公（有一块小石碑），一方面是慰劳，更有感恩图报的意思。台湾还有一个特殊习俗，如果在这一年内家中有喜事，扫墓时要整修坟墓，还得准备一个小红灯（油灯）点在墓前，回家时再带回家，据说可招来更多的喜气和吉祥。

　　过去的台湾农村，每当扫完墓之后，都会有一群孩子前来讨粿类，来的人愈多，表示这一家族日后将愈发达，主人们也都乐意分送"发粿"或金钱给那些孩子们。

　　现在台湾墓地减少而实行骨灰塔，不少人把骨灰盒放置骨灰塔上，每到清明节就前往骨灰塔去祭拜,也同样起祭拜祖先的作用。由于人们观念的逐步改变,祭扫祖墓的仪式也省略了许多。①

闽南民俗,清明节除了祭扫外,还有植树造林、踏青等活动,故清明节亦称植树节、踏青节。清明时,春光明媚,自古来就有踏青的

扫墓用"墓纸"

风俗,踏青郊游活动有放风筝、拔河、射柳、扑蝶、采百草、斗鸡等。

第六节 端午节

端午节的称呼也始于晋代。晋周处《风土记》载:"仲夏端午······谓五月初五日也。"五月初五成为"端阳",取自五月阳气始盛之意。还有"沐兰节"、"诗人节"、"解粽节"、"龙船节"、"五月节"、"五日节"等名称。

关于端午节起源的传说有很多种,如传说最早是吴越一带百姓在五月初五举行龙图腾祭。传说这一天,龙抬头喷出的水能治好疾病,使人身体健康。古越族百姓于五月初五进行龙图腾祭礼的龙舟竞渡活动,人们在溪边挑取龙舟划过的溪水回家储存食用,称"龙须水"。后来人们把这个节日同纪念伏羲、女娲、禹、伍员、勾践、屈原等联系起来,而以纪念爱国诗人屈原与五月初五投汨罗江而死为多。南朝《荆楚岁时记》载:"屈原以是日死于汨罗,人伤其死,所以并将舟楫以拯之,今竞渡是其迹。"端午节时,闽南的传统习俗有包粽子、龙舟竞渡("扒龙舟")和其他水上活动,以及饮雄黄酒、插艾蒲、戴香包等。此外,有些缺水的地区还有祭龙王祈雨等习俗。

1. 包粽子

① 《各地清明节习俗——台湾》,http://baike.baidu.com/view/3148.htm.

端午节吃粽子是我国许多地方共有的习俗,其由来是:楚国百姓感念屈原的爱国之心,用叶子包裹食物投入江中给鱼虾吃,希望它们不要吃屈原的遗体。闽台地区,民间在端午节的传统是包粽子,粽子有碱粽、花生粽、红豆粽等。据课题组在宁德屏南县双溪镇调查:旧时,双溪的新媳妇在夫家过的第一个端午,娘家会送来红兜肚、红头绳和粽子。端午早上新媳妇将红头绳剪成小段,附近的小孩(八岁以上的未成年人)会去向新媳妇讨要红头绳,新媳妇的邻居也会帮忙分给附近的小孩红头绳。小孩拿到红头绳后,父母就帮他绑在身上。男孩绑左脚右手,寓意男孩顽皮,绑住手脚不会乱跑,务农勤快,读书成才。女孩绑在双手,寓意女孩会做针线,是贤妻良母。到七夕时,小孩就到村里的老树下解下红头绳绑在树枝上,回家后父母煮两个蛋给小孩吃。现在形式简化,新媳妇将两支用红绳捆起来的铅笔送给亲朋邻里的小孩。寓意自己早生贵子,孩子成才;同时也是祝福拿到铅笔的小孩。[1]

蒲城县富岭镇马家庄村,端午节过得很讲究,人们包的粽子有四角状的、有尖角状的、有枕头状的等,在大门上插艾叶、菖蒲、竹条、桃枝,用来辟邪驱蚊。以前还习惯喝雄黄酒,会在房前屋后撒些雄黄酒。有的人会给小孩的胸前挂一个鸡蛋(用红绳网装着)。春节有来拜年的人在端午这一天要给他们送粽子3串(一串10个)和20个鸡蛋。如果女儿和女婿回娘家,那么就要在五月初四就过端午。女儿刚出嫁的人家第一个端午要给女儿送100个粽子。

邻村的端午节选择五月初四的,传说:其一他们族里有人做大官,临近端午节皇帝急召大官进京,为了过上端午节,就把端午节提前到五月初四了;其二这个村子五月初五这天村上的河经常发大水,亲戚不能过来过节,所以就改到五月初四过端午节了。为此周围村民取笑他们:"大路边人没志气,我们过初五,你们过初四。"[2]

在同安莲华镇小坪村道地自然村五月十三日过端午节,因为邻村祖上有人在五月初五上山去采棕叶时不慎坠入山间湍溪,被水冲走后再无音信,于是村民们认为此人去找屈原,这个日子不吉利,端午节在地道村被改成五月十三日。遵循古法该村在当日用粽子祭拜各路神明和各自祖先,祈求驱

---

① 黄辉海:《宁德屏南县双溪节庆习俗调查报告》。

② 黄辉海、林婉娇:《南平市蒲城县富岭镇马家庄村节庆习俗调查报告》。

除瘟疫、瘴气和保护全家大小平安。①

在沙县凤岗街道漈砾村五月初五为端午节。如果家里有人过世要守孝,那么当年就不能包粽子,邻居朋友会给这家人送粽子。②

现在闽南与台湾地区的同胞最爱吃肉粽,不仅在端午节食用,而且现已成为主副食混合型的日常方便食品。厦门的"烧肉粽"闻名遐迩,成为中华名小吃。旅居海外的相亲回来,临走时还将肉粽装在漆篮(旧时的竹编,能保温)或保温瓶内与亲友分享。

闽南肉粽

2. 赛龙舟俗称"扒龙船"

闽南及台湾地区的端午民俗活动中,最热闹的是赛龙舟,龙是他们想象中的神兽,参赛的船只饰之以龙头,称为龙船。

闽南乡村 扒龙舟

这项活动在南北朝时已见端倪,隋朝时演变为一种竞技娱乐活动。顾禄的《清嘉录》引《荆楚岁时记》说:"五日竞渡,相传吊三闾大夫而作。"引《吴越春秋》说:"划龙舟起于勾践,盖悯子胥之忠而作。"端午当日,闽南各地沿海、沿江的群众,利用舟楫和天然水域,举行龙舟竞渡活动。

① 林江珠:《同安莲花镇小坪村道地自然村山茶人家田野调查》。
② 黄辉海、陈伟宏、林婉娇:《三明市沙县凤岗街道漈砾村节庆习俗调查报告》。

在台湾扒龙船,亦称赛龙舟,为端午节中最受欢迎者。一面观赏龙赛,一面饮酒吟诗。今则观赛之人,万头攒动,环绕江边,虽骄阳如火,毫不畏惧。龙舟长五丈有余,中宽四尺五寸,高一尺五寸,樟木构造。舳为龙头,舻为龙尾。舷绘鳞甲,光泽夺目。俗谓:"百日造船,一日渡江。"可见其制作之精致。船上器物,朱红木棹而外,悬锣鼓各一面,龙首插三角红旗,俗称龙舌,龙尾亦插角红旗,书写"水仙尊王"及主办团体名衔,曰尾送旗。龙舟行事,始于五月初一。首由去岁炉主率领全体执事人等,打"龙船鼓"延道士前导,运送龙舟至河边。焚香点烛,以祷水仙尊王,称作"请神"。而后掷筶定新炉主、头家、祭事及有关人员。初二日。在炉主家续商赛事细节。至初五晨,再祭龙舟,茶香益首,以示必胜。午时初刻,锣鼓声中将龙舟送入水中,对方龙舟鸣锣举櫂,表示欢迎,谓之"接龙"。龙舟划手,最多不得超过三十二人,各着彩衣,额束绣帕,一个个雄赳赳气昂昂,好不威武。裁判一声炮响,锣鼓喧天,舟如箭出,两岸观众,狂呼猛叫,以助声势。赛程约四百公尺,终点树有红旗,先至者夺旗而归,是为一胜。如此三天,以三赛二胜为冠军。赛毕,不论是否夺得标均须供设牲礼,望江而拜,名曰谢江。至十日晨,各龙舟炉主邀请全部划手,犒以肴,酒,以酬谢意。而后举舟入厝,称之收龙船。并演大戏酬神,附近居民,亦多备办水果,清茶,焚香祷拜,请龙神保佑风调雨顺国泰民安。

课题组在漳州云霄调查,临江海的村社,须于端午节前4天,即五月初一日举行"拍蒲船"的习俗。划龙舟,云霄又称"划维青",由预先挑选好的青壮男丁上船,以村社、地区为单位,举行龙舟竞赛。采用的是相互追逐的比赛形式,追上前者即为胜利。每场比赛短则二三小时,长则需要半天时间。①

龙岩市永定县坎市镇以前端午节有划龙船的风俗。卢姓先祖建祠堂时,国师曾交代"船到祠堂人丁止",不让划龙船,但是后人没听此言,族群繁衍至第十二代左右时人丁最兴旺,然而到第十四代或十五代的时候划龙船划到了祠堂口,人丁开始衰败,走掉两房,是其中第三房和第八房,至今再无音讯,从此当地再不划龙船。传说三房曾回乡祭过祖先,但在返回路途遇翻

① 曾丽莉:《福建省漳州市云霄县开漳圣王巡安活动调查报告》。

船,从此不再来坎市镇认祖。①

　　厦门每年都赛龙舟,过去多在厦鼓海峡的鹭江段举行。1953 年陈嘉庚先生在集美建造龙舟池后,这里每年都举办划龙舟竞赛。1957 年,规模最大的一次赛龙舟活动共有 90 多个龙舟队、2000 多名男女运动员参加。进入 21 世纪,龙舟赛再次火爆。从 2005 年至 2013 年,在集美共举办了九届海峡两岸龙舟文化节,而龙舟赛是其中最重要也是最吸引人的配套活动。泉州、漳州和台湾地区,通常也在端午当日举办各种形式的龙舟竞渡活动。

赛龙舟

3. 娱乐竞技

　　闽南地区端午节还有多种水上竞技娱乐活动,最精彩的属水上抓白鸭。这是一种考验人们体力、毅力和技巧的民间体育竞赛。竞技场一般设在海上或河上,从岸边腾空伸出一根几米长的圆木柱,上面涂满滑油,木柱的末端安装着一只盛鸭子的小木箱,箱子有一个活门。参加竞技者要登上木梯,走过这根伸向海里的圆木柱,到了末端,用手拉开小木箱的活门,鸭子就掉进水里,同时人也跃入水中去抓鸭子。通常,十几只鸭子,在一个多小时内便被勇士们抓光。场面火爆,气氛热烈,具有浓郁的闽南风情。至今,厦门集美的龙舟池每年端午都举行这种民间传统节日赛事——抓鸭子,广受民众喜欢。

---

　　① 整理于李琦、陈仲胜调查龙岩市永定县坎市镇物质生产习俗与节庆的问卷内容。

安海端午节抓鸭子比赛

4.饮雄黄酒、插艾蒲、戴香包等求平安习俗

这与端午节的另一传说有关。古人传说，五月初五这一天为"恶"日。旧时把整个五月称为"恶"月，东汉崔实的《四民月令》记载："是月(即五月)也，阴阳争，气血散。"五月气候多雨湿热，恶疠时长泛滥成灾，所以人们饮雄黄酒，插艾叶、菖蒲、榕枝、柳枝和大蒜头来杀菌避灾。厦门鼓浪屿以往家家门口要插艾蒲、家中洒雄黄酒、给小孩佩戴香袋，用以驱邪，现已少见。现今习惯在这一天翻晒衣物、做大扫除。①

课题组在宁德屏南县考察，双溪的端午节节日氛围很浓。人们在五月初一就在大门上插艾草，这些艾草干了之后作为药材和鸡蛋一起煮着，据说吃后具有提力提神之效。人们用雄黄酒在小孩子额头画"王"字，耳朵也会涂一点，寓意祛邪消灾，保安康。临近的郑和县与周宁县也是这样的

---

① 陈雅芸：《鼓浪屿民间习俗调查报告》。

习俗。①

在泉州市永春县岵山镇塘溪村,五月初五端午节也是很有特色的节日。那天在西陵宫道士要做法祈愿,然后准备一把草薰(由稻草很结实地绑成一节一节)用火点着(因为很结实不会起火,只冒出青烟),由一人举着在前头跑,后头一人拿着扫把在后面追,到溪边后将稻草解开燃烧,丢弃扫把。此举名为扫蚊虫,寓意扫去蚊虫、灾邪,求平安。村民在家里门上也插上艾草,还准备了用煮过粽子的水加入雄黄和少许酒的特殊的水。待到正午时用艾草沾着这些水洒向田里和房前屋后,用以驱灾辟邪。在端午村民会做一些土药方——午时草(茶)。做法:午时到房前屋后摘一些草和已经霉变的米饭和在一起,弄成园子状或饼状暴晒干后收起,可治胃痛、腹泻、中暑。当天也有忌讳,回娘家的女儿正午时不能和父母见面,传言不吉利。"一年过节,三年苦节。"②

现在闽台各地在保持原有节日习俗外,都积极地将民俗资源转化为旅游文化的吸引力,课题组在宁德屏南县双溪考察,了解到当地为了配合白水洋旅游项目的开发,提高旅游文化品质,利用传统端午节民俗内容,在双溪镇开发了"端午走桥"的过节新形式。"端午走桥"利用当地水域资源丰富、众多廊桥建筑的优势,有万安桥、双龙桥、金造桥、南安桥、千乘桥等廊桥。参与者都为当地老妇人,走桥时老人身着传统服饰。整个节日内容有:

(1)走桥准备:①包粽子。②选桥。③做"七桥",用黄纸叠成七层房子,烧给屈原以表纪念,同时也求平安。④做一支精美的小扁担,长约一米,宽三、四公分,整支小扁担用彩纸包住,两头各绑上一朵大红纸花。扁担前头挂香烛纸钱,后头挂两个粽子。⑤摆香案。在廊桥的神龛前摆一些简单的祭品。

(2)走桥过程:①开桥门。老妇人挑着粽子、香烛纸钱来到桥头念开桥门经,随后开桥门(虚拟的)。②排队入桥廊。老妇人进入桥廊后放下东西,走回桥头,排队依次进入桥廊。③念屈原赋。老人在桥廊内来回走动,口中念屈原赋,要念两三遍。④抛粽子。老妇人同一朝向向桥下抛粽子,念抛粽子经,同时烧纸钱。③

---

① 黄辉海、林婉娇:《南平市蒲城县富岭镇马家庄村节庆习俗调查报告》。
② 黄辉海、林江珠:《永春岵山镇塘溪村节庆习俗调查报告》。
③ 黄辉海:《宁德屏南县双溪节庆习俗调查报告》。

5. "嗦啰嗹"

安海端午有一个习俗非常特别,称"嗦啰嗹"。安海,古称"湾海",因海岸多曲而得名。宋开宝年间,唐名臣安金藏后裔安连济徒居湾海,围海造田,后人以其姓易"湾"为"安",始称"安海",南宋建炎四年(1130 年)建镇称"石井镇",明称"安平",清改称"安海"至今。东晋永嘉二年(1308 年)的"八王之乱"造成大批中原士民迁入福建。至唐末五代中原战乱,又有大批士民再一次南渡,史称"八姓入闽"。他们在晋江一带沿江依海而居,带来了先进的生产技术和古老的民俗文化,其中就包括"采莲"。

"采莲"是中原地区的古民俗,至唐末五代时期,河南光州固始人王审知率兵入闽,龙启元年(933 年)其子延钧在福州称帝时,封陈金凤为皇后。闽后能诗,在"端阳日"携宫眷泛舟西湖赏莲,还曾作《采莲曲》。后来采莲舞曲流传于泉州民间,并逐渐演变为与龙图腾崇拜相联系,发展成一种端午节群众性祈求龙王赐福,扫除梅雨天气,驱除瘟疫的民间习俗。这一天,每一户人家要"煎饨补天"、包粽子、在门上插艾条榕枝、屋内烧苍术蝉蜕,小孩身佩"虎仔香袋"以驱邪禳灾、纳福安康,此外还有水上"抓鸭"比赛等活动。①

6. 其他地区

闽南地区也有地方的端午节没有活动。如课题组在云霄县列屿镇和东夏乡农业村庄考察时,这两地端午节均没有活动。但在沿海河地区端午节活动却十分热闹。临江海的村社,须于端午节前 4 天,即五月初一日举行"拍蒲船"的习俗。凡这一年期间内新婚或生子之家,由其社中的德高望重的长者先敲击鼓沿一声,再猛播大鼓三通,再引吭高唱,并且置办酒席宴请宾客,意为"添丁进财"之吉兆。虽然这一习俗现已渐消失,但台湾某些地区仍保留。

厦门市翔安区新圩镇东寮村端午节这天是项祖生日。这一天人们带着自家包的粽子和香、金纸、鞭炮等东西到项祖宫里敬拜。每年这一天项祖宫都会演上一天的布袋戏,有时候是公家出钱请,有时候则是信众来还愿的。

---

① 洪德财:《安海端午"嗦啰嗹"习俗》,《安海镇文化体育服务中心申报晋江市非遗材料》。

第七节　娘妈生

农历七月初七是我国传统节日中唯一属于妇女的节日,称"七夕节",亦称"乞巧节"。七夕节的由来与牛郎织女的传说有关。古时候,人们把牵牛、织女二星视为传说中的牛郎织女两人,他们的爱情传说千古传颂。农历七月初七是牛郎、织女相会的日子,这一天,地上的喜鹊都上天在银河上搭鹊桥,让牛郎、织女当晚在鹊桥相会。

"七夕"源于人们对自然崇拜,据历史文献记录约 4000—3000 年前就产生了,起源于汉代。科举制度的产生后,中状元成为"大魁天下士",读书人称七夕为"魁星节"或"晒书节",承传了星宿崇拜的痕迹。闽南、台湾民间过七夕节不重乞巧,更看重为孩子祈福平安健康、重视保健食俗。每到七夕之际,几乎家家户户要买来中药使君子和石榴。闽南和台湾地区将七夕节称做"七娘妈"的诞辰日。七娘妈是保佑孩子的神灵,有七位,织女是其中一位。民间信仰七娘妈,认为凡 16 岁以下的儿童,都受七娘妈的庇护,在儿童周岁后,要前往寺院祈愿七娘妈予以保护,将古钱或银牌、锁牌用红线串起来,悬挂于儿童颈上,称"挂契"。到孩子成年时,于七娘妈生日那天"脱契"(也叫"洗契")。届时要前往寺庙供拜面线、粽子等,以答谢神灵多年来的保护。

在泉州在安溪县感德镇人们在七月初七这一天供拜七娘妈,比较特色的是要采七朵花(最好七种颜色)放于盘中祭拜七娘妈,还要煮特色的汤圆(在圆子上摁一个小坑)。有趣的是这一天通常会下雨,人们说那是七娘妈在哭泣。[1]

闽台民间十分盛行崇拜七娘妈这一被奉为保护孩子平安和健康的偶像,以七份供品供奉七位神灵,夜晚设桌于庭院中,挂"七娘神灯"。遥向七娘妈拜寿。此外,还有用彩纸糊制的"七娘妈桥"、"七娘妈亭"。祭毕,与纸钱一起焚化。

有些地方还有拜"婆姐"的习俗。婆姐是七娘妈的侍女,是直接守护儿童摇篮和床的神明。在漳州云霄县还保持另一种"祭床神"的风俗,均称为"床公婆生"。此日,各家各户喜煮甜糯米饭。煮熟的甜糯米饭装盘堆成山

---

① 根据黄辉海:《安溪县感德镇民俗调查笔记》整理。

形,上面圈以红色绒线,中央插上美人蕉叶子,供拜神、佛和"床公婆"。向床神祷告,祈求夫妻偕老,子孙繁衍健壮。① 民间传说儿童的胎记是婆姐所作的记号,以便于看护。祭拜婆姐要将祭品摆在小孩床上,祈祷孩子平安、聪明、健康成长。

这天,台湾基隆台南等地还流行一种"成人礼",即孩子长到满 15 岁时,父母领着他带着供品到七娘妈庙酬谢,答谢"七娘妈"保护孩子度过了幼年、童年和少年时代。在这一天,台南地区要为 16 岁的孩子"做十六岁",行成人礼。台湾民众认为,小孩在未满 16 岁之前,都是由天上的仙鸟——鸟母照顾长大的,鸟母则是由七娘妈所托。因此,七娘妈就成了未成年孩子的保护神。婴儿出生满周岁后,虔诚的母亲或祖母就会抱着孩子,带上丰盛的祭品,另加鸡冠花与千日红,到寺庙祭拜,祈愿七娘妈保护孩子平安长大,并用古钱或锁牌串上红包绒线,系在颈上,一直戴到 16 岁,才在七夕节那天拿下锁牌,并到寺庙答谢七娘妈多年的保佑。有的家长除了在七夕节这天祭谢"七娘妈"之外,还专门为孩子举行成人礼的事而宴请亲友,庆贺一番。

台湾宜兰地区也有拜七娘妈和婆姐(床母)之俗,黄昏在门口或庭院中设供桌,以坐月子时吃的"鸡酒"、油饭、胭脂水粉、鲜花、寿金、婆姐衣和五色彩纸等祭拜七娘妈。还准备一盆水及一条新毛巾,供七娘妈梳妆,拜毕将白粉和花束一半扔向屋顶。②

闽台地区至今仍保留此习俗的泉州老城区,进入农历七月后各个农贸市场和佛具、佛事用品商店都会提供专门用于七夕巧节的花果、脂粉、牲礼("七娘妈轿"、"七娘妈亭"、鸡冠花、千日红等),初七过后便不再提供。

节日主要仪式:

时间:农历七月初七。

祭祀对象:天上七仙女。

祭拜人:是年家中新增人口者或祈愿家中人口兴旺者。通常由家中成年女性主持整个祭拜过程。

地点:在家门口、厝厅堂口或屋内阳台

内容:置供案,放香炉,排放七碟菜碗、鲜花或果品。点香祈祷谢神后,如果新添男孩者,一定要随金焚烧"七娘妈亭";其他则随金焚烧七

① 曾丽莉:《福建省漳州市云霄县开漳圣王巡安活动调查报告》。

② 《漳州风俗习惯》,http://bbs.mtw168.com/thread－24253－1－1.html。

娘轿。①

出售七娘妈轿的店

七娘妈亭正面

———————————————

① 根据林江珠在泉州丰泽小区调查过七娘妈节的笔记整理。

七娘妈轿背面

鸡冠花

千日红

脂粉

课题组调查厦漳泉地区的城市化程度不高的乡村,妇女普遍保留有七夕节摆供祈祷的风俗,一般是将瓜果七盘,茗碗、香炉各七件及胭脂、香粉等摆设于庭中祭供,祈祷天上的星神。祈祷的内容侧重于乞富和乞子等,闺中少女还祈求良缘、美貌,卜问婚姻、前途等。

　　在厦门同安莲花镇小坪村道地自然村七月七日是七娘妈节,据历史统计在当地该日均会下雨,家中有未满 16 岁女孩的家庭主妇准备好七朵花(含苞待放之花为宜)、胭脂粉盒和七粒花生(不用单个成型,最好一壳内置 2 粒型为宜),在家门口选择方位燃点香火,烧纸钱在门口的金炉内,通常不在堂内举行点香烧金纸仪式。供奉仪式完成后,将以上准备物品打成包直接投到各家各户的屋顶上,便告结束。① 在龙岩童访镇彭坊村有换井过七夕习俗,七月七是牛郎和织女相会的日子,村民们会把各个村落的古井清洗一遍,吃汤圆来庆七夕。②

　　在闽台地区,特别是漳州、厦门和金门等地的读书人在七夕这天要祭拜魁星爷(称该日为其诞辰日)。魁星就是魁斗星君,名为文魁夫子,掌管文章。读书人祭拜他,为求功名顺利。课题组 2011 年 8 月在台中大甲镇澜宫发现当地学童放学后,家长会带孩子进寺庙内给魁星爷点香磕头并做祈祷后才会离开。如今每年中考、高考、研究生考试和公务员考试等重大考试前考生和父母都要祭拜魁星爷,祈求能够金榜名或考试过关,而非固定在农历七月初七。节日仪式渐渐淡化,祭祀内容简单,祈祷目的直接明了,转化成为日常生活内容。现今人们大多将七月初七看做是中国的情人节。

第八节　七月十五普渡节

　　农历七月十五日是中国民间的传统节日"中元节",在闽台地区,亦称"鬼节"。闽台民间祭"无主鬼"和城隍神,让合境无主鬼魂享受祭品而不为祟作乱人间。

　　中国古代以一、七、十月之十五日分称上元、中元、下元。上元是天官赐福日,中元为地官赦罪日,下元为水官解厄日。③ 中元时普渡孤魂野鬼,

　　① 林江珠:《同安莲花镇小坪村道地自然村山茶人家田野调查》。

　　② 陈燕婷:《福建省龙岩市连城县罗坊乡罗坊村调查报告》。

　　③ 《中元节》,http://baike.baidu.com/57920.htm.

也有说法中元节是在农历七月十四日。民间认为,整个七月为鬼月。此月,鬼经过春夏的沉寂,又可以出来活动,所以叫做鬼门开。民间以路边点火、河中放灯、提供鞋子等办法,满足鬼出门活动的需要,以免它们连基本的需求都得不到满足,无法出行而为非作歹,当然,点灯引路等办法更是希望野鬼能够"远走他乡"。七月时,鬼门初开群鬼纷出,一时"群鬼乱窜",鬼刚刚经历一夏的墓居煎熬,饥肠辘辘,所以给饿鬼施食就成为要紧之事。由于此时鬼可以自由外出活动,祭祀祖先就可不必上墓,只要把祖先的鬼魂"接"到后代子孙的家中,祖先之灵便可饱餐祭品。节日这天,人们带上祭品,到坟上去祭奠祖先,与清明节上坟相似。明清时期闽地各地方官府还命令寺庙的和尚道士设孤魂道场,以祭奠阵亡的军士,中元节时,人们要焚烧大量的纸钱。

道教认为这天是"中元赦罪地官清虚大帝"的生日,是日祭祀地官可以赦免自己的罪过。因此,民间有祭拜地官的盛大仪式,供三牲果品,焚香烧纸,作法事诵经,以乞求免罪并普渡四方孤魂野鬼。中元由上元而来,上元节是人间的元宵节,人们张灯结彩庆元宵,中元节虽是鬼节,也应该张灯,为鬼庆祝节日。不过,人鬼有别。所以,中元张灯和上元张灯不一样。人为阳,鬼为阴;陆为阳,水为阴。水下神秘昏黑,使人想到传说中的幽冥地狱,鬼魂就在那里沉沦。所以,上元张灯是在陆地,中元张灯是在水里。在中元节这天,九龙江沿岸居民和台湾地区还有"放水灯"的旧俗,即在河边摆上八仙桌,置放供品,请道士、和尚诵经,为孤魂野鬼超度,然后烧纸钱,再在河里放上各色彩纸做成的一尺左右的纸船,纸船上放置点燃的蜡烛或小油灯,有的还放上少量钱物。简单的则用小陶帛,边沿糊上纸做的莲花,内插蜡烛,点燃后放入河中,称"放水灯",目的是把水中的亡魂引过奈何桥,前来接受人们的普渡祭供,并祈求因此获得平安、幸福。在漳州旧时云霄一些较大的宫庙前,常有搭立"孤棚",主要致祭因战争阵亡的孤魂野鬼。现在这个习俗仍保留凡是临近江海之乡村,又附有另一种祭祀仪式,主要是为祭祀水中亡灵而设,叫"放水灯"旧时每家每户制作一只纸船,在纸船上放置碟子盛放花生油和点燃的灯芯草,让纸船顺水漂流,现在有水灯改成了莲花灯。①

---

① 曾丽莉:《福建省漳州市云霄县开漳圣王巡安活动调查报告》。

普渡仪式

"鬼节"又称亡人节、七月半。中元节一般是七天,"七月半"有些地区为七月十三或十四日。俗传去世的祖先七月初被阎王释放半月,故有七月初接祖,七月半有送祖习俗。送祖时,纸钱冥财要烧得很多,以便"祖先享用"。同时,在写有享用人姓名的纸封中装入纸钱,祭祀时焚烧,称"烧包"。年内过世者要烧新包,多大操大办,过世一年以上者烧老包。中元节一般是七天,又有新亡人和老亡人之分。三年内死的称新亡人,三年前死的称老亡人。迷信说新老亡人这段时间要回家看看,还说新、老亡人回来的时间并不相同,新亡人先回,老亡人后回。因此要分别祭奠。烧纸钱的时间选晚上夜深人静,先用石灰在院子里洒几个圈儿,说是把纸钱烧在圈儿里孤魂野鬼不敢来抢,然后一堆一堆地烧,烧时嘴里还要不住地念叨:"某某来领钱。"最后还要在圈外烧一堆,说是烧给孤魂野鬼的。亡人们回去的这一天,无论贫富都要做一餐好饭菜敬亡人,又叫"送亡人"。

课题组了解到在龙岩童访镇彭坊村七月七鬼节的日子,彭坊村民都会做一个纸箱,在里面堆放金元宝,在家中焚烧后,放到河里推走的祭祀习惯。① 在宁德市福安畲族农历七月十五日过鬼节,先在家里烧香烧纸币祭拜祖先,然后在家门口给新死者烧纸币,一边烧的时候一边喊死者的名字。②

---

① 陈燕婷:《福建省龙岩市连城县罗坊乡罗坊村调查报告》。
② 唐文瑶:《宁德市福安畲族节庆习俗田野调查报告》。

　　在漳州云霄县礁美村、高塘村渔民除了祭各庙神像外，还要去祠堂旁边的一堵墙前，祭拜"大人公"。"大人公"没有神像，墙上只有三个洞，墙前摆一小案几，供品放在上面。祭后将香插在墙上的洞里。民俗学家方群达讲，"大人公"是只有渔民才会去祭拜的集体神，祭的是海难事故中死去或失踪的游魂野鬼。台湾的渔民也有祭拜海难中的游魂野鬼的习俗，但是会供一个牌位，称"九贤七祖"，庙叫"有应公庙"。农历七月普渡就是祭拜"大人公"的。渔民摆上祭品，烧香迎神，等神吃饱了，还要送他们走。所以，云霄海边渔民有放水灯的习俗。即折一纸船，在上面放置小碟，涂一点花生油，再放灯芯草，点亮灯芯草后，纸船顺流而走，有渔船的人家，无论是运输船还是捕捞船，每户都会放一灯。七月普渡从初一至三十都可以，大部分渔民选择七月十五普渡。只有崎美村的普渡是七月下旬，因为古代船户有一年七月十五出海时遇到海难，死了很多人，故推迟到下元。①

　　闽南民间以七月为"鬼月"相传七月初一午夜起，地藏王菩萨将冥府的鬼门打开，放出所有的孤魂野鬼到人间讨吃。一直至七月三十日关上鬼门，众鬼才会再回到地狱受苦。一个月内，各地按街道、村落轮流安排日子祭供，俗称做"普渡"。它源于佛教的"慈航普渡"，指超度历代宗亲佛教仪式，称为盂兰盆法会，就是普遍超度无祀孤魂之意。普渡有公普、街普、巷普、家普等不同形式。在闽台民间鬼月的每天天黑后，各户都要在门前悬挂路灯，供所谓"好兄弟"（即孤魂野鬼）照明用，灯上一般写有"七月流火"、"灯光普照"等字样。有的地方还有晚上少出门的习俗，即忌讳与野鬼相撞，不吉利。

　　道光《金门志》卷十五曰："七月朔（初一日）起，各社延僧道设醮，作盂兰会，俗名普渡，以祭无主鬼。里社公祭，各家另有私祭。"泉州规模最大的普渡，首推石狮的"龟湖大普"，即把龟湖的 13 个村落分属 12 个生肖（其中后安和仑后合属猴），12 年各轮流普渡一次，互相宴请，民间有"闻名龟湖大普渡"之俗。

---

① 王文静、黄雅芬:《漳州云霄县礁美村、高塘村渔业生产习俗调查报告》。

祭祀好兄弟

　　七月一月内,各街、各村轮流普渡,轮流请客,耗资巨大,贫困人家往往不堪重负。又由于七月暑热,食物容易变质,常引起疾病。此外,还不时有大吃大喝酒后斗殴的事情。因而,历代有识之士均反对普渡,地方政府也屡次下令禁止。20世纪50年代以后,政府更是历行禁止,破除封建迷信。现今厦漳泉地区,因城市化建设,老街换新貌,街坊邻里四散搬迁,普渡之俗逐渐消失。

　　类似盂兰盆的法会在台湾举办,但福建民间的盂兰盆活动已荡然无存。课题组2012年8月30至9月7日,即农历七月十四至二十二日完整记录了台湾新竹县褒忠亭义民庙所举办义民节活动。七月十四日这一天,15个轮值庄的街口村前搭起法师座和施孤台,法师座跟前供着超度"地狱"鬼魂的地藏王菩萨,下面供着一盘盘面制桃子、大米。施孤台上立着三块灵牌和招魂幡。过了中午,各家各户纷纷把各式发糕、果品、瓜果等摆到施孤台上。主事者分别在每件祭品上插上一把蓝、红、绿等颜色的三角纸旗,在农历七月二十日(政府公布定为义民节)日这天要举行祭奠仪式,其主要仪式由净坛绕经、上兰盆供、众僧受食三部分组成。在正式仪式开始前,须先建立佛坛(特称"中元坛")、普施坛、孤魂坛等三坛。其中,佛坛上设有佛像(大士爷)及导师使用的如意尺(戒尺)等,普施坛上放置多种供品,孤魂坛上设有若干灵位牌。开坛后的仪式是拜忏,依照《慈悲水忏》的仪礼进行。拜忏活动分为三个阶段,时间较长,其间还得穿插进行上供与斋僧活动。普施仪式在晚上举行,主要是施放焰口。焰口结束后,要放河灯、烧法船、烧灵房,在一片火光闪烁中,义民节圆满结束。河灯照亮了水中鬼魂暗淡的心灵,法船将他们统统渡往了充满欢乐的彼岸世界。盂兰盆会的所有目的,在这一刻得到了完整的体现。

根据清仪润所著的《百丈丛林清规证义记》卷八《兰盆仪轨摘要》记载,整个盂兰盆会的仪式大致如下:

净坛绕经

首先,净坛绕经,即绕诵《盂兰盆经》。先由住持主持绕坛、诵经、洒净仪式,大众随行绕行,口诵《盂兰盆经》三遍;然后,大众依照早晚课诵时的位置跪下,随住持念祝词,祝愿一切冤亲同得超度;祝词完毕,大众起立,听维那念诵佛名,随磬声行跪拜礼。跪拜完毕后解散。

其次,上兰盆供。僧众重新入坛,礼佛三拜后,住持拈香,维那举"献供赞",大众同唱。然后,再次反复读诵经文,并说明盆供的目的,表明自己的心迹,并不时伴行礼佛跪拜礼。最后念诵一段回向词,上兰盆供仪式结束。

最后,众僧受食。上供完毕,悦众将檀越(信徒)所布施之物集中在一起,不论是来客还是本寺僧人,一律平等分配。接受分配物后,集体念诵一段祝祷词,然后各自捧钵回寮。整个盂兰盆会仪式结束。

事实上由于盂兰盆会仪式较为复杂,真正照此规程实施者并不多。以此民间主要以超亡灵度鬼魂为主要目的的一套盆供仪式更为流行。民间的这套仪式:预先设立三坛,到了七月十五日那天清晨,由六位僧人组成的行法小组,在一片唢呐合奏声中,粉墨登场,走在队伍前列的手持铃铎的是"导师",紧随其后的是手执大鼓、木鱼、铙子、铃子、小手鼓的五位僧人。仪式程序是先净坛后开坛。首先,要"演净",即面向佛坛念诵《大悲咒》《十小咒》《心经》等,再念用好纸写好的文疏,祈求佛菩萨慈悲下界指导;其次,行"引魂"仪式,读诵用黄纸写好的疏文,招引鬼魂入坛,读诵疏文后,念诵《心经》《往生咒》"三真言";最后,由主办功德轮主在法会的"榜文"上用朱笔一点,预示着开坛完毕。开坛后是拜忏仪式。拜忏活动大多依照《慈悲水忏》的仪礼进行,分三个阶段其间还得穿插进行上供与斋僧。晚上举行普施仪式,主要是施放焰口。焰口结束后,要放河灯、烧法船、烧灵房,在一片火光闪烁中,法会结束。

普渡节

　　闽台民众把传统中元节活动特别热闹、遍地开花地持续长达一个月之久,超越其他传统节日。在台湾地区和新加坡人们把鬼称为"好兄弟"并与其和平共处,构成独特的中元节文化现象。解释任何节日的现象,都应秉承尊重人的精神需要为原则,才能客观地看待和理解。

　　1.由于城市化的推进,过去的乡村都成了城镇,当年的厝边(邻居)各奔东西,中元普渡宴给所有人提供了一个聚会叙旧的机会,也借这次机会联络感情。

　　2.增进友情。中元普渡集会让同一商业中心、做生意的人之间加强了联系,彼此增进了感情。

3.给民间俗文化(特别饮食、民间手工艺和民间艺术)一个展现的舞台。

闽台民间的鬼月节俗信与此中元节、盂兰盆节之间,在精神实质上出现了惊人的相通之处。皆是以奉亲、敬养、普渡为主题,佛教盂兰盆会、道教中元节与华夏民间文化礼俗的一致,使它们在民间得到广泛的认同。①

第九节　中秋节

农历八月十五,中秋节,华夏民族三大传统节日之一。因农历八月十五日,在八月中旬,故称"中秋"。

台湾和福建有中秋节吃芋头、番薯、柚子的习俗,俗语"八月十五,番薯芋",就是这一习俗的反映。课题组在福州、宁德、漳州调查,福州人过中秋节吃月饼外,还吃芋头和鲟。作为福州特有风俗,在中秋节这一天,外公、外婆要在外孙、外孙女胸前挂上象征吉祥如意的"鲤鱼饼",希望小孩能"鲤鱼跳龙门","鲤鱼饼"现在很少见到了。②

宁德屏南县双溪镇民间有中秋拜月习俗,在中秋这天长辈先送给小辈月饼,小辈再给长辈回礼之俗。中秋日在月下摆些简单的供品拜月,念拜月经:《太阴感应真经》如下:

月光菩萨月光经,月光菩萨普光明。有人念得月光经,胜过堂前积黄金。
自身离病病离身,一切灾殃化为宝。想汝前世不念经,今生受灾一世贫。
每日念得经七次,生死不过地狱门。月下设案拜菩萨,祈求平安又吉祥。
从头到尾勤念经,直到西方见世尊。汝有黄金带不去,留得此经养自身。
我在奈何桥上过,罪人桥下叫菩萨。今生必要多念经,今生来世不再穷。
地狱门前冷清清,阴门铁唢响铃铃。月光菩萨摩诃萨,月光菩萨摩诃萨。
宁德屏南县双溪还有"秋报"习俗,即秋天收成,农民有习惯地用地瓜、向日葵、青豆子等其他农产品,在天边空地上拜月亮,感恩于大自然。有的在自家的屋顶上(因为农户经常在自家的屋顶上或枰坪晒谷子)拜月亮。整个拜

---

① 何彬:《闽南文化与周边文化比较谈——从普渡、中元节习俗看闽南文化》,http://hi.baidu.com/zzc07/blog/item/65c4c94304b4591272f.

② 欧荔、杨慧玲:《福州市饮食民俗调查报告》。

月仪式由家里主妇来主持,供品有月饼、三杯酒、三杯茶、香炉、两根小蜡烛。①

在漳州云霄县,人们用自制的月饼"豆酥"与"芽饴"二种在中秋节"拜月娘"外,还有祭拜祖先之习俗,日间祭以酒肉饭菜,夜里供献糕饼清茶。云霄东厦海滨的崎尾村八月十六日做"普渡",称为"下元节",此俗来源于据传崎尾村本来与邻村同时于七月间举办"普渡"节。但有一年该村民众在办"普渡"时,却忽遭天灾人祸,而且连续几年均于同期发生灾难,许多村民染疾暴亡,堤岸崩溃田园被淹,村民出海劳作遭海难事故。致使人心惶惶,但又不敢不做"中元节",唯恐得罪了神灵而招致更大的劫难,只好求神问卜,推迟于八月十六日举办"普渡",此后便少有天灾人祸。② 在漳浦县杜浔镇八月十五过中秋节和给土地公庆生,这天民间要放孔明灯,家家户户要吃把糯米糕蘸着糖或者芝麻吃,拿糯米糕时拔的丝越长越好,预示着丰收和长寿。有些村落也有在这天吃绿豆饼的习惯。③

在闽南地区包括金门、台湾有独特的中秋节戏饼游戏习俗,即"博状元饼",其中以厦门为最盛,现中秋节博饼成为厦门民俗活动的一大特色,并已有逐步向周边地区甚至全国各地扩展的趋势。博饼习俗来源,一种说法是"消乡愁",为郑成功抗清复明驻厦时设计的一套解士兵乡愁的博玩游戏,故又称"中秋戏饼"。另一种说法是"卜科举",即明清时期的科举制度,每三年举办一次乡试,时值农历八月,俗称"秋闱"。当时占卜术盛行,读书人利用赏月、宴饮之际,通过博饼来占卜自己能否在乡试中夺魁,以特制大月饼作为状元饼,大家通过博饼游戏来争夺状元饼。第三种说法,"状元筹"和"咸光饼"的说法。状元筹之说源自古时候读书人为求功名的讨彩头游戏,人们用特制的状元包(大的有三斤多重,作为状元,小的一秀只有一两重)作为得彩的奖品,故与博饼联系起来。咸光饼之说与前面的"消乡愁"之说相同。说是明代抗倭时,戚继光在厦门和东南沿海一带做一种不包馅的咸饼,便于行军作战时携带和保存,并作为士兵博玩游戏的用饼。后来流传到民间,演变为中秋博饼活动,至今已有四百多年的历史。

"博状元饼"一般是一家人或亲朋好友六至八人围成一桌,通过投六个骰子来博一盒有大小63个月饼的"会饼"。看起来它只是一个游戏,期中却

① 黄辉海:《宁德屏南县双溪节庆习俗调查报告》。
② 曾丽莉:《福建省漳州市云霄县开漳圣王巡安活动调查报告》。
③ 曾丽莉:《福建省漳州市漳浦县杜浔镇民俗考察报告》。

包含了丰富的民俗文化内涵。

闽台博饼中掷骰

首先，从 63 个"会饼"的名称来看，它是旧时科举制度进阶士名来命名的，分别为"状元"（设 1 个饼）、"榜眼"（设 2 个饼，俗称"对堂"）、"探花"（设 4 个饼，俗称"三红"）、"进士"（设 8 个饼，俗称"四进"）、"举人"（设 16 个饼，俗称"二举"）和"秀才"（设 32 个饼，俗称"一秀"）。六种类型的饼大小不一，民俗书记载，曾有状元饼大如脸盆，其他以此缩小，最小如银角。有趣的是，"会饼"共设 63 个，按大小顺序分配，分别 1 个、2 个、4 个、8 个、16 个、32 个。从数字看，后一个数均是前一个数的一倍。

其次，从博饼用的六个骰子来看，其行为立体正方形，六个面上的点数为圆形，含有"方圆"之意，每个面上的圆点子又分别是 1、2、3、4、5、6 六个数。这一系列的"六"，从《辞源》查找其解释为："封爻也，易卦有六爻。"爻子是易卦之具，与博饼所用的六个骰子相同，故有人认为，博饼的游戏与《易经》的，"博"与"卜"谐音，用爻卜饼来问吉凶。爻与饼有六个"六"，《易经》译注的坤卦卦辞"用六，利永贞"，其深层含义是用"六"代表永远坚持正确的原则，并说明阴阳会相互转化，形成新的对立统一。可以看出，博饼文化同时具有深奥的哲理。博饼游戏的规则有很多种，厦门、闽南其他地区台湾、金门各不相同。厦门通用的博饼等级从低到高的规则：

一秀（秀才）：即博得一个红四，得一秀饼一个。

二举（举人）：即博得两个红四，得二举饼一个。

三红(探花):即博得三个红四,得三红饼一个。

四进(进士):即博得四个相同的点数(四个红四除外),得四进饼一个。

其中四进带一秀:即博得四个相同的点数和一个红四,得四进饼和一秀饼各一个;四进带二举:即博得四个相同的点数和两个红四,得四进饼和二举饼各一个。

对堂(榜眼)即六个骰子分别博出一至六各一个点数,得对堂饼一个。

四红(状元):即博得四个红四,另两个骰子(三至六)点相加,以点数多的为大。其中:五子状元,即博得五个相同的点数(红四除外),另一个看点数多少(一至六),以点数多为大。五红状元,即博得五个红四,另一个看点数多少(一、二、三、五、六)以点数大为大。状元插金花,即博得五个红四和两个红一(博出状元插金花后,对堂饼没有博走再不能拿走,归博出状元插金花者所有,再博出对堂的无效)。六点黑,即博得六个相同的点数(红四除外),俗称"六卜黑"。此时灭灯,桌上剩余的月饼谁抢到谁得以图吉利,一般不希望出现六点黑,现今文明博法不抢饼,而是剩余的饼大家分吃。状元王,即博得六个红四,称为状元王,俗称"六卜红",此时桌上剩余的月饼归博得者所有,此会博饼就此结束。游戏博得四红状元、五子状元、五红状元、状元插金花的,当时不能得状元,按上面的次序和点数的多少淘汰前面的博得者。如果一个人两次或两次以上博出状元而点数不同,则以最后博出的为准(即本人所播出来恩多状元点数可升可降),一直博到所有饼(除状元之外)都博完为止,并到最后一轮博完,才能定出状元的获得者。①

在厦门,博饼的习俗一直受到民众喜爱,至今流行不衰,甚至越来越热闹。每逢中秋佳节,不仅家家户户团聚博饼,而且各单位也会组织员工博饼。中秋博饼已成为一年中组织规模最大、参与人员最多的群众性娱乐活动,不仅丰富了人们的文化娱乐生活,也极大增添了节日的喜庆气氛。当今随着旅游业的发达,厦门民俗活动有向全国扩展的趋势。厦门中秋博饼习俗已提交申请中国非物质文化遗产资源。

闽台民间还有拜月的习俗,拜月活动只有女子参加,并以未出嫁者居

---

① 徐亚薇:《闽南民俗之厦门中秋博饼调查》。

多。俗话说:"男不拜月,女不拜灶。"有些地方还有妇女与当晚外出"听香"的习俗。她们先在家中的神佛面前慢慢祷告,随后手执一炷点燃的香到外面,蹲在暗处的墙边偷听人语,以占卜自己心中的疑惑。

总之,在传统节日的发展过程中,由于人类社会活动目的的多重性,形成节日活动内容的多样性,如厦门中秋博饼从拜月、祈福到全民娱乐欢腾,一个节日已交织着农事、祭祀、纪念、庆贺、娱乐等多种功能。

第十节　九月初九重阳节

农历九月初九日,闽台民间过重阳节。《易经》中把"九"定为阳数,九月初九,两九相重,故而叫重阳,也叫重九。重阳节由来已久,早在战国时期,屈原在诗中就有咏重阳之句。唐朝把重阳节正式定为节日。重阳在民众生活中成为夏冬交接的时间界标。重阳又称"踏秋",主要民俗活动有:登高、放风筝、插茱萸、赏菊、吃重阳糕、喝菊花酒等习俗。《厦门志》中记载:"重阳,登高放风筝。"人们在放风筝时故意将线弄断,任风筝飘落别处,认为这样可以避灾免祸。吃重阳糕的习俗相传在唐代武则天时就有了。她在重阳节这天,命宫女采集百花,和米捣碎制成花糕,赏赐大臣,以后就在民间普遍流传开来。重阳糕的形式有多种。有的做成九层,似一座小塔,上面做两只小羊,意重阳;有的在重阳糕上插一面小红旗,以代表插茱萸,并点上蜡烛,寓意登高。糕与高谐音,寓有百事皆高之意。

课题组在南平市、宁德市和莆田等地调查,南平市蒲城县富岭镇马家庄村人,在九九重阳节,家家做千层糕。有这样一个说法:重阳来了,大气冷了,要吃重阳糕。① 宁德市福安畲族,在农历九月九日(重阳节)当地人要吃芋头,或者将芋头做成芋头糕或吃温补类的食品。② 莆田仙游县盖尾镇前连村,九月初九是连氏族人拜祖墓日,族人先到连氏家庙祭拜祖先,再到山上拜祖墓,分散在泉港、惠安、德化的连氏后裔要派代表过来参拜祖墓。各支族人拜祖墓必准备三牲作为礼仪,500 斤花生,几百斤发糕。拜完后发给来扫墓的连氏人一些发糕和花生,寓意添丁发财。③ 莆仙人以重

---

① 黄辉海:《南平市蒲城县富岭镇马家庄村节庆习俗调查报告》。
② 唐文瑶:《宁德市福安畲族节庆习俗田野调查报告》。
③ 黄辉海:《莆田仙游县盖尾镇前连村节庆习俗调查报告》。

阳祭祖者较清明更盛,当地俗有以三月为小清明,重九为大清明之说。在福建莆仙的沿海,九月初九也是妈祖羽化升天的忌日,乡民到湄洲妈祖庙或港里的天后祖祠、宫庙祭祀,求得保佑。

茱萸

千层糕发糕

重阳节敬老活动

　　重阳节是杂糅多种民俗为一体而形成的汉族传统节日。原本秋季就是一年收获的黄金季节,重阳佳节,九九重阳,闽台民间因为该节与"久久"同音,九在数字中又是最大数,民间更寄托着长久长寿的生命寓意。现今的重阳节已演变成老人节、敬老日,这一天,各地开展一系列尊老、敬老活动,体现了中华民族的传统美德,其节日含义深远就在其中了。①

第十一节　冬　至

　　冬至是二十四节气中的一个重要节气,在农历的十一月,大致在公历12月22日前后。这一天是北半球全年中白天最短、黑夜最长的一天。自冬至日起,太阳北移、阳气转升,预示着寒季将到了极限,人们好生休息之后又将大干一番,故为节日。过了冬至,白天就逐渐变长,一直到来年夏至。所以有"冬至阳生"和"冬至大如年"的说法,俗称"冬节",并有"冬节小年兜"之俗谚。漳州云霄民间还称冬至为"解平安",其意为向诸神佛答谢一年来祐护民生安居乐业,并再次向诸神祈许来年更加美好的愿景,每年十一月至冬至左右的冬至日各家各户仍然煮糯米汤圆拜天地、拜神灵、祭祖先。② 闽南

---

　　①　林江珠根据课题组田野调查报告撰写。
　　②　曾丽莉:《福建省漳州市云霄县开漳圣王巡安活动调查报告》。

人认为,清明与冬至是两个对人影响最大的节气。一般老人和重病之人往往在这两个节气前后过世,所以闽台民间重视冬至节。

泉州的冬至民俗活动主要是祭祀祖先,不请客、不祝贺。闽南地区的宗族祭祖礼俗,一般分为春祭和秋祭。秋祭就是在冬至这天,由宗族的长老代表全族在祠堂里摆供,有三牲、五果、大斋和各种菜碗以及冬至圆等,祭拜祖先,行三跪九叩之礼,向祖先祈求对宗族的庇佑。有些地方还有扫墓献纸钱的习俗,在冬至前后十天进行。

课题组在永春岵山镇铺上村和铺下村调查了解,该地是以陈氏为主的族群聚集地,冬至时要祭冬和拜祖。冬至早上八九点时,陈氏族人在陈氏家祠点香后,由族长到南山庵迎奉吴祖妈神像,抱捧吴祖妈神像回至陈氏家祠,南陈后裔子孙来自全国各地,由专门祭祀司仪组织、安排各省市的子孙依次拜祖和行祭拜仪式,完成后再由族长将送回吴祖妈神像南山庵。祭品一定用全猪和全羊为少牢,拜祖完后各地子孙在宗祠聚餐。① 在厦门市同安区莲花镇小坪村道地自然村调查,村民以洪姓为主。冬至日,要做圆子和敬祖宗。当日早上村人带上祭祀品到村庙四义祠奉上祭祀品和点蜡烛,若家里有添丁或是有结婚喜事,祭品则比较丰盛。全村出钱请芗剧团来演戏,每家每户要祭灶神。村里组织 12 个人去江西拜祖,还派一些人到同安的洪氏祖厝拜祖。② 在泉州市安溪县剑斗镇红星村,在立冬(冬节),家家户户则是要拜土地公。③

漳州民间认为过了冬至就算添了一岁,故应隆重庆祝,外出者要尽可能赶回家与亲人团圆,娘家也不能留已婚的女儿过冬节。若有家人外出未归,应将糯米粉晒干,待其回来时再补食冬至圆。各家族聚集宗祠祭拜祖先,祭品中必有"冬至圆",称作"秋祭"。由德高望重的老人谒祖,嫡长房裔孙主祭,祭完设宴、分胙肉。台湾地区也有同样的节俗。在漳州浦县杜浔镇正阳村冬至十一月,做汤圆(红白色)三碗,在寺庙拜神明,各家各户早上在门口拜天公。④

福州过冬节很隆重,节前家长会督促孩子们去理发,老人们一般会用糯米粉、粳米粉做冬团粉粿,福州话称之为"米时"粿。米时,是一种大米和糯

---

① 黄辉海:《永春岵山镇铺上村和铺下村节庆习俗调查报告》。
② 谢翠娜:《厦门同安莲花镇道地村民间信仰田野调查实录》。
③ 王煌彬:《泉州市安溪县剑斗镇红星村历史民俗资源调查》。
④ 林江珠、唐文瑶:《漳州漳浦县杜浔镇正阳村民俗调查报告》。

米混合制作而成的丸子,煮熟后,粘豆粉、糖即可食用。又冬至在福州被俗定为"冬节"、"团圆节",有"冬至大如年"习俗。"搓'米时'搓搓,依奶疼依哥,依哥讨老婆,依弟单身哥。"这是一首福州小孩过冬至时常唱的民谣。有些人也吃笋干肉饺。[1]

在蒲城县富岭镇马家庄村和圳边村,冬至日为死人过大年,有些人家会给祖先过节。如果家人不顺,就会捡先人遗骨,看风水重新选墓址和时间重葬。[2] 在福建莆田仙游县盖尾镇前连村,冬至日要吃汤圆,拜祖先。如果清明没有扫墓的人家在此日要扫墓。[3]

闽南地区民间还普遍流行"补冬"的习俗。冬至之后,将进入一年中最冷的时段,人们认为,此时进补最能御寒。闽南冬至进补,除了鸡鸭鱼肉之外,最受青睐的是"红焖狗肉配烧酒",据说吃了它,整个冬天不用盖棉被。

综上所述,闽台民间重视冬至节,吃"冬至团",有"冬至大如年"、"肥节瘦年"的俗谚。人们习惯把冬至看成"节气年"的分界点,因为冬至日这一天,昼最短,夜最长,此后便是夜渐短,昼渐长,阴消阳长,新的一个节气年又开始了。但随着社会现代化进程的加快,古代农事节日的祭祀内容不断在历史长河中被淘汰,许多农事节日正在逐渐减弱它的节日特色,节日已在一些地方转化为"平日"。

漳州冬至节祈柑和冬至元

① 欧荔、杨慧玲:《福州市饮食民俗调查报告》。
② 黄辉海:《南平市蒲城县富岭镇双同村圳边村节庆习俗调查报告》。
③ 黄辉海:《莆田仙游县盖尾镇前连村节庆习俗调查报告》。

第十二节 祭灶节

农历腊月二十四日,闽台民间有祭灶的习俗,为汉族传统节日祭灶节,即举行祭供送神上天的仪式。民间又称"交年"、"小年下"、"小年"。史传灶神有监察人间罪恶,掌握一家寿夭祸福的职能。传说灶王爷是玉皇大帝派驻人间百姓家中监察善恶的神,每年上天述职一次,为了让灶王爷在玉帝面前多说好话,家家户户祀灶相当隆重,祭品丰富。而最具特色的要属灶糖灶饼,意在让灶王爷嘴上抹糖,尝到甜头,达到人们让灶王爷"上天言好事,回宫降吉祥"或"上天言好事,下界保平安"的目的。

课题组在三明市将乐县调查得悉,凉地村人在十二月廿三这天换上新的灶神像,准备米糕、花生、等果品菜肴拿到灶上祭拜,烧纸钱点香放鞭炮,祈求灶王爷上天向玉帝说好话,来年就可以得到更多的福分。祭灶一般由家庭主妇主持,大年三十的时候就把灶神接回来过年。余家坪却是在十二月廿六才送灶神,但也是大年三十接灶神回来过年。沙县凤岗街道漈砾村,在十二月廿四送灶神,在灶上供些简单的供品茶、酒、水果,点香烛放鞭炮把灶神送上天庭。大年三十就把灶神接回家过年,接灶神时要换上新的灶神画像。①

台湾和闽南乡村还有腊月二十四为"送神日"送神日,即送诸神上天的习俗。漳州地区农历十二月廿四日是祭灶神的日子。送神祀灶在漳州俗称"送旭",清代"腊月廿四日,里人传神上天,备酒肴祀之,谓之送神。至正月四日复祭,谓之迎神还,祭焚柴"。《漳州四时竹枝词》记述:"送神祀灶敬陈牲,风度家家爆竹声。为祝来年新运好,香灯供奉到天明。"旧时漳州在腊月廿三日晚,民间家家将灶台打扫干净,用香花、牲醴、糕饼祭灶神,并把麦芽糖和酒糟涂在灶口上,以期糊住灶君的嘴巴,使其上天后不讲坏事。关键是在祭灶用的牲醴中必须有鸡,俗谚云"送神鸡,迎神鸭"。芗城区居民送旭时要供两株菠菜,土话叫"菠藕","菠"与"飞"同音,意即送"飞上天"。然后燃放鞭炮,焚化幡幢、甲仗、神马和供了一年的旧灶君像,送灶神上天。在灶君的神位贴上新的灶君像,两旁贴上"上天言好事,下地保平安"的对联。自送

---

① 黄辉海:《三明市县凤岗街道漈砾村和将乐县沙余家坪、凉地村节庆习俗调查报告》。

灶日起,家家蒸粿、办年货、挂年画、贴春联,准备过年。亲友间常持礼物相赠,称为"馈岁"。在漳州杜浔镇闽南话称偶像为"尪公",所以送神亦俗称"送尪"。各家盛备贡品,虔诚恭送神佛上天赴,各家各户要送家里的神,这天要清理香炉里一年烧的香并烧掉,同时要烧纸马,数量6只或者12只都可以,视家庭经济情况而定。其中,灶神是在农历十二月二十九日晚送。①

在厦门民间,农历十二月二十三(四)祭灶神,俗称"祭灶"。灶君神又称司明灶君、灶王爷、灶公。传说灶王爷是玉皇大帝派驻人间百姓家监察善恶的神,每年回天庭述职一次,汇报每家所行善恶的情况。所以这天要举行"送神"仪式,人们在厅堂中或是厨房的灶君神位前,供以甜食、三牲等祭品,焚香烧金纸。用甜食等黏嘴的东西供奉灶神,主要是想贿赂灶神爷,使他上天言好事向玉皇大帝说好话。②

课题组在龙岩调查,民间都要做送灶王升天的祭祀仪式,在彭坊村在农历十二月二十四送灶神当天,家家户户要往安在厨房的灶王像嘴里粘上糖,再连同三根香、一对烛一起烧掉,然后将灰洒到河里。直到正月初五再点起香,摆放谷子、苹果、雪梨、清水等供品,将灶王接回来。临近的罗坊村是农历十二月二十三送灶王,当天晚上子时,村民要在家户的灶塘前烧香呈上用红纸包着的甘蔗,口中念着与灶君王送别的话,祈求灶王"上天奏好事,下地降真祥",到正月十五才迎迎灶王回来,当日傍晚时分,村民们就于灶头前烧香,准备有红纸包着的甘蔗,放炮迎灶王。③

祀灶送神后,人们便紧锣密鼓地进入准备年节活动中。

诸神中的风神要升天时,闽台民间有禁春米之举。据说恐怕将风神捣下,造成来年多风的后果,尤其台湾地区濒临太平洋,每年夏冬之交往往饱受飓风的肆虐,树拔屋塌人畜伤亡时有所闻,因此在送神日所有被送的神祇中,唯独提防风神。

---

① 曾丽莉:《福建省漳州市漳浦县杜浔镇民俗考察报告》。
② 王鹭珏:《闽南民俗节日调查报告》。
③ 陈燕婷、林婉娇:《龙岩市连城县罗坊乡罗坊村、长汀县童坊镇彭坊村举河村民俗调查报告》。

第三章
闽台传统生产、
生活习俗节日

闽台民间生产生活习俗是以汉族民俗为主体,同时与其他少数民族生产、生活习俗相互兼容而逐渐形成体系。汉以后中原汉人南迁入闽,前后持续千余年,他们以中州移民为主,还有不少是来自其他地区的汉人,民俗也经历了逐渐融合的过程。

在闽台沿海地区乡村,妇女参加生产、从事重体力劳动相当普遍。《闽书》载:"福州……田则夫妇并力而合作,女作多于男。女人能轿,取女轿三十户以应内宫之役。"①晋江的"妇女芒屩负担,与男子杂作;百工技艺,敏而善仿"②。闽越族的部分后裔疍民及畲族,在保留其独特习俗的同时,也吸收了大量汉族民俗,并把它们与本民族的习俗融合起来。事实上,闽台民间生产生活习俗节日,以汉族生产生活民俗融合闽台地区少数民族的习俗形成。

本章重点介绍闽台民间依然保留完好与生产、生活相关的民俗节日。

第一节　立春节

二月四日,立春。立春是一年中的第一个节气,"立"开始之意,立春揭开了春天的序幕,表示万物复苏的春季的开始。此刻"嫩如金色软如丝"的垂柳芽苞,泥土中跃跃而试的小草,正等待着"春风吹又生",而"律回岁晚冰霜少,春到人间草木知",形象地反映出立春时节的自然特色。立春被看作标志一年农耕又将开始的节日,农谚曰:"二月立春雨水前,拉车送粪整田园,打井开渠修水利,再看农具全不全。"这一节日在古代包含有一系列的祭

---

① 《闽书》卷三八,《风俗》。

② (清)乾隆《晋江县志》卷一《舆地志·风俗》。

祀礼仪活动

随着立春的到来，人们明显地感觉到白天渐长，太阳也暖和多了，气温、日照、降水也趋于上升和增多。人们按旧历习俗开始"迎春"，台湾当局将立春这一天定为"农民节"这是冬三月农闲后的最后一天休息。农谚说得好："立春雨水到，早起晚睡觉。"农事活动由此开始，立春亦称"打春"、"咬春"，又叫"报春"。这个节令有众多民俗，有迎春行春的庆贺祭典与活动，有打春的"打牛"和咬春吃春饼、春盘、咬萝卜之习俗等。自周代起立春日迎春，是先民于立春日进行的一项重要活动，也是历代帝王和庶民都要参加的迎春庆贺礼仪。①

在福建三明市将乐县余家坪，迎春活动称"接春"，凉地村称"迎春"。立春时文武庙会放铳，接着家家户户放鞭炮，也可贴春联（以前）迎接立春。这时候鸡蛋可以立起来。② 在龙岩市的彭坊村，立春在本地也叫"高春"，当天有"接春"习俗，各家各户通过看万年历了解接春的吉时。课题组调查当天6时40分正好是吉时，家家户户都预先攀折3枝腊树枝，待到吉时来到，就在大厅正堂上香，分别将3枝腊树枝插在大厅正堂灵位前的香炉上、厨房灶王神位前，以及门口（敬奉过路的天地神灵）。另外，在信仰虔诚的人家，一年中每天早晚都要在大厅正堂、门口及厨房上香，以祈平安。在龙岩市长汀县童坊镇彭坊村立春之日要拜灶君、拜太公太婆，有"男人烧香保一家，女人烧香保自己"之说，所以彭坊村男人立春之日拜灶君，如不在家，则女人拜。③ 在罗坊村立春这天，万物复苏，生命伊始。傍晚时分，人们设贡品祭上祖，放炮烧香插花，表示家景四季如春。④

闽台地区立春时节

① 《迎春民俗》，http://baike.baidu.com/view/25702.htm.
② 黄辉海：《三明市将乐县余家坪、凉地村节庆习俗调查报告》。
③ 黄雅芬、卓小婷：《龙岩市长汀县童坊镇彭坊村调查报告》。
④ 陈燕婷：《福建省龙岩市连城县罗坊乡罗坊村调查报告》。

第二节　惊蛰节

　　惊蛰,是二十四节气中的第三个节气。每年3月5日或6日,太阳到达黄经345度时,为"惊蛰"。惊蛰的意思是天气回暖,春雷始鸣,惊醒蛰伏于地下冬眠的昆虫。"蛰"是藏的意思。《月令七十二候集解》中说:"二月节,万物出乎震,震为雷,故曰惊蛰。是蛰虫惊而出走矣。"晋代诗人陶渊明有诗曰:"促春遭时雨,始雷发东隅,众蛰各潜骇,草木纵横舒。"实际上,昆虫是听不到雷声的,大地回春,天气变暖才是使它们结束冬眠,"惊而出走"的原因。[①]

　　这个节气在农忙上有着相当重要的意义。民间自古极为重视惊蛰节气,把它视为春耕开始的日子。唐诗有云:"微雨众卉新,一雷惊蛰始。田家几日闲,耕种从此起。"农谚也说:"过了惊蛰节,春耕不能歇"、"九尽杨花开,农活一齐来。"惊蛰象征二月份的开始,会平地一声雷,唤醒所有冬眠中的蛇虫鼠蚁,家中的爬虫走蚁又会应声而起,四处觅食。所以古时惊蛰当日,人们会手持清香、艾草,熏家中四角,以香味驱赶蛇、虫、蚊、鼠和霉味之俗。[②] 在福建三明市将乐县余家坪,惊蛰时要在家里撒石灰除虫害,炒豆子,寓意把虫子炒死。[③]

闽台地区惊蛰节气

　　①　《节气简介》http://baike.baidu.com/view/21801.htm.

　　②　智敏:《新版万年历现用现查》,中国商业出版社2011年版。

　　③　黄辉海:《三明市将乐县余家坪、凉地村节庆习俗调查报告》。

闽台地区民间主要根据惊蛰节气观察天气变化制定农业生产节奏，闽台流行"未过惊蛰先打雷，四十九天云不开"、"冷惊蛰，暖春分"和"惊蛰吹南风，秧苗迟下种"等。可见它作为一种民间风俗现象，是广大民众所创造、享用和传承的生活文化。

第三节　龙头节

俗话说："二月二，龙抬头，大家小户使耕牛。"二月初二还被称为"龙抬头日"，对农业生产来说，是一个重要的日子，因此时阳气回升，大地解冻，春耕将始，名曰"龙头节"。传说此节起源于三皇之首伏羲氏时期。伏羲氏"重农桑，务耕田"，每年二月二这天，"皇娘送饭，御驾亲耕"，自理一亩三分地。后来黄帝、唐尧、虞舜、夏禹纷纷效法先王。到周武王，不仅沿袭了这一传统作法，于二月初二，举行重大仪式，让文武百官都亲耕一亩三分地，而且还当作一项重要的国策来实行，形成龙头节的历史传说。民间神话更多表述节日功能，传说武则天废唐立周称帝，惹得上天玉帝大怒，命令龙王三年不下雨。龙王不忍生灵涂炭，偷偷降了一场大雨。玉帝得知便将龙王打出天宫，压于大山之下，黎民百姓感龙王降雨深恩，天天向天祈祷，最后感动了玉皇大帝，于二月初二将龙王释放，于是便有了"二月二，龙抬头"之说。实际上，传统农村水利生产条件差，农民非常重视春雨，过"龙头节"，以示敬龙祈雨，让老天保佑丰收，从其愿望来说是好的，故"龙头节"流传至今。

二月二龙抬头

闽台地区普遍视农历二月初二为土地公（福德正神）的诞辰日，又称"谷神诞"。各户都要准备糕点供品，烧香点烛祭祀土地公，以保佑开春备耕顺利，当年五谷丰登，各地祭拜土地公的形式差异极大。

课题组在泉州市永春县岵山镇塘溪村调查,该村主要以陈姓为主,二月初二,是土地公的生日。这一天村民除各户在自己家里给土地公过生日外,还以抓阄方式,确定每年在西陵宫给土地公过生日的小队(共十四个小队)置办祭品。道士在西陵宫门口甩长鞭三下吹号角就把土地公请到西陵宫里,由吴公祖师做主给土地公过生日。[①] 在宁德屏南县双溪镇在二月初二由城隍公给土地公过生日,称为做福。这一天庙里会置办几十桌宴席请村民,村民家里不拜土地公。在武夷山市下梅村的人们在家里祭拜土地公,而沙县凤岗街道漈砑村人们在家门口拜土地,安溪感德镇槐植村的黄氏族人则是在正月初七祭拜福德正君。在屏南县棠口乡漈头村二月初二是虎马将军的诞辰,虎马将军是保妇女生产的。旧时,家里有小孩出生在二月初二,这一天要祭拜虎马将军,不过现在很少人家拜虎马将军了,人们到土地庙拜土地公了。特别值得一提是课题组在莆田市荔城区黄石镇下江头调查,当地村民们,在二月二用传统的习俗——打铁球来欢庆这个日子,祈盼这一年过得更加美好。

每年的农历二月二,下江头村从村道到农家小院,家家户户张灯结彩,人们燃放爆竹,敲锣打鼓,表演歌舞等,处处洋溢着喜气洋洋的氛围。当庆祝活动正式开始的时候,村里的男女老少们,着红衣,扮妆阁,纷纷加入到出游队伍中,游走在乡村道路,浩浩荡荡,人们举五色旗、装童子、跑十警、扮故事、打阵鼓、奏十音八乐,鸣炮放铳,热闹非凡。独特民俗活动有:

1.打铁球。打铁球是下江头村独具传统的习俗,清一色的男子,光着上身,手中挥舞着用钢针扎成的铁球,勇敢地往身上甩,虽然有点血腥,却也吸引了十里八乡的人们专程赶来观看,他们将活动现场围得满满当当,水泄不通。打铁球这个民俗也是源于农家人对年景的祈盼,祈求传说中的神“龙”赐福,保佑风调雨顺、五谷丰登。

2.挑选神人。相传是神人时时刻刻为农家人辛劳,打铁球是神人借助凡人躯体玩耍的方式。在二月二之前,全村的人会在前一天于凌云殿(下江村的村庙)进行隆重的挑选仪式——挑选神人上身之人。村长会将全村20到50岁左右的青年男性的名字刻在竹签上,放在主神——玉皇大帝之前,表明经过玉皇大帝的同意之后进行抽签,而抽签之人是上一届被诸神上身之人,抽中之人会被认为是幸运且光荣的。抽中之人被称为“龙人”,龙人自那时起,需斋戒与沐浴,以迎接明日诸神上身为全村祈福。

3."龙人"跳神。节日当天,村长带着村民祭祀玉皇大帝及诸神之后,便请出龙人,经上届"龙人"对其洗礼之后端坐于玉皇大帝面前,等待诸神的上身。诸神上身后,龙人便不受控制,一直想要拿起铁球打自己。由于诸神借用凡人的身体,诸神打铁球会伤到凡人,于是会安排相应的人员适当保护被上了身的龙人的身体。相传被上身的龙人在打铁球时完全感觉不到痛,因为有神灵的庇佑。而在诸神尽兴之后,龙人回到庙内,慢慢冷静下来,诸神渐渐从龙人身上脱离,上届龙人此时会用一直摆放于玉皇大帝像前的香炉灰撒在龙人流血的背上,待龙人醒来便不觉疼痛。据村里老人讲,天上"龙抬头"的同时,春天也慢慢来到了人间,雨水也会多起来。这时节,大地返青,春耕从南到北陆续开始。民间流传"二月二,龙抬头;大仓满,小仓流",寄托了农家人对年景的祈盼,祈求传说中的神"龙"赐福、保佑风调雨顺、五谷丰登的强烈愿望。①

尽管闽台各地人们祭拜的地点和形式不一样,但是人们祈盼丰收和美满的生活的愿望是同样美好的。

第四节　二月二做头福

据福建莆田市涵江地区民俗专家刘金林介绍,传统民俗中"做牙"一般在工商界、航运界及渔民中进行,遵循古人官府的衙祭而略有变化,古代官衙朔(初一)望(十五)祭祀,民间则在第二天,即朔(初二)望(十六)"做牙"。工商业者为了业务发达,生意兴旺,在每月的初二、十六均以果合香楮孝敬,渔民和航运者一般也要"做牙",以庇佑其出航顺利,大发利市。② 闽南风俗,每逢农历初二和十六称为"牙",二月初二又称"头牙",都是祭拜土地公的日子。

在莆田地区农历二月初二这一天称"中和节",在民间俗称"头牙",无论街道或乡村,处处洋溢着过节的氛围。中午时分,许多人家备上"五果六斋"等丰盛供品,焚香祈福,烧化贡银,祭拜供奉"土地公",不少商家则备办酒席,邀员工做"头牙",祈求平安吉祥,生意兴隆。乡村里凡在正月因大雨等原因未举行元宵活动的,多在这一天补办。

闽南与台湾地区,农历二月初二,是每年的第一个祭拜日,称为"头牙"商

---

① 整理于翁艳艳莆田市荔城区黄石镇下江头民俗节日调查笔记。

② 整理于翁艳艳莆田市荔城区黄石镇下江头民俗节日调查笔记。

贾每逢初二、十六要备酒菜,设供祭祀财神和各行业的祖师爷,称"牙祭"。牙祭之后,业主将供品设宴与雇员聚餐,共同祈求财神保佑经商顺利,财源广进。这就是闽南与台湾地区商铺的牙祭习俗。二月初二被称为"头牙",是一年中的第一个牙祭。每年的腊月十六,是最后一个祭拜日,称之为"尾牙"。尾牙,表示一年的结束,而头牙就表示一年的开始。头牙过完,春节正式结束,一年忙碌的生活就正式开始了。人们在这一天祈求上天在这一年都风调雨顺,祈望有个好收成。通常情况下,民间做尾牙都过的比较隆重,老板雇主都会设宴款待员工。头牙虽比不上"尾牙"的隆重和丰盛,但也大大超过平时"做牙"的规格,每家在神龛上摆上三牲祭祀,烧纸钱放鞭炮,搞得也好不热闹。在莆田的涵江镇前、黄石下江头等乡村,这一天还会举行"打铁球"等民俗活动,祈求来年吉利丰收。仙游农村把"二月二"称为"头福",祭拜土地公祈求风调雨顺,农作物丰收。

在福鼎佳阳乡双华村的畲族聚居地,二月二"会亲节"是畲族传统节日之一,迄今已有360余年,也是列入了第一批福建省非物质文化遗产保护名录。会亲节时,畲族同胞从四面八方云集而来,访亲会友,互致问候。他们以歌会亲、以歌待友、以歌抒情、以歌代言,寄托对美好生活的愿望。由于畲族歌会习俗是畲族社会融对歌、会亲、祭祀活动的重要文化形式,二月二歌会俗语的起源与福鼎佳阳乡双华村的民族迁徙和祖先崇拜关系密切,因此,双华村的畲族人把"二月二"歌会,视为祭奉先祖,祈佑平安的节日。

福鼎县佳阳乡双华村二月二"会亲节"歌会

第五节　牛生日

　　农历的四月初八,闽台民间称"牛生日",也叫牛魂节,又称"浴牛节"、"牛王诞"。源于民间养牛人家,要用不同形式来庆贺牛放假。相传古时,地上只长庄稼不长草,农民闲着,却去寻事生非,玉皇大帝得知后,拿一袋草种给天牛星君,叫他撒几颗到下界,使农民增加一点除草的劳作。天牛星君没听清楚,把一袋草种全倒下去了。从此地里都是草,影响庄稼的生长,农民苦不堪言。天牛星君悔恨交加,下凡做牛吃草,并替农民耕田,这一天正是四月初八,所以称作"牛生日"。在农业社会里,牛扮演着重要角色,既是交通工具,更是劳动工具,是农民重要的财产,所以对牛是非常重视的。这天是牛王诞辰。要给牛脱轭,刷洗身子,放牧到水草丰美的地方。牛栏要打扫干净,铺上干爽稻草。不准役使,更不准鞭打,还要给牛唱山歌,喂乌米饭。过去有些寨子里还建有牛魔王庙,过节这天,要杀猪祭祀,村民们在庙里聚餐。人们像给人过生日的方式来对待耕牛,以示尊重,毕竟耕牛是农家之宝。此习俗在福建农村盛行,农家采摘"乌饭柴叶"和糯米捣制"乌饭馍糍"。谚语有"四月八,馍糍乌塌塌"。耕牛辍耕,并以馍糍、酒、蛋喂牛,以示对耕牛的敬爱,也是春耕即将开始之意。课题组在武夷山市下梅村调查,下梅村的人们在四月初八要做黑米饭(材料有糯米、某种树叶汁、目鱼、香菇等),黑米饭只能在这天做,还要炒豆子寓意把虫子炒死不会有虫害。当地人们要给牛吃拌有米糠的麻糍,并把牛放出去,当做是放假。[①] 在南平蒲城县富岭镇马家庄村,四月初八是牛的节日,要给牛沾盐的麻糍,并给牛放假。这一天不仅牛要过节,人也要做黑米饭吃与牛过生日习俗。[②] 在龙岩市长汀县童访举河村四月八有"牛节"之说,农民要给牛放一天假,各家各户还要拿祭祀品到庙里拜神,而罗坊乡罗坊村的人们在四月八给牛放假一天,这一天牛不下田。[③] 应该说四月初八是牛的节日皆因生产生活的需要而衍生出来的,正如永春县谚语"牛歇四月八,人歇五月节(端午节)"。

---

　　① 黄辉海:《南平武夷山市下梅村节庆习俗调查报告》。
　　② 黄辉海:《南平市蒲城县富岭镇双同村圳边村节庆习俗调查报告》。
　　③ 林婉娇、陈燕婷:《龙岩市长汀县童访举河村和罗坊乡罗坊村民俗节庆调查报告》。

牛魂节

　　牛生日这天,吃黑米饭很可能是东南沿海和江淮各族人民共同祖先之一百越人的遗风。南方水田若用人力耕作,要比北方旱地艰苦得多。因此,自从使用牛耕后,南方人民对耕牛特别爱护甚至崇拜,从而产生牛王的神话,并专门设置一个节日来庆祝它的生日,以示感激之情。据史书记载,汉族直至南北朝时仍规定严禁宰杀耕牛,违者以犯法论处,这再次说明牛魂节和中国传统农业民族爱惜耕牛、保护农业生产力关系极大。

第六节　立夏节

　　农历二十四节气中的"立夏"节。立夏是夏季开始。"立夏"的"夏"是"大"的意思,是指春天播种的植物已经长大了。人们习惯上都把立夏当作是温度明显升高,炎暑将临,雷雨增多,农作物进入旺季生长的一个重要节气。
　　闽台民间极为重视立夏节气。据记载,周朝时,立夏这天,帝王要亲率文武百官到郊外"迎夏",并指令司徒等官去各地勉励农民抓紧耕作,确定迎夏的日子就是立夏日。立夏以后便是炎炎夏天,为了不使身体在炎夏中亏损消瘦,闽台民间有在立夏应该进补习俗,形成闽台地区特有节日饮食习惯。泉州人有立夏时要吃虾面习俗,即购买海虾掺入面条中煮食,海虾熟后变红,为吉祥之色,而虾与夏谐音,以此为对夏季之祝愿。
　　课题组在宁德市屏南县双溪镇调查了解到,双溪镇在立夏日,全家一定食用酒糟煮九个碗菜来吃。① 福建闽东地区立夏以吃"光饼"（面粉加少许食盐烘制而成）为主。闽东的周宁、福安等地民间要吃先把光饼水浸泡后，再用其所烹制而成的各种菜肴。在闽东蕉城、福鼎等地则将光饼剖成两半，将炒熟了的豆芽、韭菜、肉、糟菜等夹而食之。周宁县纯池镇一些乡村吃"立夏糊"，主要有两类，一是米糊，一是地瓜粉糊。大锅熬糊汤，汤中食物极其丰富，有肉、小笋、野菜、鸡鸭下水、豆腐等等，邻里互邀喝糊汤。这种食俗与浙东农村立夏吃的"七家粥"风俗有点相似，就是务农人家汇集了左邻右舍各家的米，再加上各色豆子及红糖，煮成一大锅粥，由大家来分食。左邻右舍互相赠送豆、米，和以黄糖，煮成一锅粥，叫"七家粥"，说是吃了这种粥，邻里和睦，一心去夏耕夏种，可以说是过去农村社会中重要的联谊活动。在福建三明市将乐县凉地村，立夏时要做一种特殊食物，将磨好的米浆（没放碱）凝固后搓圆加木耳和肉炒着吃。② 沙县凤岗街道漖砾村，立夏时漖砾人要吃一些特定的食物，如田螺，他们认为吃田螺补眼，吃笋补脚，吃豆腐补脑等。③ 其目的是出于祈求身、心、腿等重要部位健康无恙，防止生病，顺利度过炎夏的愿望。

立夏炎暑将临，雷雨增多，农作物进入旺季生长的一个重要节气，闽台传统立夏节日习俗形成了具有农耕文化特点的独特文化性。

闽台地区现代人过立夏

① 黄辉海:《宁德屏南县双溪节庆习俗调查报告》。
② 黄辉海:《三明市将乐县余家坪、凉地村节庆习俗调查报告》。
③ 黄辉海:《三明市沙县凤岗街道漖砾村节庆习俗调查报告》。

第七节　尝新节

农历六月初六日，称"尝新节""半年节"，是农村的隆重节日。农家从田中摘取少许将熟的稻穗，搓成米粒，煮成新米饭，杀鸡宰鸭，举行家宴，叫做尝新。宴前，先将饭菜供天地，祭祖先，再将新米饭喂给狗吃，然后按家中长幼次序尝新米饭。民间传说稻种是狗从天上偷来的，《吕氏春秋》有"天子乃以犬尝稻"的记载，是远古孟秋之月一种重要的祭神酬报仪式。当时世上没有水稻，狗漂洋过海跑到天上，在谷种上打了个滚，浑身上下沾满了谷粒，回来浮游天河时，身上的谷粒被水冲洗掉了，仅翘着的尾巴上剩下几粒谷子，带回人间后，才有了水稻。在很多地方，人们总是先以新米饭祭神祀祖，再盛给狗吃，然后全家人才聚餐。

闽东的畲族有一个传统，每到秋季水稻开镰之时，要选一个好日子举行"尝新"祭祀活动，用新收获的稻谷碾米，煮成白米饭，做成糍粑等，敬天敬地敬祖先，感谢上天的恩赐和祖先的福佑，然后延请四邻乡亲共尝，分享丰收的快乐。这就是畲族一年一度的"尝新节"（也叫"食新节"）。

2012年3月课题组在调查时发现，在福安畲族的祭祀活动中，最具人类学意义的应该是尝新节了，因为它涉及稻种起源的神话传说。在这传说中，稻米原为天庭的珍珠米，畲族始祖盘瓠不忍看着子民以百草果腹，就从天庭上偷回稻谷。不料他的行为被天皇玉帝知晓，就派天兵天将追杀。盘瓠与之力战，最后被打落潮州凤凰山的山崖，跌死在一株大树丫上，稻谷也撒了。这时有麻雀飞到树上衔走了稻谷，但麻雀不小心将稻谷掉落于岩缝里。又有水蛭爬进岩缝，用身上的黏液粘住稻种，最终将稻种带给了人间。眼看着田里的稻谷变黄成熟，盘瓠之妻三公主发话了："这稻种是先王舍命换来的，新米应该让他先品尝！"从此，畲族就有了尝新节习俗，在收获稻谷后会将第一碗米饭献祭给先祖盘瓠品尝，而麻雀和水蛭因为有功于人类也得到了一些特殊的优待。畲族的尝新节及其传说，揭示了畲族是最古老的稻作民族之一。每年秋分节气日，在福安市穆云畲族乡溪塔畲村，村民选定这一天为今年的尝新节。溪塔是闽东蓝姓畲族的发祥地之一。"溪塔蓝"在畲族内部与"大林钟""后门坪雷"齐名，每年都有许多蓝姓宗亲回村认宗祭祖。现在全村有百余户、六百余人口，都是"汝南蓝氏"的传人。

尝新节

尝新节就是在谷物收成时,收割一些稻谷吃新,并做一定的祭祀活动,并非少数民俗所特有,闽台地区早先都有"过尝新节"的习惯,过尝新节前几天,穿戴一新的阿婆、姑娘和媳妇,头戴麦秸草帽,身背竹编背篓,到稻田里采选早熟、丰盈的稻穗。在福建的闽东、闽北、闽西等地区,镰收割新谷之前,择日先在稻田中割少量稻穗,晒干舂成米,以新米蒸干饭,与牲醴果品一起祭祀灶神和土地公,答谢神明的保佑。祭拜后将香烛插在新米饭上,全家聚在一起尝新,有时还要请亲友邻居一起尝新。尝新时,忌讳谈及歉收以及其他不吉利的话。在宁德平南双溪镇、南平市蒲城县富岭镇双同村圳边村的人们在稻子收割之际,要先在屋前的坪子上祭祀,庆祝丰收,保佑年年丰收,风调雨顺。① 在福建龙岩市连城县罗坊乡罗坊村,农历六月是尝新节。六月是丰收的季节,村民会在收割新稻或蔬菜的当天尝新庆祝丰收。还有一"狗洗澡"的说法,意为今天为狗洗澡的话,狗不会长虱子,但一般来说,人们不喜欢这天洗澡,不然也说明自己是狗。长汀县童坊镇彭坊村,在农历六月要尝新,用新收割的稻煮的饭以及新鲜蔬果来庆祝丰收。相邻的举河村,六月尝新节一定要祭拜闽王和五谷真仙。

第八节　半年节

半年节是汉族岁时传统节日,流行于福建和台湾地区。在每年农历六月初一,也有说是六月十五举行。历书把一年分成十二个月,自农历一月起

① 黄辉海:《宁德平南双溪镇、南平市蒲城县富岭镇双同村圳边村民俗调查报告》。

至六月,恰好半年,叫做"半年节"。由于半年节多在农历六月初一或十五祭祀神明和祭拜祖先,正逢民间每月初一、十五犒劳土地公的日子,所以当天村民家家用红麹、米粉做成半年圆,准备牲礼等祭品和半年圆,来祭拜神明和祖先的默默庇护,使农作物丰产,生活饮食无虞。祀神祭祖后全家聚食,以祈求事事如意圆满。

"半年节"的习俗,最早主要是福建闽南地区的漳州人和泉州籍的同安人所过的节日。在台湾早期的漳州籍、同安籍人士,仍保留吃"半年圆"的习俗。先将汤圆和牲礼祭拜神明及先祖,以示谢恩之意,然后全家才共同食用,也是象征团圆的美意,所"半年节"又称"半年圆"。后来这个习俗在台湾很多地区流行起来。

福建漳州的"半年节"是农历六月十五日。在闽南农村一直保持吃"半年圆"的习俗。这种圆丸只有"冬至圆"的一半大,不带汤,多染成朱红色。这一天,家家户户还要添上丰盛的菜肴,合家进行半年"小围炉"。

漳州的"半年节"风俗始自明代。15世纪明朝中叶,漳州的月港成为中国东南沿海对外贸易的一个港口,市镇繁华,倭寇海贼伺机骚扰,尤其是夏粮收成后,贼船常偷偷靠岸,突然袭击,见人便杀,见物便抢。于是,人们就安排在农历六月十五,提前过"小年",蒸些小圆丸祈求神明保佑平安。有些家庭主妇在盘碟上将圆丸叠成山状,并在顶端放上一颗带壳的龙眼干。这"桂圆"寄托着主人"富贵""团圆"的愿望。

福建省各地大都在六月十五日做半年节。而都以米丸、红面、米粉、汤圆,祭祀祖先,感谢神明及祖先在过去半年中的庇佑,并祈求下半年之平安。食汤圆,取意圆满平安。[①] 漳州云霄县,六月初一为半年节,也称过大暑。民间多有做汤圆拜"皇天后土"及诸神、佛的习俗,称为"献半年圆"。在此日进补过大暑,认为以补品充体内之热量,来抵消天气造成的外热。一般以鸡、鸭、鱼、肉之类炖入中药,如黄芪、川芎、当归、熟地、白芍等,起健身防病之功效。[②]

在台湾有过半节的习俗,由于夏伏较热,食欲缺乏,故人们饮食上较需谨慎。传统习惯中新娘,初伏时就会被娘家接回家小住一阵子,以免过于劳累,称为"歇夏";结婚较久的媳妇也可趁此回娘家小住,省亲叙旧。此一习俗目前在台湾一些农村还被沿用。在六月初六或十六、二十六,任选一日返

---

① 《半年节习俗》,http://baike. soso. com/ShowLemma. e? sp = l241970&ch = w. search. baike#7.

② 曾丽莉:《福建省漳州市云霄县开漳圣王巡安活动调查报告》。

回娘家,也是"歇夏"的遗习。做媳妇的回娘家时要带"等路"(礼物),等到回婆家时也要准备礼物,称为"款礼路",多则十二项,少则六项,其中多有栋蓝、洋伞、扇子、龙眼、木屐、四方糕仔等物,象征吉祥。六月梅雨已过,故有以六月六日为"暴衣节"的古俗,谚语有云:"六月六,暴龙袍。"民间即在此暴晒衣被、图书等物;以往老人有准备"寿衣"的习俗,也取出暴晒,称为"张寿衫"。主要是为了去除梅雨的霉气,并准备晒后收藏冬衣,此为具有古代卫生教育功能的节日。这一习惯与大陆其他地区民俗是一样的。

台湾和闽南地区过半年节,家家户户都要特制作半年圆。它是以糯米浸水,然后用磨磨成米浆,装在粉袋里,放在凳上,再用扁担、石板或竹竿压榨,等到水分干燥了,再杂以红面,搓成五分钱约如铜币大小的米丸,因为米丸是糯米做成的,性质很黏,这是象征一家团圆之状。至于以红面染色,及以汤圆为汤,都是表示甜蜜欢喜之意。

闽台地区有在六月半补运之俗,"补运"大都在寺庙内举行,且愈早愈好,其仪式虽简实繁。执礼者,先在神前脱去鞋袜,焚香三柱,奉代身置怀中轻擦,然后燃香插甜糕上,复将备妥之龙眼干(数与家中人数同),围在香之四周,中央置点熟鸡蛋一枚(代表家土)。祈愿毕,剥去龙眼干及鸡蛋外壳,谓之"脱壳"。辰时初刻,是为吉日良辰,拈"神炉灰"少许,洒在甜糕中,再取神前香七支,行三跪礼,牵扯捧甜糕返宅,置香于炉,家人依尊卑行礼,分食龙眼干、甜糕。身有疾病或体弱者,食有神炉灰部分。通过此仪式厄运就此祛除,好运接踵而至。

"半年节"渐渐演变成为亲人团聚、祝福安康的一个传统节日,内涵越来越丰富,欢度的人数越来越多,喜庆的氛围越来越浓烈。

半年节

第九节　小米祭

台湾"原住民"祭祀文化各有其特色,布农人文化为小米祭、射耳祭(以箭射兽耳祷求猎获丰收);邹人则是战祭、收获祭与揉皮技术;赛夏人每两年举办一次矮灵祭;达悟人的飞鱼祭;排湾人的五年祭;卑南人则为海祭、男性的猴祭及女性的锄草祭等构成独特台湾"原住民"民俗庆典仪式内容。

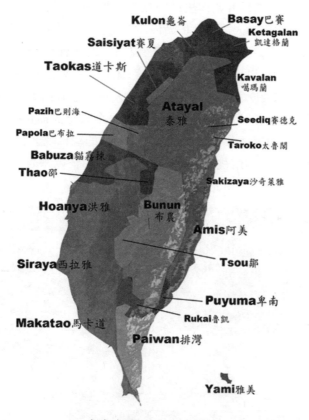

台湾地区"原住民"分布图

小米收获祭是邹人、鲁凯人、布农人等台湾"原住民"族群举行的与生产活动有关的祭仪活动。它的大致内容是以氏族为单位,同一部落各氏族在同一日各自举行,因此也可说它是氏族的团结祭仪,属于家族性的祭典仪式。在每年的小米收割完后举行,大约在七八月左右。主要祭祀小米神,感谢它对农作的照顾,并借着祭典强化家族的凝聚力。小米祭的由来在很久以前小米就一直是"原住民"的主要食物,也是"原住民"谷物中最早种植的粮食。早在三四百年前或更早就学会种小米,种旱稻是近百年来才有,种水稻更晚。小米的收成好坏可以决定今年的温饱,是延续人生命的主要粮食,酿制小米酒主要的原料,更是台湾"原住民"论婚嫁不可或缺的聘礼。祖先们立下了不少禁忌,也规范了不少拜天祭祖的仪式,让后代子孙去遵循,希望得到老天的祝福和祖先的庇佑,好让小米年年丰收。

祭典主要活动:(1)请神,即部落的巫师群聚集请神,依守护神、食神、战神、医神顺序请来,然后开始作法;(2)祭天拜祖,由部落的祭司负责,祭司不能随便请人,有固定的人选而且是嫡传。祭司要准备小篮子,还要准备分岔和直的树枝各一根,一株芒草的嫩芽,陶碗一个里面放水,猪肉一片掌般大,酒三杯,准备好就可以进行仪式;(3)宴客,家家户户要准备菜肴、糕饼、小米饭请亲朋好友,东西吃完了可以再煮,吃的人越多越有面子;(4)竞技活动,有摔跤、负重、射箭、试胆、荡秋千等活动,每一个人至少都要参加一项活动;(5)晚会,这个活动是青年朋友的最爱。小米祭的跳舞晚会有时要跳个三天或五天,未婚年轻人利用跳舞唱歌时述说情意,用情歌来表达内心的爱意;(6)祝祷,部落酋长祭拜祖先同时宣布小米祭结束。

小米收获祭准备米、酒和猪肉

青年跳舞晚会

祭典过程：小米收获祭开始进行的前几天，各家族分别准备仪式所需之经费、酒、猪肉等，并分配个人工作，氏族中的全体成员也会开始洁净自己及自己的房舍，并用艾草将祭仪所使用的器物清洗（艾草有祛邪功用，用之清洗可以避免恶灵入侵）。祭典前一天晚上，掌管禁忌之屋的长老们便聚集在禁忌之屋里，守候粟女神的降临，传说粟女神的脾气十分古怪，讨厌喧闹，喜爱安静，如果族人的举止轻浮怠慢，或发出了喧扰之声，这位女神就会立刻转身离开。祭典当天天未亮，守候在禁忌之屋内的长老便开始准备酒、松鼠的右耳或猪耳尖、茶杯，绑在一个竹筐内。天将明时，长老背方篓、带着箭竹制成的拐杖，到小米田去，祝神之后收一些小米带回禁忌之屋，向粟女神报告今年收获情形，感谢粟女神的赐福与照顾，再拿出酒、猪肉、糯米糕、松鼠肉等献品再次祝神。此时，全氏族的人员就分别进入禁忌之屋，持着祭品做祝神动作。祭祀完成后，众人便一同享用饮食。至此，整个仪式算是告一段落，接下来，便开始进行氏族之间的互访。由于每一个家族成员都会回来参加小米收获祭，借着这样的互访，既能欢乐联谊，增进情感交流，又能加强的氏族之间的向心团结。每个氏族成员彼此拜访其他氏族的禁忌之屋，做祝神、道贺、享用传统食品等活动

祭典禁忌：人们也必须禁食鱼肉、番薯、姜、蒜、盐等食物，并遵守收成小米时，禁止与他人交谈，禁止采薪与耕作等禁忌。违反禁忌的人，来年家中的粟稻将无法丰收。所以族人必须以最虔诚的心迎接，以免触怒这位左右耕作结果的女神。

台湾的"原住民"中,布农人是传统祭仪最多的一群。由于对于小米收获的重视,因而发展出一系列繁复而长时间的祭祀仪式。一些比较常被学者提到的仪式,包括"小米开垦祭"(Mapulaho)、"小米播种祭"(Igbinagan)、"除草祭"(Inholawan)、"收获祭"(Sodaan)、"入仓祭"(Andagaan)、"射耳祭"(Malahodaigian)等。对于农事或狩猎行事的时间,布农人依植物的枯荣与月亮的盈缺来决定。例如李花盛开时,适合播种小米;月缺时适合驱虫、除草;满月时适合收割举行收获祭。由月亮的圆满来象征人生的圆满与小米的丰收,以月缺来表示祛除不好的事物,希望它快快消失。在除草祭仪结束后,布农人打起陀螺,祈望小米像陀螺快速旋转(快速成长)。并在空地上架起秋千,希望小米如秋千荡(长)得一样高。因此,可以说,布农人是一个充满想象力、生活态度充满象征意味的民族。[①] 达邦社的小米收获祭为二天,特富野社则集中于一天举行。

台湾"原住民"小米祭,一来是祭天拜祖,二来是庆祝丰收。一年一度的小米祭是全部落最大的活动,也是最神圣的仪式,作为"原住民"重要祭典仪式,同样是伴随着农耕生产活动而运作,一年的农作行事都依循固定节候展开,故从中衍生的祭典与庆祝活动举行时间相对固定化。

布农人(小米)播种祭

---

① 《布农人》,http://zh. wikipedia. org/zh − cn/% E5% B8% 83% E8% BE% B2%
E6% 97% 8F.

第十节　矮灵祭

矮灵祭,赛夏族之主要祭仪。[①] 每两年旱稻已收 1/3 后所举行,在赛夏族人心目中占有极重要的地位,它具有非常特殊的异质要素,是以异族矮灵为核心的祭仪。分为三部分,即迎灵、娱灵、送灵。每一部分占一夜,正中的一夜——娱灵为本祭,须排在秋割月之望夜,正值旱稻收获之时。在五段祭仪前后复有附加的仪节,每一段祭仪由日斜或日暮前开始,至翌日日出后完毕,故每段祭仪虽只占一夜,实则跨于两天,所以全部祭期有六天。每两年举行一次,十年则举行大祭。

矮灵祭

赛夏人实行矮灵祭,这与菲律宾和巴丹岛上的矮黑人传说相一致。相传在很久以前,有一群居住在 Maybalay 山(今新竹五峰乡上坪溪上游右

---

① 　廖德贤:《台湾赛夏族矮人祭》,2012 年 10 月。

岸)半山腰岩洞内的族人,身高虽仅有 3 尺,但臂力强,而且擅长巫术,所以与之为邻的赛夏族人很怕他们。不过,由于矮人能歌善舞,所以赛夏族人每年到了稻栗收获举行祭典时,都会邀请矮人一同唱歌跳舞。只是,矮人在歌舞之余,经常借机侵犯夏赛族的妇女,而矮人又善于隐身之术,所以赛夏人不易查到证据,往往在祭典过后,才发现有许多赛夏族妇女都怀孕了。因此,赛夏族人对于矮人的怨恨便日益加深。直到有一年的祭典,矮人又在调戏夏赛族的妇女时,恰巧被赛夏族人看见,赛夏族人已忍无可忍了,乃绞尽脑汁设想计策,于是,他们暗中把矮人回途时,常爬上去休息的枇杷树先砍断一半,再用泥将树的缺口遮掩起来。果真,矮人们依着旧习惯,一个一个爬到枇杷树上休息,就在矮人们都来不及反应时,枇杷树便瞬间倒下,矮人们一个一个都跌落深渊内而淹死了,只有两个矮人幸免于难。这两位矮人虽知是赛夏族人设计害了她们的族人,但人单势薄也无可奈何,乃决定往东方离去,离开前,还将祭歌与舞步教授给赛夏族人。只是,赛夏族人虽除去了心头大患,内心却感到不安,于是开始祭祀矮人,安抚他们的灵魂,以解彼此的仇恨。从此以后,就在秋收之后的月圆夜甲,赛夏族人不断的唱着、跳着,邀请矮灵归来,再一次与赛夏族人同乐,并在歌声中请求矮灵的原谅与赐福。

另一说赛夏族人由朱姓长老率领,推到大树,使矮人悉数掉入深渊而亡,仅余下 3 人逃亡东方,不知所终。后来,赛夏族人由于发生火灾,便认为是矮黑人鬼魂作怪所致,为慰藉矮灵,并为感恩与祈福,乃举行矮灵祭。初时每年一祭,后改为两年一祭,与丰年祭合并于稻熟之后的十月中旬举行,且均由朱姓长老主持祭典。后因日本人的禁止,遂改为每两年举行一小祭,每十年举行一大祭。

台湾现存的赛夏族群大致分布在两个区域:一是五峰乡,称为北群;另一在南庄向天湖附近,称为南群。矮灵祭典也轮流着一次在北群办,下一次换在南群办理,持续交替着。每十年举行大祭一次,大祭和一般的矮灵祭,最大的区别是:大祭有祭旗的制作。经过长期的发展及地理上的区隔,赛夏族矮灵祭发展成为南北两大祭团:南祭团涵盖苗栗县南庄及狮潭等地的赛夏人,祭场位于向天湖;北祭团主要是新竹县五峰乡五峰的赛夏族人,祭场位于大隘。两者祭典内容大致相同,不过南祭团所有的祭仪都比北祭团早一天。

祭典过程:

1. 南庄会谈。祭典前一个月的南庄会谈,开启了矮灵祭的序幕。会谈内容主要是约定祭典举办日期,会谈之后,族人开始练习平常禁唱的祭歌,而且屋室、器物上绑着象征驱邪的芒草结,并保持心境的平和,不可与人有所嫌隙,否则将会招致矮灵的不悦,被矮灵所惩治。一个月之后矮灵祭正式开始。

2. 迎神。第一天称为迎神,有请神、分猪肉、请灵及表彰事宜等仪式活动。其中请灵是当天最重要的仪式,先由日家族人向东方射箭,告知矮灵祭典的来临,再由各姓长老供奉猪肉串、糯米酒,向东方虔敬的祝祷以召请矮灵。

3. 娱灵。第二天的娱灵,是整个矮灵祭典中祭祀的重点。当天清晨先由日姓家头进行,再由其他各姓跟进,原因是日家肩负射箭示信的责任,其过程与祖灵祭相当类似。

4. 歌舞来纪念矮人。第三天傍晚,族人齐聚在祭场,以歌舞表达对矮灵的崇敬。开始由象征矮灵的臀铃(Kilaki)引领着手牵手的族人起舞,然后Kilaki便杂在族人当中,与之共舞。进行到子夜时分,唱到最悲怆的 Walowa-lon(以雷女的故事比喻矮人落水而亡)时,所有的声响及舞蹈停止,全体面向东方,主祭站在臼上向东方祝祷并训诫族人。以后几天的活动都是以彻夜不断的歌舞来纪念矮人。

5. 送灵。最后一天,在舞蹈结束之后,祭场出现一连串的仪式,由赛夏族人演出一幕一幕矮灵祭由来的故事。通常这个部分不允许外族参观。

总之矮人祭祀分迎灵、娱灵、送灵三部曲,前后六天,只娱灵部分可让外人参观。赛夏人的图腾崇拜是太阳与风,其精神象征是百步蛇。岁时祭仪先举行农耕仪礼,结束时举行祖灵祭,向祖灵感恩与祈年。透过这样的展现,告诉族人过去的历史文化和"和谐"的传统美德。在收获祖灵祭结束后,矮灵祭正式落幕。因为矮灵祭开始时,族人分别邀请祖先及矮灵参与盛会,因此,必须到祖灵祭结束,矮灵祭才告一个段落,矮灵祭就在这样的传统下,族群文化传衍不息。

第十一节　丰年祭

丰年祭是台湾"原住民"最隆重、规模最大的传统祭典,和汉族的春节地位相当。为庆祝丰收而举办的丰年祭,各个部族都有自己的特色,成为台湾"原住民"民俗文化的窗口,尤以花莲台东一带与台中阿里山一带的丰年祭最为热闹。丰年祭大多集中于七八月份,大大小小上百个部落,每个族群和部落都会错开时间举办,目前台湾"原住民"委员会统一管理。具体有阿美人丰年祭、泰雅人丰年祭、排湾人丰年祭、布农人丰年祭、鲁凯人丰年祭、卑南人丰年祭、邹人(曹人)丰年祭、达悟人(雅美族)丰年祭、邵人丰年祭,丰收节祭拜同样起源于祖先信仰和神灵信仰。"原住民"先民的祖先崇拜,相信灵魂不灭,与祖灵同在,认为万物皆有灵魂,灵魂有善有恶。因此,认为外出时胸前挂菖蒲,行夜路时额上涂炉灰,可以避免恶灵近身;有病用茅叶、鸡卵、兽牙抚摩患处;相信征兆和占卜,往往用占卜决定行止;认为日食、月食、彗星出现、鸡夜鸣、犬长嚎、蛇出洞、小鸟小兽横道、人被毒刺挂、跌跤、打喷嚏等都是凶兆。在有"原住民"族群部族中,儿童的头不可以随便抚摸,女人专用的小锹、厨具、织机等男人不能接触,男人的弓箭、农具、武器等也不准女人接触。

台湾"原住民"普遍多神信仰,施行巫术以驱恶消灾。在传统文化的传承方面,由于没有自己的文字,台湾"原住民"主要以口语相传方式传承下去,相信在冥冥之中有先祖灵在周围保护他们。

"丰年祭"时,全族不分男女老幼,大家都穿着漂亮的服装,围着营火,载歌载舞,以答谢祖先与神灵的庇佑及庆祝农作物丰收。丰年祭是逐渐演变为综合性祭典仪式,这种祭典最为重要艺术创作是歌谣与舞蹈即兴演绎,多以词、乐、舞合一形式完成。根据厦门大学林寒生教授的观察,丰年祭庆典仪式中舞蹈表现寓意丰富,从舞蹈内容看,阿美人舞蹈主要以"庆丰收"为主题,具体涉及本族青年男女参加农事活动中的祭祀、播种、耕耘、收获和祭祀、祈年、求福、馈赠等方面,再现了青壮年男女的劳动、生活等种种场景,充满了生活气息和劳作后收获的喜悦。

课题组于2011年9月24日,考察新北市三芝乡泰雅人举办"丰年祭",祭礼由"原住民"发展协会主办,大家都前往参观考察。祭礼由一女司仪主持,酋长(当地又叫头目)先在祭礼上发表热情洋溢的讲话,然后会上又宣读了不同党派、机关团体发来的贺信和贺电,接下去便是鸣炮宣布舞会开始。在喧天的高音喇叭播送的乐曲声中,一队队浓妆盛抹的"原住民"族青年女子和上身赤裸、披着彩绶的男子顺着节拍翩翩起舞,周遭则有几百名观众围观,场面很是壮观、热闹,充满了喜庆气氛。时间则从上午9点持续到下午4点左右,中间只有午饭时间稍事休息。舞者自然是预先安排好轮批上场的。参加者以当地阿美人为主,也有少数其他人参加。①

据说阿美人以小米为主食,而他们又以小米为精灵,认为小米像人一样有五官,有灵感,不可轻易得罪,因此耕种小米的祭仪便特别之多,从播种到除虫、乞求天晴与收割等等,均须祭祀,且态度应当谦卑下,生怕稍有不慎,便触犯了这类小精灵,给自己带来麻烦(诸如减产绝收、或遭不测等),因此其舞蹈中自然便不乏这方面的内容,这是在别的民族中是看不到的一种特有禁忌。

泰雅人丰年祭

从舞蹈形式看,阿美人男女的舞蹈程式似较简单、轻松、便捷,动作幅度也较疏朗,手舞足蹈的过程多是男女分排,或混搭几排,然后随着音乐节奏,或前后进退,或绕圈环行,或携手摆身,或搭肩点首。其舞姿轻盈、洒脱,过程多有复叠,与大陆张家界一带的土家族"摆手舞"颇有类似之处。

从舞者成员看,此次参与"丰年祭"的舞者除青壮年男女为主外,还有老者和少年儿童。这些青壮年舞者,普遍身材高大、体格魁伟,手脚粗壮有力,因此他们一上场便显得步态稳健,身手舞动起来粗犷豪迈、虎虎生风,充分体现了台湾少数民族的刚毅、勇武、豪爽和乐观的精神风貌。据说挥袖善舞是阿美人与生俱来的特质,丰年祭便充分证明了这一点。正午上半场舞蹈结束,已经准备就食午餐了,十几位阿美人男女仍然围着餐桌频频起舞,逗趣取乐。

① 林寒生:《新北三芝乡"原住民"族"丰年祭"仪式考察》。

阿美人丰年祭

在丰年祭上,阿美人传统的美食也别有风味:其主食为蒸糯米饭团、玉米、烤地瓜等;下饭菜则是腌肉"稀捞"、白灼鸡、猪肠、溪鱼、溪虾,以及高丽菜、山蕨、山苏、山茼蒿以及各类野菜,另有小米酒和雪碧等饮料。阿美人朋友就餐时,饭桌上的饭菜只随便吃点地瓜、猪肠、野菜以及小量饮料,大部分食物都被他们原封不动地打包取回,以作为晚餐之用。这既是阿美人生活节俭的表现,也是一种餐饮风俗习惯。

阿美人至今仍保留着母系社会。族中一般都是妇女主持家庭大事,男子则入赘女家。男子到 13 岁,应入少年会所培训,每 3 年测试 1 次体能,然后升级 1 次,待 22 岁成年后改住青年会所方可婚配。婚后应承担捍卫部落的角色。

阿美人的宗教信仰,在基督教尚未普及之前,每一个部落都有一位专属的巫师,针对部落中的大小事情,例如出征、出海捕鱼、一年的收成,甚至家中的事故等,都由巫师卜卦来决定。可以说族人的生老病死都与巫师脱不了关系。传统巫师也帮助族人驱魔、消灾和治病。但是随着基督教及天主教的传教士进入阿美人的社会后,阿美人也渐渐放弃传统的宗教活动,改信耶稣,尤其是基督教告诉族人不得祭拜后,更使传统的祭祀和信仰流失。不过,1983 年以后,在阿美人自己的觉醒和台湾"原住民"委员会的协助下,每年都举办以阿美人最重要的庆典活动"丰年祭"、"播种祭"和"捕鱼祭",才又重新唤回属于阿美人自己的文化,并让现今年轻的一代了解到以前的传统信仰和生活方式。"播种祭",即每年春天要播种时,祭告农业神祈求五谷丰收。"捕鱼祭",即每年六月时,大家约定好日期,便带着渔网、竹筏、酒等祭品到特定地点，等巫师主持仪式后，一起下水捕鱼。这是阿美人特有的祭典。"丰年祭"，即每年八月月圆时，全族不分男女老幼，大家都穿着漂亮的服装，围着营火，载歌载舞，以答谢神灵的庇佑及庆祝农作物丰收。在丰年祭典上，喝着自己酿的小米酒，品尝着麻薯，成为阿美人的一大享受。"收割祭"收割前夕，全村居民守戒，即不吃鱼类食物并清洁所有装鱼容器。[①]

台湾"原住民"的丰年祭又称为"丰收节"、"丰收祭"或"收获节"，在每年秋收季节举行，为期一周左右。由于居住环境及种植作物不同，农作物的成熟期、收获期也不同，因此各地的节期也不尽相同。但是，都有共同点，就是在收割、尝新、入仓等收获的各个环节开始或结束时，都要举行庄重而热闹的祭祀仪式，向祖先神灵祷告，祈求保佑农作物顺利收获，并预祝来年五谷丰收、人畜两旺。祭典礼仪之后，举行聚餐、歌舞、游戏及篝火晚会等，人们举杯同饮，欢歌共舞，沉浸在节日的喜庆与欢乐之中。

调研组深入泰雅人日常生活

① 《阿美族风俗》，http://wenwen. soso. com/z/q92066467. htm. search. 8.

第十二节　做尾牙

尾牙,是闽台地区商家一年活动的"尾声"仪式,盛行于台湾商业发达的地区,也是普通百姓春节活动的"先声"。每月的初一、十五或者初二、十六,是闽南商家视土地公为保护神,每个牙日要摆供祀土地公,称为"做牙"。二月二日为最初的做牙,叫做"头牙";十二月十六日的做牙是最后一个做牙,所以叫"尾牙"。为求土地公保佑新年利市,商家尤为重视做尾牙,要置办酒席敬祀土地公和财神,祭后设宴犒劳雇员,并在尾牙宴上给雇员分发红包,感谢一年来雇员们的辛劳。在台湾地区,"尾牙"是一个很盛行的节日。这一天,普通百姓家都要准备牲礼拜祭土地公,全家团聚吃"尾牙"、"润饼"(厦门叫"薄饼",类似大陆常见的"春饼"),以求来年家庭富裕润泽。①

福建地区把做"尾牙"之后的日子,即农历十二月十七日到二十二日作为赶工结账时间。所以,也称二十二日为"尾期"。"尾期"前可以向各处收凑新旧账,逾后则就要等到新年以后才收账了。所以"尾牙"的饭吃完后,就有几天好忙。过了"尾期",即使是身为债主的硬去收账,也可能会被对方痛骂一场,说不定还会被揍,也不能有分毫怨言。商人和农人在"尾牙"这一天,除了供奉神明,也要招待自家的雇工与仆婢,对于来年是否继续雇用一个人,也要在这一日作出抉择。所以,这算是慰劳日,又是礼貌相送日。薄饼原本是"尾牙"的必备食物。但课题组在漳州漳浦县杜浔镇正阳村遇到的尾牙,在农历十二月十六,当日要吃芋头,用芋头在门口拜鬼神。②

台湾和福建地区,民间百姓家要烧土地公金以祭福德正神(即土地公),还要在门前设长凳,供上五味碗,烧经衣、银纸,以祭拜地基主(对房屋地基的崇拜)。家家户户都要办酒席祭祀土地公,称"尾祭",感谢土地公一年来的庇佑。有些地方还在门口供五味碗(日常饭菜),祭"地基主"(先住家宅之孤魂),祭后烧银纸,然后一家团圆就食,称"食尾牙"。这天,闽南和台湾不少地方有吃薄饼的习俗。

农历十二月十六,是一年中的最后的一个牙祭日子,称"尾牙"。这一天传统习惯上店主对雇员来年的去留,会通过在尾牙宴上暗示。若酒席上的

---

①　《尾牙宴》,http://baike.baidu.com/view/452813.htm.

②　林江珠、唐文瑶:《漳州漳浦县杜浔镇正阳村节日习俗调查报告》。

整鸡或全鱼的头对准哪一位雇员,则来年他将被解聘。如果全部留用,鸡头或鱼头就对准店头。有些地方(如漳州等地),则在就席时看座前的筷子头朝向。若朝里,则表示来年不再雇佣,若朝外,则表示继续留用。还有一种是在发红包时,一般每人一个红包,如果店主给的是两个红包,则表示来年将被解雇。

　　课题组调查了解厦门地区商铺在每月的初二、十六祭门口公,俗称"做牙",答谢土地公保佑并祈求多福多财。每年农历十二月二十六日是最后一次"做牙",老板必宴请员工,饭菜不限,有的地方必上薄饼,有的地方必上闽南面线糊。老板辞退员工的方式多样:有的看筷子摆放方向;有的是用是否上闽南面线糊决定,面前不上闽南面线糊的员工则会被解雇;有的看老板是否向你敬酒,若敬酒就会被辞;有的老板请他同桌就餐,座位与平日不同,暗示店员明年将辞退。① 有的用另外送双包红包也表示辞退。如若员工回避此宴席,说明他明年不干了。

　　闽台地区已将"尾牙"这一古老节日,也被引入到现代企业中。"尾牙"逐渐演变成企业在年终酬谢员工的庆典。"尾牙宴"是公司老板年末宴请公司同仁,以犒慰平日辛苦,一年只办上这么一回。而现在吃"尾牙"已经逐渐演变成公司年终的重要聚会,总结一年的工作,老板宣布重要的决定,甚至年终奖金发放都在"尾牙宴"上进行。

第十三节　拗九节

　　正月廿九日,是闽东、闽北如宁德、三明、古田、建瓯等地特有的民间传统节日,以福州地区为盛。"拗九节"又称"后九节"、"孝九节"和"送穷节"。农历正月廿九这天清早,家家户户都用糯米、红糖,再加上花生、红枣、荸荠、芝麻、桂圆等原料,煮成甜粥,称为"拗九粥",用来祭祖或馈赠亲友。已出嫁的女儿,也必定要送一碗"拗九粥",有的还要加上太平面、蛋、猪蹄等,送回娘家孝敬父母,又进化成"孝顺节"。福州民间称正月初九为上九,十九为中九,廿九为后九,故此节又称"拗九节"。福州方言中"后"与"拗"谐音。福州人认为,逢"九"不顺利,因此每年这天,岁数逢九或九的倍数的人都要过

---

　　①　肖绯霞:《厦门饮食习俗调查报告》。

"九"。家里要为其煮"拗九粥"与太平面,以祈其逢凶化吉,除去晦气,羁上好运,平安地跨过"九"的门槛。关于拗九节的来历有两种说法①:

一种是"目连救母"的传说。据传,古印度僧人目连之父常年经商,家中骡马成群,财宝无数。其母青提则反之,她最恨出家人。目连一心向往佛、法、僧。长大后,一次他外出经商,临行时对其母说:"孩儿出外求财,母亲在家要积德积善,对出家人要如同对孩儿一样。"其母应允。谁料目连走后,其母依然如故,凶悍地把登门化缘的僧尼全都赶走,吝啬到一顿饭也不肯布施。半年后目连返家,听说其母对出家人极不友好,遂向其母查问原因,其母一听大怒,斥道:"你竟不信你母亲?我要是对出家人不好,七日之内不得好死,死了坠入阿鼻地狱!"七天后其母果然暴死。目连大恸葬母,随后他抛弃了荣华富贵,归依释迦牟尼,修成了阿罗汉,成了佛祖的十大弟子之一。目连经打听知道其母死后果真坠入阿鼻地狱。他在地狱找到已变成饿鬼、正受苦刑的母亲,悲哀异常,当即用钵盛饭喂其母。可饭未入口即化成火炭,目连悲号涕泣。如来佛见目连至孝,便对他说:"你虽修成了罗汉,但靠你一人的力量救不了你母亲,须广造盂兰盆会,使天下饿鬼全能吃饱,你母亲才能得救。"于是目连请十方僧众广设盂兰盆会,超度众饿鬼,其母方得脱离地狱。目连每天送饭奉母,饭屡被小鬼吃去。后目连设法煮了表面难看的"拗九粥"送去,小鬼见状就不吃了。其实"拗九粥"是用荸荠、花生、桂圆、红枣、红糖、芝麻等一起煮成。从这天起,母亲才吃到儿子送来的粥。这天是正月廿九日。乡人赞叹目连的孝心,于每年正月廿九日煮"拗九粥"孝敬双亲及邻里长辈,并相沿成俗,演绎出"拗九节"这个民俗,流传至今。

另外一种说法和数字"九"有关。按福州民俗,"九"是个不好的数字,传统农历正月晦日为送穷日,故"拗九节"又叫"送穷节",意送走穷神。传说上古颛顼、高辛时,宫中生一子,不着完衣,宫中曰为穷子,不想正月晦日(即正月初六)其死,宫中葬之,相谓曰今日送却穷子。此俗逐渐流传于闽地,明清时期福州民间认为正月廿九日为送穷日。传统上每逢这天,福州城内外挨家挨户都会大扫除,清理家中破烂尘秽,并将之作为垃圾倒掉,谓之送穷。福清民间过"拗九节"民俗与福州城区大致相同。

① 《拗九节习俗》,www.ffw.com.cn/1/193/296/704.html 2013-4-17。

拗九粥

　　在平潭县民间也过"拗九节",但说法与一则孝父的传说有关,"拗九节"又称"孝父节"。传说当时平潭有一县官为民请命含冤入狱,其子孝顺有加,每天都是做好饭菜亲自送去,不让父亲挨饿受苦。有一天,与县官同在牢房的人刑满释放后,找到县官的儿子,告诉他父亲在牢里饿的皮包骨头、奄奄一息,都不见家里人送好吃的东西。做儿子心想,每天都是好饭菜,而且都是亲自送去的,怎么父亲都没吃到呢? 肯定是被狱卒偷吃了。怎么才能让父亲吃到好饭菜呢? 他想只要把饭菜的外表做得到难看一些,狱卒不敢吃,才能送给父亲吃。于是,他就把红枣、桂圆、花生、地瓜片捣成泥,掺在糯米一起煮成粥,并骗狱卒说,是他向邻里乞讨的残羹剩饭。狱卒见是五颜六色黏黏糊糊的东西,也没了食欲,就把糯米粥原封不动送给了关在狱中的县官。从此,县官吃到了有营养的糯米粥,身体逐渐恢复。据传从正月二十九日到二月初二,县此官冤案得到平反,无罪释放,并官复原职。为感怀儿子的孝道,县官在每年正月二十九日和二月初二,都要吃红枣、桂圆、花生等混煮的糯米粥。平潭民间为弘扬孝道,纷纷效仿,沿袭成俗,并把这种粥叫做"拗九粥"。课题组对平潭县拗九节调查发现该习俗与福州民间不尽相同,而其独具特色如下:

　　首先,拗九粥的做法不同。"拗九",不但是节日名称,还是一种食物的名称。它是用熟地瓜和地瓜粉捣烂后做皮,用炒花生、冬瓜条、梅蝶、橘子皮、糖等做馅,包成三角形状,蒸煮均可。平潭的拗九粥就是拗九加糯米、红枣、糖等佐料混煮而成的。

其次,在平潭,只有拗九节和冬节是在早上过节,并且拗九粥一定要在正月二十九日早上吃,同时农历二月初二也要吃拗九,为此在平潭民间习惯上说"拗九二月二",把两节合起来称呼。

第三,平潭人有邀请亲友过"拗九"的习俗。年龄凡是逢九或是九的倍数的人都属"过九"的对象。年龄逢九的称"明九",年龄是九的倍数的称"暗九"。邀请亲友来"过九",不仅只吃拗九或拗九粥,还要吃蒸鸡蛋,有的还炒几盘菜。自古"九"是最大阳数也是最大变数,人们往往对它有敬畏之心。"过九"就是借助亲友的力量渡过难关,逢凶化吉。

最后,平潭人有新丧不做拗九的习俗。凡本年度有新丧的人家,不做拗九,不煮拗九粥,而由亲戚赠送拗九或拗九粥,丧家回赠食糖。有的亲戚多,送的拗九、拗九粥吃不完,有的就改为送地瓜粉等。所以说拗九节是平潭人必过的节日,除非家里有人去世了。

总之,在福州地区民间,民众普遍认为"九"是厄难的岁月,而年龄逢"九"或是"九"的倍数的人,正月廿九煮拗九粥送给别人才能把霉运赶出家门,自己年岁逢"九"的人,必要吃太平面,出嫁的女儿,也要给父母送"九",以求父母平安、健康。① 课题组在福州地区调查发现,目前福州地区人沿袭传统用拗九粥祭祀先祖和馈赠亲友的习惯,进一步演化成孝顺家中父母的特别寓意,更蕴涵着对生命的关怀。

第十四节　三月三寒食节

农历三月三,闽台地区民间过寒食节,又称为古清明节。实际上中国最早的春祭是在寒食节,后来才改在在清明节。虽然无法查阅寒食节从何时被清明节所取代,但自唐代众多与寒食节有关的诗歌来看,推断唐朝时古中原人就有纪念寒食节的习惯。古人曾把寒食节叫做古清明,这一天家家都要上坟祭祖,祭祖的时候,都要敬奉草饼。清代以来,闽台民间祭祀祖先,也

---

① 欧荔、杨慧玲:《福州市饮食民俗调查报告》。

有供奉鼠麦粿。

关于寒食节最普遍的说法为纪念介子推。相传春秋时期，晋公子重耳为避开内乱，与一些随臣一起离开晋国，流亡 19 年。一次，重耳的资粮被偷，他饿得昏了过去，介子推割下自己大腿上的肉做熟了给他吃，让他保住了性命。后来重耳回到晋国，当了晋侯（晋文公，春秋五霸之一），想封赏介子推，而介子推早已与母亲到山西的绵山隐居。晋文公派军士上绵山搜索，遍寻不到，便下令放火烧山，想以此逼出介子推，但最后发现介子推与其母被烧死。重耳十分后悔，于是立下规矩每年此时不得生火，一切吃冷食，称为寒食节，以纪念介子推。

寒食节习俗，有扫墓、郊游、斗鸡子、荡秋千、打毬、牵钩（拔河）等。其中扫墓之俗，最为古老。原本寒食节由北方向南方迁徙的"移民"将中原文化带入"蛮夷之地"。但因为年代久远，"寒食节"这个节日及节日传统已慢慢地融入了"清明节"传统内。

课题组在闽台地区调查后发现，台湾客家人聚集的新竹县和苗栗县还留三月三古清明节祭祖扫墓习俗。福建宁德、浦城等与浙江省江山市、龙游县临近地区保持了上千年食用"寒食"之传统，现称之为"清明粿"。以糯米粉做皮，形如饺子，也有像月饼一样压模的。一般有白色和青色两种，取"清明"同音：白色为糯米面团原色，青色则是糯米面团里加了艾叶草。蒸熟后的"清明粿"清香糍糯的外皮加上里面包的各色馅料，可咸可甜，老少皆宜。在宁德屏南县双溪三月份是双溪人扫墓的季节，也是人们踏青野炊的好时节。人们在三月份选择一个吉日到山上给先人扫墓。家族长者带领着全家的人带上茶酒、五个供品到山上先人墓扫墓纪念。祭品一般为线面、花生、黄粿（必须有）等，有些氏族传统上还一定要带上猪头。另外人们还会在山上野炊，带上炊具、食物（光饼、绿粿和其他自己喜欢的家常菜）。野炊场面温馨和睦，家族愈发有凝聚力。一般野炊由一个人主持，每年轮换主持者，大家交钱给主持者置办野炊事宜。① 而在三明市将乐县余家坪、凉地村清明时余家坪和凉地村的人们会上山扫墓。凉地村在旧时有清明田（祖墓的公田），族里人轮流耕种粳米，清明时做白粿上山扫墓。扫墓的供品（白粿、猪肉、素菜、茶酒等）的置办由公田的收入支出。各分房也有自己的小公田。②

课题组调查发现在闽南漳州地区和一些乡村族群有过古清明节而非寒

① 黄辉海：《宁德屏南县双溪节庆习俗调查报告》。
② 黄辉海：《三明市将乐县余家坪、凉地村节庆习俗调查报告》。

食节的习惯。相传漳州地区民间过三月三与景炎元年(1276年)文天祥平叛乱保护端宗皇帝的历史有关。景炎元年(1276年)十一月元兵攻陷建阳,文天祥率师漳州,这时候,陈宜中、张世杰等,奉端宗皇帝及卫士、杨太妃,率兵十七万,淮兵一万,转进泉州。因为招抚使蒲寿庚叛乱降元,泉州城被蒲寿庚所控制,端宗皇帝不得进入泉州,就由漳州奔往潮州,继走惠州。期间端宗驻在惠州管辖漳潮二州,当他由泉州经漳州转入潮州的时候,曾在漳州城内停留过一段时间。有一天,他问群臣:"什么时候是清明?"有人奏:"清明已过。"端宗皇帝谓然归叹"寡人不德,清明时节竟无祭祀太祖先陵",便下旨令臣下,择定在三月三日这一天补行清明节,借此遥祭先陵,告慰先帝在天之灵,并犒劳三军以励士气。在云霄人纪念介子推的风俗依旧,称其人为"烈圣尊王",亦称"大伯爷公"。下河、上河、阳霞、中柱、官田、上坑、下径、船场、东坑等几十个村尚有奉祀庙宇。每年寒食日与农历七月二十五日,百姓依古例进庙隆祀。此习俗是陈元光父子传播入闽。①

泉州南安石井镇郑氏后裔有只过"古清明节"习俗与郑成功反清复明之政举有关。郑成功抗清复明之际,见家乡男女老少都上山祭扫祖坟,这一天正是清明节,他听着清明节三字,心里很不高兴,因为清字放在明字上面,有损他的民族自尊心,于是下令乡人,废止"清明"习俗改在上巳节登山祭扫祖坟。

台湾地区农历三月初三日,民间叫"三月节"或称"三日节"。像清明节一样,这天是祭祀祖先的节日,也是一个鬼节。清明节与三日节前后相接,排在三月之中,有所不同的是前者有固定的日子,后者没有一定的日子。换言之,即前者是"死节",后者是"活节"。不论是三日节或清明节,每年一到这两个节日,各个家庭,就偕老带幼,举家去祖坟清扫墓地,祭祀祖先。不过,如果在三月节,扫过墓了,清明节就不必再去了,反之亦然。关于台湾的三月节起源,流传着很多的说法。说法一,在台湾的闽南漳州人和泉州人本来均过清明节,但有一年清明节,两籍人士因为买菜而发生纠纷,酿成空前未有的大械斗。因此台湾当地官员出面调解,规定了在台湾的漳州人每年过"三月节",泉州人则过"清明节",自此以后,漳泉籍人士就分别在不同的日子里祭祀自己的祖先,才得相安无事。说法二,郑成功在攻打台湾时曾大举进攻过漳州,漳州清兵大败退入漳州城内,紧闭城门不迎战,郑成功的督

---

① 蔡清毅、徐辉:《从云霄历史习俗溯闽南文化之源——以开漳之地云霄历史民俗资源调查为例》。

兵攻打无法拿下城池,后改变战略把漳州城重重围住,逼迫城中清兵出降,不想清兵依然不肯开门投降。相持半年之久,到了清政府增派援军赶到时,郑成功部队撤围转往海澄,漳城内的兵、民已经饿死殆尽。盈街塞巷全是死尸,援军五法寻找棺木,用草席裹尸,把城里的尸体草草埋葬了。而埋葬尸体的这一天,恰好是三月三日,所以后来的漳州人就在这一天祭祀他们的祖先,而不再过"清明节"。

　　总之,中国传统节日的起源古老悠远,其发展受到农耕社会的影响。中国的悠久历史,形成了节日内涵的多层叠积,但建立于传统农业社会以"天—道"为本的价值观念和思维方式决定着今天我们所见到的节日的基本面貌。可以说,中国传统民俗节日的特性由农业生产因素所决定。

三月三同安霞溪村民扫墓

第四章
闽台民间祭祀和纪念节日

　　闽台民间民俗活动,是在长期的社会生产和生活中逐渐形成的,特别是民间祭祀和纪念节日仪式上,常常带有一定的娱乐性。以民间祭祀为例,闽台的民间祭祀活动往往伴有丰富多彩的戏剧演出。在百姓的观念中,要获得神灵的欢心和保佑,除了献上丰盛的祭品和进行虔诚的礼拜外,还要演戏酬神、媚神、娱神。不但神诞日要演戏酬神,传统纪念节日、婚嫁寿庆、祭祖、寺庙落成、神灵点眼开光、庙会、祈雨、五谷丰收、斋醮仪式等等活动都要演戏。民间祭祀活动与戏剧演出相结合的习俗,约在北宋时就已形成。

　　闽台南迁汉人当地土著居民的融合程度不同,生产生活依赖自然环境的差异性,闽台地区逐渐形成许多独立而封闭的民间信仰祭祀圈①。在不同语言区内,不同府、县的民间信仰又有所差异。以闽南方言区为例:保生大帝、开漳圣王陈元光及其部将,辅顺将军马仁、辅胜将军李伯瑶、辅义将军倪圣芳、辅仁将军沈毅的祭祀宫庙在漳州所属各县、乡村分布最多;祭祀广泽尊王的信仰活动以泉州、南安最丰富;清水祖师信俗在安溪、永春、德化以及有这些移民迁徙的东南亚等地区影响较大;青山公在惠安县拥有最多的民间信徒,而蛇王神信仰在南平、浦城留存遗迹很多。传统闽台民间各府、州、县都有自己的保护神,在同一县内,每个铺、境、村落都奉祀一个或若干个特定的神灵作为保护神,旧称境主、福主、土主、社神等。以泉州为例,旧时泉州城分为36铺94境,铺有铺主,境有境神,共有大小神庙130多座,奉祀着100多尊神灵。境主神的神庙由居住在该境区的百姓捐资合建,各种祭祀和纪念活动也由该境的百姓参加,抬神出游一般不能越出本境地界。

　　闽台民间各地祭祀和纪念内容和仪式,往往根据各自需要来取舍繁简程度。一般说来,经济比较发达的地区,各种仪礼比经济不发达的地区繁缛,达官贵人、富豪之家比贫穷之家讲究排场。

---

　　① 台湾人类学者较早提出的概念,祭祀圈,指具有形同祭祀对象和祭祀仪式的信仰群体所在空间区域。

第一节　佛生日

　　佛生日,是闽南一带特有的传统民间节日习俗,特别是在泉州地区一带尤为重视,民间称其为"第二春节"。一般在每年农历七月底开始,南安、永春地区在正月以后二月就有。佛诞的日期安排,一般都在秋收后、春耕前或插秧后的农闲季节,反映他们希望吉祥风顺、祈福消灾、盼望丰收的心理。人们借"佛诞节"表达内心的喜悦,从而达到精神和物质的享受。闽南人有勤劳的习惯,朴实的感情,勤俭节约的传统,平时省吃俭用,节日里可以饱食丰餐,喜庆丰收。

　　各地的佛生日,通常连续演戏三天。佛生日是当地村民供奉的佛祖的生日,一到这天,亲朋好友都会来"吃佛生日"。相传宋代以来,普渡是在七月十五日这天举行的,其祈求的内容甚多:或祈死者无厄幽沉滞之悲,或求生者获五福康宁之祉,或薪雨泽以抗旱,或冀赦过以除愆等等。到清道光年间(1821—1850 年),普渡祭祀仪式有所变化,七月朔(初一日)起,各社副曾道设醮,作盂兰会,俗名普渡,以祭无主鬼。里社公祭,各家另有私祭。人们把七月的普渡称正普,从七月初一起,各铺境乡村轮流普渡。在晋江,初一起,青阳内头李,初二杏唐王……逐日按序至七月三十日。而泉州城内有 38 个铺,因此各铺轮流举行普渡的时间只好有所伸延,自农历六月二十九日至八月初二日。如适逢闰月,又得复始重普。泉州规模最大的普渡,首推石狮的"龟湖大普",即把龟湖的 13 个村落分属 12 个生肖(其中后安和仑后合属猴),12 年各轮流普渡一次,互相宴请。清末,规模较大的有"都祀公"庆诞仪式。一个以都(相当于今的一个乡镇)为范围的都祀公生,牵涉到全都乡乡里里。是时,张灯结彩,唱"目连"、演"说岳",连日设筵敬奉,昼夜鼓乐不息,仕女熙来攘往,香火连绵不绝,长达七天七夜。至民国改都设区以后,"都祀公生"活动始渐消除。但每逢各地奉祀的"挡境佛"或"角落神"诞辰,均要在神龛庙前,结彩摆坛,演戏酬神,设筵作庆,俗称做"佛生日"或"圣迹日"。做"佛生日"往往要热闹数天。期间,时常出现以"信杯"卜数阴阳,众人争夺"信杯"回家祗奉,以图大吉大利的民俗。① 课题组同安莲花镇小坪村

---

　　① 《闽南佛生日》,http://www.0592na.com/fengsu.html.

道地自然村调查,村民全部为洪姓,农历十二月初九,为佛祖公生日(佛祖公即洪承畴,明兵部侍郎,明晚期被清俘虏后,生不顶清天脚不踩清地,气节为后传诵本村人认为洪承畴是自己始祖公,闽南洪氏后供奉其为佛祖公来护佑洪氏后辈子孙)。在佛生日时本村当年新婚和添丁家庭需要准备丰盛供品在祖庙内祭拜,而各户则在家中祖宗牌位前祭拜。① 做"佛生日"的主要内容:

1. "进香乞火",迎神赛佛仪式。所谓"进香乞火",即组织众多善男信女,举行隆重仪式,列队到该佛分身的祖寺取回不灭香火。

2. 神轿佛辇巡境。"进香乞火"之日,浩浩荡荡的队伍中,五色旌旗,鼓乐吹打,神轿佛辇,化妆的高跷、马队、妆阁,以及旗、锣、鼓、枪,无所不有,招摇过市。队伍还出现跳神戳钎刀者,场面十分壮观。

3. 迎宾点心。一般人家以鸡蛋(荷包蛋或摊成煎饼)面线同煮待客,或加肉丝、香菇、蠓干(或虾米),贵客则煮甜汤荷包蛋或团蛋(鸡蛋煮熟后去壳),一般为一双,礼重者为两双。也有以鸡鸭肉、瘦肉片、鸡蛋、香菇、虾米同煮待客的。20 世纪 80 年代以后,逢有大事来客较多时,则以牛奶、或麦乳精、或花生汤、或水果罐头代糕点作点心的。但在农村过节之时,仍以鸡蛋面线居多以表敬意。在佛生日,还没开始主食之前,对于客人的到访便是这么做点心款待。

4. 准备礼牲。蒸发糕、炊碗糕(以冒顶裂瓣为吉)、做龟粿(以其印有龟甲纹名之)、"炸枣"(以盛产地瓜、花生油的石井、水头、官桥、丰州、康美等地为多,用煮熟的地瓜去皮掺入大米粉和糖糯合搓成长一两寸的圆柱状或球状物用滚油炸熟而成)。金粿、乌龟粿的制作方法:都以大米粉和豌豆泥为原料制成,前者将大米粉和适量红糖糯合,包上豆粉,捏成半球状,隆起的一面中间有小尖突,状似乳头,蒸熟后呈金黄色;后者将大米粉和苝壳、红糖同舂,使三者充分掺合并呈弹性,然后包以豆粉,放在雕有龟甲纹的木模里压平,取出上笼蒸熟。

5. 宴请宾客。主办佛生日的乡村的晚上便沸腾起来,哪家的声音响亮,便是客人多、人气旺。晚餐饭沿海吃嫩饼菜(春卷),一般都以较丰盛的菜肴鸡鸭配干饭,菜肴必有萝卜(俗称菜头,兆"好彩头")、韭菜("天长日久")、鱼("年年有余")、肉丸("团圆")、鸡("发家")。芋丸、菜丸的制作方法:分

---

① 林江珠:《同安莲花镇小坪村道地自然村山茶人家田野调查》。

别将菜芋、萝卜切成丝,与地瓜粉、适量的盐调和,捏成径一寸左右、长一尺左右的条状蒸熟,吃时切成薄片,加上蚝(或虾米)、青菜等同煮,越烂越佳,有"褴懒芋圆"之称。

每年农历八月起,闽南的佛生日几乎是一个接一个的来。每个乡村、街道都有自己的佛生日。每当佛生日时,大家就邀请亲戚朋友同事齐聚一堂,祈祷许愿、憧憬未来。

第二节　天公生

正月初九,"天诞日"天公生,又俗称"玉皇会"。相传天上地下的各路神仙,在这一天都要隆重庆贺,玉皇在其诞辰日的下午回鸾返回天宫,是时道教宫规内均要举行隆重的庆贺科仪。他的生日,人们都会举行祭典以表庆贺,自午夜零时起一直到当天凌晨四时,都可以听到不停地鞭炮声。祭拜天公的仪式,非常讲究,首先房屋正厅挂上天公炉,灯下设祭坛,一般用长板凳或矮凳先置金纸再选高八仙桌为"顶桌",桌前系上吉祥图案的桌围,后面另设"下桌"。"顶桌"供奉用彩色纸制成的神座(象征天公的宝座),前面中央为香炉,炉前有扎红纸面线三束及清茶三杯,炉旁为烛台;其后排列五果(柑、橘、苹果、香蕉、甘蔗等水果)、六斋(金针、木耳、香菇、菜心、豌豆、绿豆等)祭祀玉皇大帝;下桌供奉五牲(鸡、鸭、鱼、卵、猪肉或猪肚、猪肝)、甜料(生仁、米枣、糕仔等)、红龟粿(像龟形,外染红色,打龟甲印,以象征人之长寿)等祭玉皇大帝的从神。

据厦门同安莲花镇小坪村道地自然村老人讲,旧时的这天晚上,男女相聚在大树下(最好是桂花树)唱歌,请玉皇大帝最宠爱的小女儿七仙女下凡,所唱歌曲必须欢乐吉祥,让七仙女高兴,她一高兴,父皇玉帝就会保佑人间一切。所以天公生全村人按户准备份菜,主要以番鸭为主或其他家禽一只在集体主庙内供奉。

在泉州永春县岵山镇塘溪村天公生日,家家户户要蒸白米粿、米龟粿,煮12或13个菜碗,在这天中午或晚上由村中吴公庙选出的新社长(社首)主持全村祭拜。玉皇大帝诞辰日,云霄民间俗称"天地公生",清晨各家各户在家中庭院内或家门前摆放圆形案桌,恭列馔盒、金枣茶、干果、蜜饯、面线、汤圆等素类供品,以及熟鸡、蒸鱼、猪头或猪腿等荤类"五牲"。

　　这项风俗源自原始社会人们对自然、天地、神灵的敬畏和崇拜,但在流传演变中,"天公"不再指单纯意义上道教的神,而融合了佛教和儒家文化。做天香,即设天香请醮。清·乾隆《泉州府志·卷二十·风俗》:"初九日……道观多报赛,近则里巷有之,乡村之间无定日,谓之天香。"清末·陈德商《温陵岁时记》:"是日元妙观最为热闹。初八、初九、初十三日,观之董事,即遍观中悬灯结彩,早夜奏乐演戏。清晨迄暮,男女老幼,持办香陈八珍,叩拜阶前者踵相接。晚于观门外仿燔柴而祭意,斫柏木六七寸长,造作塔形,投火于尖处焚之,光灼宵汉。"

　　课题组在闽台地区调查发现,天公生习俗在闽南和龙岩的部分地区是过年的非常隆重的节日,而福建其他地区只有零星的地方过此习俗。

敬天公

　　在漳州,人们宰大猪,家家户户杀公鸡,留着尾羽用以祭天公,在家设香案,用牲醴、米糕、甜粿、发粿和红龟粿祭拜,还要将特制的黄色长条纸钱("长钱")用红丝线系在门环上,待祭拜完再焚烧。云霄县东厦镇竹塔村还要请戏班演戏"敬天公",多为潮州戏种。① 各地都有专门用于祭拜天公的特殊食品,有的地方在这一天还禁止挑粪桶、捡猪粪。台湾新竹县竹北客家人

---

　　① 林江珠:《漳州市云霄县2区6村民间信仰与节日田野调查报告》,2011年7月17日。

还保留正月初九有"送字纸"之俗。敬惜字纸之俗,字纸不用,投入"字纸篓"。收集街上的字纸被认为是行善积德,也可以赎过。是日,慈善机构将一年来所收集的字纸装入箱子用红缎包裹,上书"国粹"或"敬惜字纸"字样,插上金花抬着游街,学童盛装执香随行至溪边焚化。①

第三节　正月初七"摇菩萨"

每年正月初七至初九,是厦门市钟宅畲族社区举办"摇菩萨"的日子,村民把它称"做热闹"。整个社区村落会举办摇菩萨活动,也叫抬菩萨,具体就是抬着菩萨一摇一晃地每村、每社巡过,这一天锣鼓声、鞭炮声此起彼伏,家家户户门口排队人群翘首欢呼。这个社区分为十七八个香火点,供全村人祭拜。正月初九,村庙供奉的所有菩萨都会被村民抬出来巡村,村庙委员会专门请来法师(村民叫师公)主持仪式,法师拿着法铃、法绳,吹着牛角走在最前面,紧接着三坛鼓(两个锣、两个鼓),再接着小锣鼓和腰鼓(新中国成立后才有)。然后是抬着神轿的队伍,菩萨就坐在神轿里面,村民都会在最后面跟着神轿,但也不是所有村民都能跟着神轿的,生小孩没满月的媳妇不能跟,村里的宫庙也都不能进。到了晚上,澜海宫前的广场,请芗剧团来唱歌仔戏,一连三天,非常热闹。到了正月十五这一天,居民准备好贡品聚集到澜海宫举行祈愿祭拜仪式。前来还愿的村民一定会拿着面龟(过去是用米粉做的,现在用面粉做)来祭拜,拜祭完之后就把面龟留在供桌上,而来求愿的人就会把"面龟"带走,放在家里供奉,以祈求全家平安、风调雨顺、五谷丰登。经商人士或需要用钱的人,还会来澜海宫借钱,规则是头年借,次年还两倍的钱。还有一个有趣的现象,钟宅的新婚夫妇在这一天都要来摸宫里的龙柱,祈求添丁。

厦门钟宅村畲族社区内现今保存和修缮完整的村中宫庙共5座,村里东西南北方向分别为澜海宫(观音庙)、相公庙(保安殿)、王公庙、妈祖庙四座大庙,还有靠海边的护国尊王庙位于519路公交终点站的位置。村中有几个土地庙,每年水稻有好收成后就会到山上种田的地方拜祭土地公,一年收两季水稻,即祭拜土地公两次,以祈求下一季水稻有好收成,五谷丰登。农历

---

①　林江姝:《对台湾8市县民间信仰及相关习俗田野调查综合报告》,2011年12月19日。

初一、十五要到海边拜海神。特别农历二月初二是土地公的生日,社区各家各户都要祭拜,连居住在钟宅的外地人都入乡随俗了,也跟着祭拜,祈求生意红红火火。

厦门钟宅村畲族人有个习惯,农历二月十五是王公(护国尊王)的生日,村里会组织村民到龙海白郊请香火回来,由村里嫁出去的女儿此时也会回来祭拜。农历二月二十二是相公(广泽尊王)的生日,要到南安诗山请香火。课题组刚好在这一天来到钟宅调查,赶上村民"割香"回来的好日子,来相公庙祭拜的人络绎不绝,庙里人气旺盛,香火缭绕,每户人家都会添香油钱以表心意。到了晚上六点半,由漳州市龙海市琴艺芗剧团演唱歌仔戏,表演开场前由演员扮演八仙和戴着面具的财神爷,敲锣打鼓地到广泽尊王殿(相公生日)去拜祭神灵,以求开场吉利。晚上,剧团上演家庭剧《奴婢恩仇记》,内容大概是一个大官原配不能生育,大官为了有后就取了府里的一个奴婢为妾,奴婢生完孩子后被管家陷害,所幸的是被另外的家奴所救。显然这是一个已经现代化的民俗活动。

第四节　正月十二关公闹春田

农历正月十二日,关公闹春田之日。龙岩市长汀县童坊镇举河村,这天村中的4个小组,按照每年一个小组负责抬关公的规则,轮流到村庙迥龙庵把接关公菩萨到小组人家中,以此为始发点揭开闹春田的活动的序幕。课题组在举河村调查,记录该村正月十二关公闹春田的整个活动程式。2013年闹春田活动轮到村民陈辉家,正月十一日,陈辉接菩萨到自己家中,所有小组成员及亲戚聚集到陈家喝酒吃饭与神欢乐通宵达旦。其他小组准备游街列队的阵头,关公菩萨游街经过各家各户时,村民在家置桌烧香摆祭品欢迎关公。

到了正月十二日早上7点,各家各户敲锣打鼓将自家的河田鸡抓到关公菩萨面来宰杀、滴血,以表敬意;9点左右,在烟炮的欢送下,村民抬着关公菩萨依次到村中刘、胡、陈、马、黄、曾氏老祖房做客,并在房前田中闹春田。以在胡氏老祖房前进行的闹春田为例,主要活动程序如下:关公菩萨面朝老祖房停于老祖房前,乐队在房中奏小乐或民间小调等乐曲以表示欢迎。胡氏到关公菩萨前烧香、烧纸钱、洒鸡血来许愿、还愿。接着三个胡氏主祭人,对其三拜九叩,专职人员唱祝文,祈祷家族健康平安、人丁兴旺、财源广进、五谷丰登,主祭人再三拜九叩,再烧祝文,再三拜九叩,再者乐队出屋,到关公菩萨前演奏"烧香曲"。演奏完后为关公宽衣解带,并用一条写着"酬谢鸿恩"的红绸带将关公菩萨的身子与椅子绑在一起。(这条绸带由许愿人送给关公菩萨的)。接着由胡氏年轻人抬着关公菩萨到田里跑,十几个青壮年每四个轮番上阵,抬着关公在田的中央转圈,跑不动的直接就摔倒在田里;到后来,十几个人全部上场,一起抬着关公顺着田埂,伴着口中"啊啊"声在田里转圈,年轻人时而会在田里摔跤,以兴众乐。

据了解,龙岩长汀"闹春田"已有数百年历史,村民们通过这种形式,祈求来年风调雨顺、五谷丰登;同时也借此增进村民间的感情,以喜气洋洋的气氛来迎接元宵佳节。

龙岩长汀"闹春田"

第五节　安海端午"嗦啰嗹"节日习俗

安海"嗦啰嗹"也称采莲,至今已有 800 多年的历史,据称这是古越族人的遗风,歌唱中的"嗦啰嗹"就是古越族人辟邪去灾的咒语。另有一种说法,采莲是泉州的端午节习俗,采莲时唱的"采莲歌",几乎每唱一句歌词,就要接唱一声"嗦啰嗹",因而,"嗦啰嗹"因采莲活动而来。① 福建泉州晋江市安海镇,位于福建省东南沿海著名侨乡晋江市的西南部,北承内坑镇,东与灵源街道、永和镇相邻,南和东石镇接壤,西与南安市水头镇、官桥镇为界,西南濒临安海湾,隔海和南安市的石井镇相望。全镇辖36个行政村、5个社区居委会,面积55.72平方公里,人口11.2万人,绝大部分为汉族。

安海,古称"湾海",因海岸多曲而得名。宋开宝年间,唐名臣安金藏后裔安连济迁徙居湾海,围海造田,后人以其姓易"湾"为"安",始称"安海",南宋建炎四年(1130年)建镇称"石井镇",明称"安平",清改称"安海"至今。东晋永嘉二年(308年)的"八王之乱"造成大批中原士民迁入福建。至唐末五代中原战乱,又有大批士民再一次南渡,史称"八姓入闽"。他们在晋江一带沿江依海而居,带来了先进的生产技术和古老的民俗文化,其中就包括采莲——"嗦啰嗹"。

抬出象征龙神木雕的龙王头

采莲是中原地区的古民俗,汉乐府就有描写江南少女荷塘采莲的《采莲曲》,而对音律颇有研究的梁武帝萧衍也写过类似的《采莲曲》。至唐末五代时期,河南光州固始人王审知率兵入闽,龙启元年(933年)其子延钧在福州称帝时,封陈金凤为皇后。闽后能诗,在"端阳日"携宫眷泛舟西湖赏莲,还

① 《安海端午"嗦啰嗹"习俗》,http://baike.baidu.com/picview/7126178/7276957/0/a71ea8d.

曾作《采莲曲》让宫廷乐师吹奏,宫女伴舞助兴。

后来采莲舞曲流传于泉州民间,并逐渐演变为与龙图腾崇拜相联系,发展成一种端午节群众性祈求龙王赐福,扫除梅雨天气、驱除瘟疫的民间习俗。这一天,每一户人家要"煎饦补天"、包粽子,在门上插艾条榕枝、屋内烧苍术蝉蜕,小孩身佩"虎仔香袋"以驱邪禳灾、纳福安康,此外还有水上"抓鸭"比赛等活动。这一独特的民俗文化活动,保留农业社会祈福的传统方式。旧时在泉州义全街、浮桥圣公辅,晋江安海、东石、深沪、金井及南安的石井、水头等滨海乡镇还盛行一时。现今安海镇完整地保存采莲——"嗦啰嗹"活动习俗。

端午节前三天,安海供奉龙王的六个境铺就抬出象征龙神的泥塑或木雕的龙王头,让人们焚香叩拜,待端午节午后,才出发进行"嗦啰嗹"活动。

传统式的"嗦啰嗹"队伍比较简短,但十分有趣。走在最前面的是"旗手",他是个头戴清兵笠,脸上涂红漆绿,留着八字胡须的醉步汉子。其上身斜披别致衣裳,一臂袒露,腰缠草绳,裤卷长短不一,足穿草鞋,手撑写着"祈求平安"之类吉祥语句的长杆幡旗。接着是村民举着标明某某境铺"采莲"队的卷书牌,其后有二人敲着锣、另二人打着鼓在配合着管弦乐队。最后是四人合抬着披红结彩的木雕龙王头像,龙王头两角缠系红布,两眼圆睁,海口张裂,龙须长伸,其面前的香炉里烟篆袅袅,神威显赫。而队伍的两旁,一边是个与"旗手"一样装束,手打破锣,负责队伍联络的"铺兵"(铺兵原是古代驿站的驿卒,在"嗦啰嗹"中演变成游行队伍的联络员)。他还肩挑一头系着生猪脚和草鞋,另一头系着装有酒的尿壶的竹杠。队伍的另一边是个男扮花婆,头包乌巾,发插生花,两耳垂坠,身着红衣绿裤,足穿绣花鞋,手提着内盛有玉兰花的红漆扁篮,走着科步。整个队伍踏着"嗦啰嗹"音乐节拍,有节奏地、似摇船般徐徐行进,并用别有情调的闽南语应和着"嗦啰嗹"乐曲高唱歌谣,显得十分优雅自在,生动诙谐。现在的"嗦啰嗹"基本上保留了古民俗的程序:

1. 采莲旗手当众喝了"铺兵"尿壶里的酒,装疯作傻如醉汉,相互打趣逗乐,尽情表演。然后面朝户宅大门,高举"采莲艾旗"舞动片刻,就迈出步伐,如醉似颠地持旗冲入户主门庭。一边在厅堂梁间挥旗拂扫,一边高喊着如"龙神采莲来,兴旺大发财",或"龙王采莲采大厅,主人富贵好名声"之类的吉祥语句,然后就退出来。

2. 男扮花婆走着科步,手舞足蹈,高喊祝颂辞迎上去,与退出的"旗手"对舞表演了一番后,入户向户主馈送玉兰花以表示龙王爷留下了福禄吉祥。

户主接过香花后即回赠红包给花婆以示答谢。

3. 花婆退出,户主大放鞭炮,叩送龙王神。至此,队伍再转入另一家
……

安海古镇上的商户和工厂、商店竞相接纳入采。首家接受采莲的称为"头莲",据说获福最大,所以"头莲"、"二莲"、"三莲"的受采户最为光彩,付出的答谢红包亦较丰厚。除"一莲"至"三莲"外,其余的就一般对待,劳资随意。

装疯作傻如醉汉的采莲旗手

第六节　东槐村三义尊王出游

每年正月,是福建省漳州市平和县芦溪镇东槐村三义尊王出游时间,从农历正月初一开始,全村人抬着三义尊王神位分别乘坐神轿出游,挨家挨户地走村串巷,保佑全村各个角落每家每户新年平安有福气。芦溪镇东槐村地处平和县北部山区,与南靖县书洋镇和永定县湖坑镇交界处。

据说福建省漳州市平和县芦溪镇东槐村早先住各姓氏人口,从元代始,为逃避兵乱举家陆续内迁自此落户。三义尊王庙位于村小学正对面,供奉三尊神位,即大王骑龙、二王骑虎、三王骑蛇。东槐村的三义尊王出游民俗活动是每年必要举行迎春仪式。每年从农历正月初一开始,村民们就会抬着三义尊王的神位出游,走村串巷保平安。东槐村三义尊王出游活动的仪

程安排大致由以下几个部分组成：

1. 成立三义尊王理事会

三义尊王理事会是由东槐村各分小组代表共同成立的一个负责民间民俗活动组织。主要筹划的是年初时三义尊王出游、农历十月大型祭祀活动、三义尊王庙宇的修葺以及三义尊王理事会基金。三义尊王理事会基金的来源主要是由各个小组的炉主和头家交的活动经费以及村民的捐助构成的，目的是用于举办大型祭祀活动和庙宇的修葺以及用于奖励村里考上大学的优异学生。特别是近年来，随着东槐村学子的成绩越来越优异，获奖励的人数就更多了。奖励的目的就是让这些学子记住家乡的好，等到成功成名之时回家乡多多做贡献。

2. 新春三义尊王出游

三义尊王出游活动开始之前，在上年尾，三义尊王理事会组织三义尊王庙的各位神位面前，组织各个村内小组的"头家"（由村民推举，并在家族当爷爷辈分之男性，已养好大猪，备祭祀用）、"炉主"安排每年三义尊王出游活动时间顺序、出游线路和巡游停靠地点等相关人员安排。之后头家和炉主分别组织村民一起制作彩旗（正常是小孩子举旗）、舞狮、敲锣打鼓的各种阵头。

午时一过，开始准备请神仪式，由道士（师公）做法后请出神明，然后抬着三义尊王的神位走街串巷，神轿挨家挨户到门口，每户都会排放供桌，祭拜上香，燃放放鞭炮，热闹非凡。东槐村三义尊王走村串巷时间路线流程大致相同，即初一，到土城村（陈氏）；初二，到水井、科山、铁骨头（郑氏）；初三，新寨、大楼陈氏、八卦楼（陈氏、罗氏）。对于各姓氏族群生活安排来说，每年的三义尊王的出游迎春都是一个非常重要的节日。如对于东槐村的郑氏来说，按照中国的节日习俗，初二是女儿、女婿日，出嫁女儿要回娘家的时候，但郑氏家族的女儿们一定都会等到三义尊王出游结束，才带着自己的孩子回来娘家。原则上，三义尊王出游到哪个角落，就会在此行政小组的祖庙内逗留一个晚上，整晚迎候全角落的村民到祖庙去祭拜神明。每个行政小组无一例外，公平而民主。待到三义尊王出游和逗留过每个角落后，最后三尊三义尊王神位分别到三个乩童（闽南话方言，是跳大神的一种。据说是三义尊王的化身，有一定的神性）家里供奉。

3. 三义尊王大祭

（1）每三年东槐村举行一次三义尊王大祭，一般在农历十月份都有祭祀活动。祭祀时间正常情况之下都是在每年的金秋十月收获的季节里，农民们忙完了农活之时进行的。十月份的具体哪一天正常是由各个小组的炉主和三义尊王理事会共同商讨的。

(2)大祭准备工作:各个小组的炉主都要准备一头大胖全猪;每户都要准备特定祭祀用品,如"发果"(一种糕)、甜品、各种肉类和各种食物、香烛;锣鼓队、舞狮队、车队和各种各样的必备准备。

(3)进香活动,选派代表到其他地方香火旺盛庙宇进香,村民组成的车队到离进香最近的镇出口处去迎接。进香在这天村民放下自己的生意或者农活虔心迎接。

(4)三义尊王回村,一踏上东槐村的土地,三义尊王的神像就会下车,换由8名壮汉用轿子抬着三义尊王的神像。在神像前面是三义尊王的三个"乩童"。乩童队伍前跳神引路,口中念念有词,赤裸上身,三人各持一宝剑和一个带刺的铁球,不断抛摔手中的铁球和宝剑,铁球在身上砸出了好多血,神奇地展现人神共舞之场面。

(5)三义尊王进庙,3个"乩童"仿佛就是作战的前锋一样,一路在三义尊王的前头带着抬轿的人。等到了庙宇前面时,3位个"乩童"的动作台异常神奇。此时村民已经聚集在三义尊王庙的庙前广场等候,神轿绕场前行,3个"乩童"继续前引领神轿,8大壮汉抬着三义尊王在后面跟着,接着三义尊王神轿冲进庙内,3个"铜姬"恭恭敬敬的位于神位前安静下来,随后各位炉主小心翼翼地将三义尊王请下神轿、请上神龛。

(6)拜神仪式,3个"乩童"手持宝剑割舌头,将血滴入一碗清水里;摆香案,开始祭拜。点燃三个特大香烛之后大型祭拜正式开始,由各个小组的炉主和头家先行祭拜,每户各行祭拜。

(7)演戏娱神,请来外地的戏班过来唱戏,有时候是芗剧,有时候时粤剧。戏曲主要是为了给三义尊王和老百姓看的,持续三天三夜。当最后一天时,曲终人散之时也宣告了今年祭拜活动正式结束了。结束后,三义尊王回到原来的地方(三个"乩童"的住所)。

第七节　樟湖镇蛇王节

每年农历七月初七,是南平市延平区樟湖镇古老的蛇王节。并且还保留着真蛇坐轿出巡迎赛活蛇的传统习俗。樟湖闽蛇崇拜活动的载体"蛇王庙"俗称"福庆堂"或"连公庙",南平市延平区樟湖镇崇蛇习俗历史悠久。这一习俗的源头可追溯到远古时期福建的闽越文化,樟湖崇蛇的习俗早在明代就已盛行。

　　明代文学家谢肇淛《长溪琐语》一书记载:"水口以上朱船坂(福州方言即今樟湖坂)有蛇王庙,庙内有蛇数百,夏秋之间赛神一次,蛇之大者或缠人腰,或缠人头,出赛。"这一记载验证了樟湖蛇王庙最迟在明代前期就已存在,甚至可追溯到更早。该庙独特的崇蛇习俗为谢肇淛所记述,也是越人崇蛇习俗的代表性文物。樟湖镇陈氏族谱记载:"宋元廿一世,六二佛公应公,公舍连公殿全座地基。"《南平县志》记载:"福庆堂,樟湖坂,奉连公,相传学法茅山,其术甚精。里人置田,岁七月建醮祷祀,应若影响。"明代以来到新中国建立初期,以蛇王庙为轴心,每年由邓、陈、杨、施等家族牵头并由庙祝用庙产来组织民众春秋二祭游蛇灯、赛蛇神崇蛇活动。改革开放后,1985 年樟湖集镇逐步恢复传统游蛇灯活动,1990 年,蛇王庙产权归还民众所有,当年农历七月初七又恢复赛蛇神活动一直到现在。1998 年举办首届樟湖镇蛇文化旅游节,之后每年都要举办崇蛇文化节,现已举办 15 届。课题组 2012 年 8 月 22、23 日两天对樟湖村蛇王节巡蛇过程调查,樟湖巡蛇活动有以下几个部分:

　　1. 蛇王庙

蛇王庙外景

蛇王庙内景

樟湖蛇王庙原位于樟湖镇东边，濒临闽江，当地民众称蛇王庙为"连公庙"或"福庆堂"。它是闽越人崇蛇习俗的代表性文物，是樟湖地区崇蛇活动的重要载体。关于"连公师父"及"连公庙"的来历，据蛇王庙理事长陈学铭介绍，相传蛇神姓连，是一只蟒蛇精，来自古田凤都"纸钱岭"。永乐年间某日夜晚，赵天师收复白马精经过樟湖，连公现出原形在地上翻滚，赵天师欲斩之，民众大声叫喊："连公青龙，善！善！"遂不加害。从此以后，人们称蛇神为"连公"或"连公师父"，而该庙也被称为"连公庙"。新中国建立至1989年蛇王庙被政府收做粮食储备仓库，直到1990年闽江水口水电站建设截流蓄水，庙内仓库物品全部搬迁，产权与房屋赔偿金全部归民众所有，有正殿、钟楼、鼓楼、厢房和戏楼，庙内塑有连公蛇神及配神菩萨七尊。正殿三尊为主事蛇王，是三兄弟，他们的区别是眼睛朝向，一位朝上看天，一位朝下看地，一位朝前看人间，传说三位蛇神分别管天、管地、管人间。配神四尊分别是：总管、少爷、师爷、千龙将军。

2. 蛇王节仪式要素

（1）捉蛇。每年农历六月间都要组织发动村民到河边、田间捕捉无毒的蛇，如南蛇、锦蛇、花蛇、蟒蛇等，在七夕前先民们就自行把捉来的蛇送往蛇王庙准备参加巡游。将抓到的蛇交蛇王庙管理后，统一装在蓄蛇瓮中饲养，待正式过蛇王节，巡蛇游蛇所用。人们相信，谁捕获得最多，就对蛇王菩萨最心诚，也就会降福于自己。

蓄蛇瓮

（2）活动经费。以前赛蛇神活动费用全部从蛇王庙的庙产、香火钱里收入开支，或由邓、陈、杨三个姓氏族群轮流出资组织开展活动；现在蛇王庙理事每年在赛蛇神前半个月，到企业、商店、农户募捐蛇节活动经费。

（3）请神仪式。在农历七月初六，即赛蛇神前一天早晨，由奉圣七夕祈安会备上一担三牲贡品（猪头、鸡鸭、饭团、五果等）在大殿连公神像前进行祭祀，由道士施法，念祭语："于岁月壬辰年七月初七日，连公师父排列出境游行，全班金锣银鼓马金鞍回到殿前。"道士向蛇神连公师父敬奉香火，咒语曰："左边敲钟三声响，右边击鼓三声响，祈保合乡男女老幼平安，门庭光显，宅舍兴隆，众财兴旺，六畜多生，田禾（园）大熟，五谷丰登，生意兴隆，财源广进，车船水陆出入平安，驱遣天行灾难，瘟瘟瘴气，官符口舌，火盗沉埋山猪恶兽，各遣它方，保佑乡邦宁静，境土和平，各界人士，善男信女万事顺意，呈祥大吉，九天行雷威猛（慑）连公师父、总管、少爷、三眼真人、青龙大将。左边汪、符、郑将军，右边李、马、张将军，躬随圣驾，文武吏兵感恩请下马安神坐位保平安。良杯落地判千秋，太岁壬辰年七月初七日领众人等上香百拜。"然后蛇王庙理事长颂祈求平安语："祭拜连公法主蛇王先圣，华夏东南，越人始祖，崇蛇图腾，延平樟湖，闽越遗风，千秋永续，远古民风，万代时空，一脉相承，先人成神，后辈敬仰，人神一致蛇王宝殿，仙都龙窟，福庆堂也，供奉连公，学法茅山，其术湛精，里人置田，岁岁七夕，醮祷祀应，祈神恩泽，惠民无疆，水陆平安神灵庇佑，禳灾祈福，布施甘露，沧海桑田，江山巨变，蛇圣依然神恩浩荡，万象更新，八方大吉合乡弟子同拜。"

（4）拜神。村民徒跪拜连公菩萨，向蛇神三叩首，并敬上三炷香火，祈求连公师父除妖镇邪,保佑合境平安。由信徒将连公菩萨神像,从神龛抬到大殿并安坐在蛇王巡游车上,准备第二天赛蛇。

3. 赛蛇神仪程

(1)蛇王坐轿。七月七日晨,蛇王庙前已点燃起两支玫瑰色的大香,高2米,各重25公斤。乡民齐集庙前敬神,并抬来一座特制的轿,称为"神轿"或"龙亭"。轿四周用细铅丝编扎的网,罩住轿中设置的一个木制的大圆盆。七月初七清早,大约在游蛇活动前1小时,选派一个信徒身着明清服装,头戴斗笠,肩扛一面过山旗,旗上写着"九天行雷法主连公",在旗杆的一头挂一面大铜锣,一边敲打,一边大声喊道:"各位乡亲,今天迎连公师父,欢迎善男信女参加。"一直沿着巡蛇路线绕行一圈,告示民众。另外在蛇王庙前点燃三支高2米多,重50多斤的玫瑰色大香,朝拜天地。

(2)蛇王出巡。7时许,人们陆续聚集蛇王庙,有的拿旗,有的手持乐器,有的抬轿,有的抬菩萨,紧锣密鼓,各自准备巡游事宜。蛇王菩萨巡行开始,炮铳三声,锣鼓齐鸣。队伍鱼贯而出,队列由大锣开道,旗队紧随其后。写有"行雷"、"连公"、"肃静"、"回避"的木牌并列在前,引领神轿。后随各乡乡民,每人出发前,从大黑瓷甲取出一蛇,或绕脖颈,或围腰间,或缠手臂,连儿童也不例外,俨然一队长蛇阵。沿街各户人家,手持香火燃鞭炮相迎,并与队列中人交换三支香火,名曰"分香",以显示对蛇王菩萨沿街驱疫、降福闾里的共同敬仰。赛蛇神队伍阵头排列次序如下:

蛇王出巡

①过山旗:长一丈许,旗上书"九天行雷法主连公"。在队伍出游之前一小时先按出游路线走一遍。

②神铳:三眼神铳,边行走边放。

③清道锣。

④肃静、回避牌。

⑤拖板:毛竹破半拖在地上走。

⑥带枷人,枷是以一块薄木板中间挖个圆洞,漆上红色套在肩上。左边贴一红纸条,书"犯人一名",右边贴一红纸条,书"弟子×××叩"。据说以前带枷锁的多至300多人。

⑦千兵:押罪人的兵。

⑧挑开枷工具的人:挑斧头、凳子等。

⑨号兵:头戴满清帽,身着兵上衣。铜号长125厘米,喇叭口直径23厘米。以前有16把,现余6把。

⑩兵器木棍长160厘米,兵器长35~40厘米。有36件十八般武艺的兵器。

⑪长旗、龙旗。

⑫珠亭(放香炉)。

⑬彩亭(放蛇王印)。

⑭空轿:樟湖内有一陈氏宗祠,据云清朝陈氏二十三世祖陈世盛曾出任顺天知府,游蛇时派空轿去接他。

⑮千龙亭,装活蛇王用的。玻璃框为变长70公分的正方形,从底座到顶盖高约18米。

⑯活蛇队伍,游行者将活蛇绕至手臂、脖颈或手持。

⑰千龙大将(镇殿将军)。

⑱总管爷

⑲师爷

⑳少爷

㉑连公蛇王(管天)

㉒连公蛇王(管地)

㉓连公蛇王(管人间)

游蛇队伍从蛇王庙出发,一路上旗幡招展,号声阵阵,锣鼓喧天,鞭炮声响彻云霄。游蛇队伍中有的把蛇握在手中,有的缠绕在手臂上,有的盘旋在脖子上或胸前,有的把蛇放进水中浸泡,给蛇降温,同时还不断地向民众表演蛇艺,千姿百态,情景十分壮观。而后蛇王菩萨舆驾前驱,将蛇王的恩惠布施每个角落,当蛇王菩萨经过老百姓家门口时,各家各户敞开大门,燃炮点香,顶礼膜拜,恭候蛇王,并互相交换三支香火,寓意分香取火,保佑平安。

(3)蛇王归位。蛇王菩萨出巡完毕,在震耳欲聋的鞭炮声中,被乡民恭请回庙。

(4)放生。当晚村民纷纷从庙中大瓮中取出蛇蟒,成群结队拥到闽江岸边,以虔诚的心情将蛇放入江中,使其返回大自然。晚上在庙里搭台演戏三天,酬神娱人,待戏演完后在庙前放铳三响,宣告蛇节结束。

延平区樟湖镇举行"蛇王节",是的闽蛇崇拜民俗文化体现,蛇王节的傩俗活动,既反映了古人对动物(蛇)图腾的崇拜,也显露出人类与动物(蛇)之间建立和谐、友好关系的朴素愿望,以及对自然生态环境,对生物物种链条免遭破坏的担忧。

第八节　送王船

在闽台地区,民间多把那些为百姓民众利益而死于非命的仁德之人称之为地府的王爷。据《福建节庆习俗》载,明代福建闽南有李、池、吴、范、朱五位青年,他们志趣相投,热爱读书,互相砥砺学习,结为生死之交。后来五人先后考中进士,在京中做官,虽然尽忠职守,但还是被人诬陷而死。皇帝知道内情后,追悔莫及就一一加封为王爷。消息传到闽南,当地渔民就每3年在海边设置一王爷船,让王爷的神灵漂流四海,祈求渔民航海安全。①

2012年12月课题组在厦门市钟宅畲族社区调研,王船制造技艺传承人钟庆丰说南宋年间,朝野纷乱,有36位进士在闽地被杀害,内乱平息后,当朝皇帝为了安抚其冤魂,把他们封为王爷,分给厦门周边的百姓供奉,钟宅村分得三位(池、朱、李)。

闽台地区送王船祭祀仪式主要三种形式:专门制作一艘小型的真船,在海上放行,随海浪漂到哪算到哪、或放行后收回;其次小型王船在海上放行

---

① 福建省文明办编:《福建节庆习俗》,海峡文艺出版社2011年版,第352页。

后,再迎回王爷庙宇,来年再次出行;最后制造较大型王船,在海滩上举行祭拜仪式后烧掉。

富美古渡,是泉州海外交通的重要港口。"凡有渡口,皆有神庙。不仅保佑平安;临近水滨也便于送走瘟神和镇水煞。"祭祀萧太傅,起初是萧氏族人对祖先的崇拜,其后逐渐升级为地方性民间信仰的神灵。自清朝嘉庆年间,该宫将关羽与西汉名臣萧(望之)太傅共祀,因关萧"皆为大汉忠勋,英灵显赫",香火鼎盛,分灵遍及各地。1988 年该宫重组董事会,恢复祭祀活动。据该宫 1997 年编撰的志书记载:"富美宫主祀萧太傅,配祀神有文武尊王、二十四司(即朱、邢、李、池、吴、范、温、康、金、吉、姚、白、纪、雷、伍、包、侯、田、武、叶、徐、庐、薛、罗二十四位王爷)每逢送王船另由萧太傅神乩指派出随船的王爷,每次三五位不等。相传经常派出的王爷除以上诸神外,尚有苏、魏、文、康、玉、李、周、梁、章、沈、廉、林、刘、蔡、骆、陈、狄、琼、龙、高、黄、韦、沐、潘、欧、耿、理、何、封、谭、邱、王、方、郭、马、殷、赵、韩、宋、姜、齐、鲁、越、郑、莫等数十位王爷。"

明清时代,闽南沿海民众将王爷视为航海保护神。闽南地区和台湾都有用"送王船"仪式祭祀王爷的习俗,"送王船"也称"送王"、"烧王船"通过祭海神、悼海上遇难的亡灵,祈求风调雨顺、国泰民安。表达对王爷的敬仰,寄托美好的愿望。各地因王爷由来不同,祭祀时间、仪式有所不同。在泉州沿海晋江蚶江每年端午节举行的送王船活动中,蚶江、鹿港两地商船各自将对方的王爷分灵到本地供奉。①

至今,蚶江澉汉五王府供奉着鹿港的苏王爷、鹿港奉天宫供奉着蚶江的五王爷和石狮城隍庙中的七王爷。两岸在不同时间里举行王爷出巡仪式。蚶江在端午节(也是五王之一的纪王爷的生日)举行"放王船"仪式。鹿港"送春粮"仪式与蚶江放王船基本相似。厦门钟宅村每隔四年,在农历十月的中下旬举办"烧王船"活动,该习俗现已被确定为福建省非物质文化遗产。钟宅人在遇生肖鼠年、龙年、猴年等年份的农历四月唱完"平安戏"后,全村人在澜海宫(观音庙)掷卦选吉日,准备烧王船活动,祭祀过程分为前期准备造船和后期巡航烧船两阶段。钟宅人对准备造船极为讲究,选在村中护国尊王庙制作,造船师傅 4 个月内不可参加丧事活动,船体材质取真木,船身的长、宽、高、零件部位都是有相应规定的。制作出来完整一艘船长度为 10 米、

---

① 见台湾《鹿港奉天宫志》。

高3米,整船制造完前,信众不可接近,举行完开光按龙骨仪式后,村民才可目睹王船和祭拜王爷。整船制造完成后于村中澜海宫(观音庙)广场右侧,举行竖桅杆和安置为王爷兵马等内部配置。

民众聚集广场

祭拜王爷

钟宅村王爷巡航为期3天,从钟氏祖厝开始,巡航前再次择吉日和良辰送往王爷和王船到村中祖厝,全村各户杀大猪祭拜,请来锣鼓队、舞狮队助兴,放鞭炮,节日的气氛顿时高涨。第 2 天王船在厦门钟宅村周围进行王爷巡航游船,第 3 天晚上村民将王船装满米、糖、盐、木料,送到厦门钟宅湾的海边焚烧,王船在熊熊大火中燃烧,意味着王爷乘着船、带着这些物料出海巡游四方去了。

课题组在台湾苗县栗后龙镇外埔村合兴宫看到的王爷船就是清代泉州送王船时,被海风吹到苗栗海边,苗栗人打捞起来后,请进庙里供奉至今。在台湾的鹿港、基隆等沿海地区,不少庙里供奉的王船都是从泉州、漳州等地漂到台湾的。年岁长的有二三百年的清代王船,年岁短的也有近百年。王船上都写有送王爷的时间。因此闽南一带做王船的技术传承至今,没有断代。

闽台地区送王船主要仪式要点如下:

1. 造王船

"王船"聘请专业师傅以 1∶1 比例制作。与传统的船相比,做工更加的精美,外观更加漂亮。船上挂有大中小三张帆。王船游境前,要为王船"化妆"。甲板上竖着"肃静"、"回避"的牌子。船上还插着船头旗,"帅"旗(黄底红边并有绣着龙),龙幡旗,五方旗(有黑、黄、白、红、绿五种,每支旗上都绣着一条龙),14 支五颜六色的船边旗。王船上还设有官厅、尾楼、厨房等。游境前,象征王爷神灵的三尊王爷纸像都会被请进王船的官厅,参与"仙舟游境"。

2. 迎王船

首先是"请王船",因为前期"造王船"都是在村中护国尊王庙里进行,要举办"仙舟游境"就要把王船从宫里"请"出来。农历十一月初七凌晨,道士们先作法"请神",在得到王爷神的"允许"后,人们才将做好的"王船"一件一件地拆卸下来,"请"到澜海宫广场,再一件一件地按原样重新安装起来。

迎王船

3. 问时

即请示王爷几点开始游境。请示的方式采用"掷筊"来决定,只有掷出阴阳面才说明王爷同意,可以进行巡游。游境过程中,全村老小几乎全部出动,沿路非常的热闹,场面十分壮观。在队伍最前头的是两位老年妇女拿着扫把象征性地扫路,随后是四位撒盐米的中年男子,王船伴随着舞龙舞狮、南音等,并在信众的簇拥下由青少年抬着绕着村了一周。这些队伍中还有一支叫蜈蚣阁的特别队伍,可谓是锣鼓队中的重头戏,他们都是村民各自花钱雇佣请来答谢王爷、表演给王爷看的。船王周围还有护船的彩莲,他们头戴一顶约半米高的花帽,身穿蓝色上衣、黑裤,腰系一条绿绸子,每个手拿一支约1.2米的船桨。游境过程中会分四处进行祭拜。王船停下来后会在王船前摆上香桌、香炉、供品等,道士就会开始手拿铃铛,口吹牛角,绕圈作法。作完法,要拜3次,每次4拜,共12拜。

问时

4.烧王船

在四个环节中,烧王船的仪式尤为壮观。在吉时之前,王船埔(该村烧王船的固定地点)前已经堆了一大堆的供品(有米、油、盐、酱、醋、酒、水果、猪、羊、鸡等)和柴火。到了吉时,大家便会在王船旁边里三层外三层围得水泄不通。人们按照程序祭拜后,便会在海边口呼着"顺风"将王船焚烧即表示送"代天巡狩"的"王爷"出巡了。王船燃起熊熊烈火后,有的活牲从火海中逃生,村民们还会把它抓住再次扔进火海中。虔诚的村民们还会围着船王下跪。烧了大约 36 分钟后,主桅杆倒下。主桅杆倒下的方向很有讲究,朝哪个方向倒下,据说哪个方向的村民来年运气就好。① 而台湾的送王船源于闽南却有所不同。闽南这边的王船无人驾驶,随风漂流在大海上由于季风的作用,很容易就漂到台湾西部沿海,当地的居民看到王船颇为恐惧,但不敢怠慢,怕天降神灵带来不祥,于是就认真祭拜迎接或者择日恭送出境或建庙供奉。台湾居民每三年对王爷开展一次大型设坛祭酒活动,延请道士诵经,祈求王爷顺天命而降福。同时制造用纸造的王船送出海外付之一炬称之为游天河。有时也造木船,派人驾船出海称之为游地河,游完后木船保留三年后再用。② 台湾的王船,形同普通帆船,船内摆设天上圣母及池、朱、李等王爷神像(闽南地区王船上只有三尊王爷神像或是供奉"代天巡狩"的蔡府王爷),台南市妙寿宫之王船,系古时住民集资建造,曾一度自安平航行至旗后折返,即被当地居民抬起,安置此庙供奉。安平西北方之四草地方,于1913 年飘来一艘王船,被村民起之祀于妈祖宫。泉州、厦门不少王船随波漂至台湾,当地居民为免瘟疫之灾奉王船上岸祭祀。③

闽台送王船民俗的主要历史价值:

(1)送王船仪式是中华传统文化的组成部分,其信仰习俗由于历史悠久,信众数以万计,且长盛不衰。

(2)送王船仪式是大陆同海外华人华侨、台湾同胞民间文化交流的纽带。人缘关系创造了神缘关系,而神缘关系又密切了人缘关系,对于王爷的崇拜在海外华侨、华人中具有深远的影响,也是海外华侨、华人回乡探亲,寻根谒祖和进香朝拜的"根"之一,它发挥着联系情谊,促进交流的社会功能。

---

① 黄佳慧:《厦门市海沧区钟山村送王船》。

② 福建省文明办编:《福建节庆习俗》,海峡文艺出版社 2011 年版,第 352 页。

③ 方宝璋:《闽台民间习俗》,福建人民出版社 2003 年版,第 112 页。

如同安本地的王爷信仰,明清时期也随移民入台,同样成为入台同安先民开发宝岛的精神支柱。闽台两地的地缘、血缘、神缘纽带如此紧密,对增进两岸乡谊、促进文化认同、推进同安经济建设,实有不可估量的现实意义。这是中华民族向心力和凝聚力的一种表现,同时也是中华民族优良道德品质的表现。

(3)送王船仪式一定程度上对社会起着安定和谐的作用。王爷崇拜虽然带有宗教色彩,但其信仰中,主要内容多以匡扶正义、赏善罚恶等道德观为主旨,祭祀活动祈求国泰民安、风调雨顺,这些都是对百姓有好处的,同时也会促进社会安定和谐。

(4)王爷的慈济精神,能起到以古为镜,教之于人,明辨是非,挖掘人性的真、善、美,为当今治安起到辅助的作用。

(5)送王船仪式是一个待开发的旅游资源。其祭祀仪式及活动期间的文娱表演都带有浓郁的地方特色,如果能做好宣传和推广,定能吸引大量的游客前来观赏。①

第九节　踏火节

元宵节期间,在厦门市同安区莲花镇小坪村道地自然村,一定要过踏火节。用踏火仪式庆元宵的民俗由来已久,已经流传了数百年。踏火仪式既是对于过去一年丰收的庆贺,又是对新一年百业兴旺、百姓平安、发财致富的期许。踏火节是民间信仰的一种文化体现。课题组在考察厦门市同安区莲花镇小坪村道地自然村时记录了踏火节程式内容:

1.踏火节前筹备。选出3名负责这个活动的人,被称为头家。在大年初一要在村庙龙珠殿用掷圣杯方式,确定本次踏火节要取火的方向,分配旗手、乐队,还有抬轿子人员与人数,确定地点(主要是头家负责)。每家都要准备木材,要出木材2000斤左右,是用来过火用的,大概在早上10点左右开始烧。

2.请火。踏火节前一天在神庙里点圣火,圣火是由祈福的纸点燃,加上折断的香,点燃后不断的加上树皮木屑。期间,要由全村最有福气的人(四

---

① 叶志鹏:《同安区汀溪镇古坑村"送王船"民俗的调查报告》。参考泉州市民间信仰研究会、泉郡富美宫董事会合编:《泉郡富美宫志》,1997年10月版,第123页。

代同堂)守着炉口,让火源燃烧。火一直燃烧着,有人要昼夜守护。木架上摆放了很多的平安符,是村民自己做了之后放在那里,祈福一年平安。等踏火节结束各自拿回去,保佑平安祥福。

3. 请神。早上 3 点左右起床,陆续将神从村庙龙珠殿里请出来,有人抬着神轿、有人敲锣打鼓、有人拿旗子,整个村庄忙碌起来。8 点左右鞭炮齐鸣,几个年轻人抬着神轿浩浩荡荡准备去选定神山,由道士主持完成拜神的祭祀仪式。神轿返回经过的村庄会做停留,接受这些村庄的信男信女敬神、拜神。村里还请表演团会开始表演,旗手排起了长龙,乐队和鞭炮齐鸣,声音响彻乡里。一幅生机盎然,喜气洋洋的景象。

4. 敬神。村民在村庙里祭拜许愿,全村人准备丰盛的敬品摆放在一起,虔诚的拜见神祖。村里的祖祠前一排的长桌,放满了吃的,鸡鸭鱼肉、各种糕点、水果,非常丰富。村民先拜神明后再拜祖先,拜完之后,家家户户各自取回奉神贡品,回家宴请亲戚朋友。

5. 踏火。跳神的法师念念有词,吹号吹牛角,一段时间后,他把敬神的米和水洒到炭火堆上,还用一根特制的鞭子,抽打过后,踏火仪式开始了。在场地上将从各家各户收集的木炭燃烧,炭火堆长达六七米。炭火一直在燃烧,几个男子用竹竿不断地在挑火,让炭充分燃烧。一方面,跳神(乩童)的在圣火前念念有词,吹号吹牛角,一段时间后,乩童把敬神的清水盐米洒到炭火堆上,并用重达五六斤刺球抽打过后,标志踏火仪式启动。一方面,几个年轻人光着脚抬着神轿,一直在场地中心转和摇晃着神轿。踏火只有本村的男子可以做,不论年龄大小,只要有勇气。谁第一个踏火,说明他今年最福气。据说只有神灵保佑的人才能过去,用脚踏过炭火,来年更旺更好运。炭火只有本村的男子才能踏,踏火的顺序也是村子里的人选出来的。

6. 招待客人。全村各户人家会邀请客人来,在踏火节当天各家各户开始着准备好吃的食物来来招待各家的客人,踏火节同时也在大家的欢声笑语中结束了。

踏火是村里一直保留下来的活动,村民自发组织,家家轮流,大家为一个共同的节日共同出力出资,为这个节日大家都互相配合,为实现让道地村四境平安共同的心愿。

守圣火

踏火节

　　有意思的是相同民俗过节形式但有时祭祀对象和节日名称并不不同，课题组在福建沙县调查，沙县凤岗街道漠硋村每年农历二月初一，华光天王神诞日，过火龙习俗。华光天王又称灵宫马元帅、三眼灵光、华光大帝、马天君等，是中国道教护法四圣之一。相传华光天王，原姓马名灵耀，因天生有三只眼,故民间又称他"马王爷三只眼"。民间传说马灵耀擅用火,身上藏有金砖火丹,随时用火降伏魔怪,故把他视作"火神"。每到华光天王神诞日,漈砀村一定要举行游神活动、奉火砖和过火龙仪式,来祭祀"火神",祈求免除火灾,常年安顺。这习俗已经有200多年的历史了。

鼓风机吹木炭

每年农历二月初一晚上,凤岗街道漈砀村一块空旷的场地中,一堆烧得通红的木炭,在鼓风机的猛吹下,火星四溅。木炭堆长20米,宽近1.5米,厚三四十公分,底下铺上一层黄泥土,当地百姓形象地称之为火龙。待木炭烧透后,"过火龙"仪式便开始了。锣鼓声声,炮声阵阵,乩童先行跑过,而后十多名光着脚板的汉子,排着队依次跳入"火龙"里,赤脚迅速地跑过火红的木炭,似乎都能听见嗞嗞的声音,但奇怪的是他们的脚都完好无损。表演的人中有60多岁的老者,也有20多岁的小伙子,他们打赤脚勇敢地从火路的这头跑向另一头,希望祛除掉一身邪气,换来新一年的福祉。同时,将一些砖头放入火中烧得通红,越红越吉利。乩童先抱砖,其他人紧跟着抱金砖,抱到十几米外的大锅里,"抱金砖"表示获富裕的愿望。据说,表演"过火龙"和"抱金砖"者需斋戒并不近女色七天,否则会烫伤手脚。届时,十里八乡的人都会来赶庙会,观看走火龙,场面热闹非凡。只要你的脚"干净"够勇气也可以报名参加"过火龙""抱金砖"。人们还会到庙里进香,捐香火钱就可以在庙里吃斋饭。过火龙习俗在沙县其他乡镇和村庄也依然有保留。

过火龙

第十节　连城"游大龙"

每年正月元宵节,福建龙岩连城乡村用独特"游大龙"仪式,祈求风调雨顺、五谷丰登迎接"龙游大地,喜到人间"。所谓"游大龙"即大龙由龙头、龙尾和一节节腰身组成,每节腰身高2米余、长5米,每家每户汇聚起来的大龙共有236节,长达千余米。整个队伍配合乐队,在山峦田地间行游,浩浩荡荡,气势磅礴。据考证,明朝年间古田县下堡邓屋村八世祖邓应出任潮州府检校,后定居潮州,其弟邓恭仍居姑田邓屋。邓恭子孙到潮州探亲,在潮州看到舞龙,兴叹不已,便将龙画成图样带回姑田仿制,于元宵节期间首次游龙,引得乡民欢天喜地,争相观看,家家户户门前点松明,放鞭炮迎接,流传至今有四百多年历史,现已成为连城民间喜闻乐见的民俗文艺活动。姑田"游大龙"最著名,盛时曾有12条大龙一同腾舞,并且出过173节、达700多米长的大龙。现在却也仍有3条龙出游,长者达60多节、200多米。大龙长且重,出游的壮观场面,令人叹为观止。

连城"游大龙"

课题组于 2012 年 10 月 4 日,到连城县庙前镇庙前村官屋调查,每年正月初一,连城民间家家户户开始忙于抬竹、备龙板、扎龙等制作大龙前期准备,整个制作工序相当复杂,有备龙板、备筋骨、扎龙头、扎龙尾、扎龙腰、扎龙爪、扎龙蛋、糊裱、画龙、剪贴、题字、装灯等 15 道之多。龙板每节长约 4 米,两头凿有一圆洞用以相互连接;龙头高达 2 米 4、长 7 米,龙口内含一大红龙珠;龙腰每节高 2 米 2、长 4 米 3;龙尾高 2 米 4、长 6 米。

"游大龙"仪式中出游规程最复杂,由接"出寨公爹"、供奉"公爹"、祭拜龙头、龙头起驾、接龙到出游、"龙头出囊"、"龙头入囊"到最后烧龙等 8 个环节,期间始终乐队伴奏、铳炮齐鸣,民间百姓虔诚祈祷。

游大龙通常选择在农历正月十四、十五两个夜晚,大龙每节由 5 个青壮年轮流抬举游动,而硕大龙头由 3 个人擎着,1 个人前面看路,4 个人用绳子从四方拉住,方可平平稳稳前行。肩挂插袋、手擎龙棍的小伙子亦步亦趋,擎着大龙摇摇晃晃出游,60 多节、200 多米长的大龙,或蜿蜒于乡间村野,或穿行于大街小巷,腾挪起伏,活灵活现;一路上家家户户相随观看,游龙队伍浩浩荡荡达数里之长,热闹非常;所到之处,每户门前燃松明、点香烛、摆果茶、放爆竹,迎接"龙游大地,喜到人间"。

当地有信俗,大龙出游要看谁家制作的龙身最漂亮,游龙结束时却是比谁家的龙身最破烂,意味着那条龙家最吉利。以下是课题组记录连城县庙前镇庙前村"游大龙"过程:

大龙骨(连城县庙前镇庙前村官屋余庆堂)

"游大龙"队伍是由各种阵头组合而成。走在最前头族群耆老,手提香篮负责引路,紧跟着的是提灯笼、举牌匾(灯笼和牌匾上写有代表家族名号及新年祝福语)的队伍,锣鼓队随其后,最长抬龙的队伍,有几十米长,两个龙珠一前一后,龙身周围跟着抬龙的替换人员,最后再跟一支锣鼓队、载着发电机的三轮车和机电维修员。因情况不同,队伍会略有调整。人员与时间安排如下:

　　1.正月十四在庙前村官屋余庆堂召集人员,分配任务。以男性为主,每家每户都要有人参与。

　　2.检查游龙时所用设备,舞龙队伍准备就绪。

　　3.当晚玩六七点,锣鼓声起,大龙准备出发。

　　4.大龙向官屋余庆堂祖先神位拜三下,家户妇女烧香祈福。

　　5.余庆堂门外的鞭炮点起,大龙出祠堂。锣鼓变换节奏,游大龙开始。

6.游大龙按线路经过各家各户,大龙游经过时人们供品祭拜仪式和燃放鞭炮。

　　7.游龙途中如有人家特别要求,大龙拜年,则大龙会绕进该家中游一圈,那家人专门用红包来答谢游龙队伍前来祝福。

　　8.大龙回祠堂。

　　9.烧大龙,游龙结束。

　　连城民间元宵节游大龙习俗,按预先规定的线路,在村舍、田野、山丘、溪畔游走,人们期望它所到之处风调雨顺、五谷丰登。千米大龙,在山峦田地间的游走是惊心动魄的;它走过的地方,地气仿佛在汹涌地波动,田亩升腾着生长的欲望。按照习俗,每年的大龙都要在正月十六日上午最终游完之后,彻底烧毁,以寓意大龙的神化。它所体现天人合一的思想,警示后人,只有敬畏天地,效法自然和谐共存,社会才能繁荣昌盛。

第十一节　英都拔拔灯

　　每年正月初九至十五晚上,福建省南安市英溪流域各自然村民间举行独特"拔灯"仪式,来游灯闹春,祈福庆新年。英都"拔拔灯"民俗游乐活动是南安市英都镇英溪流域一种特殊的民间灯会,是当地农耕时代农民独有的迎春祈福盛典。"拔灯"活动起源于古时牵夫"拔船"即拉纤。英都自古为南安富庶之乡,素有"金英"之称。境内英溪是古代"海上丝绸之路"的内河驿渡,溪道"九曲十八弯",水急滩险,来往航运只能用驳船运输,至逆水行舟时则需船夫拉纤,喊整齐响亮的"号子"俗称"拔船"。后来,民间将这种劳动方式融合到了"游灯闹春"民俗活动之中,企盼河运平安,年丰丁旺,民间称为其为"拔拔灯"。据悉,这项民俗活动定型于明万历年间,至今已有500多年历史。①

　　2012年正月初九,课题组赴南安英都镇亲历整个"拔灯"仪式过程。

　　每条"灯龙"的前后都有几个年轻男子,他们不提灯笼,而是肩负粗绳,或往前拉,或往后退。在灯阵里,既有七八十岁的老头老太,也有两三岁牙牙学语的孩童,他们手握粗绳,提起灯笼,缓缓前行,灯阵如一条条

---

　　① 《南安英都拔拔灯》,http://baike.baidu.com/view/7080807.htm.

"长龙"环行在英都镇区,舞龙舞狮、大鼓吹、唱南音等各种富有闽南特色的表演穿插其中。近百米长的粗大缆绳上悬挂数十乃至上百盏红灯笼,组成 24 阵"灯龙",每阵由一剽悍男子肩负绳索作拉纤状,弓身前行,身后男女老少紧扶灯绳"护灯",伴随着整齐响亮的"号子"与不绝于耳的鞭炮声缓慢前行。

如行船拉纤般拔"灯龙"

人们把数十灯笼拴在一条大的绳缆上,象征着当年行船拉纤的大绳,再现当年纤夫逆水行舟拉纤奋力拼搏的情景。正月初九,整个活动从傍晚 6 点左右,持续到晚间 10 点多。[①] 活动内容如下:

1.供天。农历正月初九日是道教祭祀玉皇天尊的日子,是玉帝的生日,俗称"天公生"。董山村的乡民选择这一天游灯,比别村在上元节时游灯更具民间信仰的意图。村民认为无论祈求增添人丁或祈求风调雨顺、平安吉祥,都须要天公庇佑,是一种敬畏自然,尊重自然的虔诚表现。初八晚上全家都要沐浴净身,初九早上天未亮就要起床穿上新衣服,先给天公上供,俗称做"天公生"。供品是一年来村民辛辛苦苦饲养长大的鸡、鸭、猪首和猪尾等禽畜。

---

① 洪惠敏:《南安英都拔拔灯考察》。

2. 敬神。做完天公生,接着就把供品挑到昭惠庙供奉仁福王等诸神,昭惠庙为洪氏作为境神庙。祈求风调雨顺,五谷丰登,添丁进财,合境平安。道教认为天是至高无上的,在这一天,一切供品都要先供天公,然后供奉民间神灵。敬神之后,才可以着手行动关于拔拔灯的事宜

3. 缚灯。准备"灯阵",每阵用一条粗大的绳索,上挂灯笼。灯阵的长短视该房份人丁多少而定,灯阵长,挂的灯笼就多,即显示该房份人丁兴旺。灯笼是各户自备,也可向别人借,拔拔灯结束后送还。如果在游灯过程中不慎烧破了,也不用赔偿,只需向原物的主人贺喜,告诉他:"你家出丁了"。"出丁"就是添了人丁,这在农耕时代是件大喜事。但随着社会的发展,现在的灯笼里放的早已不是蜡烛而是节能灯了。每家每户都有一副灯笼,拔完灯以后就要收藏起来放在寺庙里面,写上每家每户户主的名字,来年再用。一条近百米长的粗大缆绳上悬挂数十乃至上百盏红灯笼,称为一"阵"(串)。英都洪氏万余人,人手一灯,这万人万盏灯,汇成的长龙足有千米万米长。

4. 会灯。傍晚,各灯阵到昭惠庙前会合。每个灯阵前方都有一青壮小伙,胸前缚一扁担,肩负大绳,作船夫拉纤状弓身拉动灯阵向前行进,状如拔船,"拔拔灯之说便由此而来"。每隔一段距离,就有一个人(一般是每家出一个)扶住灯绳"护灯"。早期护灯只准男丁参加,发展到后来男女老少都可以。每阵各有附带表演项目在巡行中表演,如:车鼓舞、花鼓唱、邰狮等。在巡行过程中有时停下来表演,以娱观众。

5. 起驾。灯阵会齐后,抬出神轿,仁福王起驾出宫,拔拔灯队伍正式出动了。各灯阵的顺序由灯首在庙里抽签决定,还要决定哪一阵随仁福王神轿后护驾,仁福王神轿安插在灯阵队伍的中段。仁福王神驾的仪仗有:4支火把在前,大锣、大吹、大刀、大旗开道,神轿由灯首扛抬。轿后还有伞、扇等执事及一队英都大鼓吹。每个灯阵前方都旗帜招摇,打出的"二房二"、"洋顶"、"英亭"旗号是各个洪氏宗族子孙的房号。

6. 脱壳。仁福王起驾,各路灯阵开始按次序启动巡游。首先沿庙前的大片田地环行,叫做"脱壳"。长长的灯阵就如等的长蛇,围绕一片耕地反复行走就是金蛇脱壳,意为春雷震动,金蛇脱壳,万物复苏。

7. 谒祖。"脱蛇壳"之后,串灯阵再向洪氏家庙挺进。洪氏家庙是英都洪姓始祖的祠庙。含义是,在这样隆重的祭祀、庆典活动,不能忘记祖先,应该到祖祠谒祖。灯阵绕洪氏家庙巡游一环,还要在家庙门前大放鞭炮,表演

各种游艺节目,意为与祖先同乐。

8. 迎灯。谒祖之后,各房份的灯阵返回本自然村,开始全境大巡游。游行队伍所到之处,各户都在门前燃烧篝火、放鞭炮,燃烟花称为"迎灯"。此起彼伏的鞭炮声震山动地。值任灯首的家庭还可在家门口设供桌,让仁福王的神轿停下来,上供烧香许愿,称为"留灯"。"迎灯"、"留灯"即迎丁、留丁,寓意增添人丁。

9. 回銮。灯阵巡游全境完成之后,各灯阵可以直接回家。只留一灯阵为仁福王护驾回銮。

10. 报灯。仁福王回銮入庙后,灯首上香祷告,当年灯首的使命即告完成。然后由有威望的长者在庙中根据各房份报名的新丁或新婚人选掷杯决定新一轮灯首。旧灯首必须在当晚到新任灯首的家庭报知:"恭喜你今年当上灯首了",并给予放一串鞭炮贺喜,称为"报灯"。报灯,即报告来年添丁之意。至此,一年一度的拔拔灯圆满结束。

第十二节　闽南李氏始祖老祖巡安

每年正月元宵节,闽南地区各李氏后裔居住的村落都会举行老祖巡安活动。闽南李氏入闽,始于唐代。唐高祖李渊的第二十子李元祥,生于贞观二年(628年)。贞观十一年(637年),时年10岁,封"闽越江王",分派入闽。先入汀,徙状元崎。35岁(龙翔二年,662年)到永安大湖坑源开基。现存有"江王祠",为三明市文物保护单位。元祥之子李皎袭封江王。皎之子祖丛袭封江王,流放于南安落籍。祖丛卒葬南安德教乡超庭里皇平山天砚冢(现在南安县八都),俗称天孙墓,古迹犹存。厦门市同安湖井村李姓族群就是其中五山老祖(名衔闽南李氏始祖宋代五州节度使南靖王)五山君怀公衍派。五山君怀公,在福建共有5个分支(5个儿子),厦门市同安湖井村是其中一个分支,其子孙已繁衍到台湾地区以及马来西亚、印尼等地,入闽李氏后裔遍及海外。李君怀讳贞孚,号忆园,生于南宋高宗辛酉年,宋孝宗丙戌年经会试入选举人第三名授官,后因理财战备屡建奇功,得皇帝敕封五州节度使,为闽南248处李氏聚落共同的开基祖。

闽南李氏老祖巡安习俗,自清朝末年间就已形成,至今已有近200年历史。自从入闽李氏各族群分散各地,为了寻根祭祖,在闽南地区留传闽南李氏始祖老祖巡安的特殊民俗活动。

李氏老祖地巡安车队

老祖每年都会到其子孙所在地巡安。那么，是如何规定的呢？每年农历正月十六，以掷筊方式，由神明决定老祖这一年"供奉权"的村庄（叫它村庄A）会组织一个浩浩荡荡的队伍，极其隆重地到上一个村庄（村庄B）去迎接老祖，直到每年农历十月初十，村庄A还会筹办一场盛大的宴会，宴请海内外同为五山老祖李氏后裔们。届时有意愿承担供奉老祖权的村庄代表会聚集在李氏祠堂里，在老祖的尊体前进行"掷筊"，得到老祖同意的多就赢得了下一年的"供奉权"了。各村派遣的代表会虔诚许下心愿，如果能赢得的话，就会杀全猪宰全羊庆祝。可见，村民对这个"供奉权"尤为重视。

厦门市同安湖井村李姓族群落居同安后，李氏老祖来同安巡安次数极其少，未曾来到湖井村，2012年终于轮到厦门市同安湖井村，成为湖井村李姓族人百年一遇的大事。巡安过程如下：

农历正月初十，湖井村组织约80辆车组成车队，清晨5点多钟出发了，沿途增加到150多辆，11点左右到著名侨乡晋江石圳，是上一年"供奉权"的村庄，恭请老祖像回来湖井村。当晚12点左右，湖井村人员准备就绪，舞狮队、3支腰鼓队整装完毕，村民诚挚香柱，迎接老祖"乘神轿"到来。

老祖神辇先到

　　1. 老祖巡安的仪式。老祖神轿先到,恭候的各路阵头纷纷跟上,在全村绕了一圈后,停靠在村里大埕上,稍作休整。接下来老祖神轿在按原先路线出湖井村,来到隔壁的村坝头和东山村继续巡安路线,沿途经过李氏后裔子孙家门口,每户精心准备各类供奉品置放在正门口,全家人虔诚手执香柱于头顶,迎候老祖神轿的经过时,全体跪下行叩拜致礼,同时燃放鞭炮和烟花,整个村庄弥漫着鞭炮锣鼓和人们的欢笑。

　　2. 请神仪式。在同安湖井村及周围李氏村庄巡安后,老祖神轿再回湖井村李氏祠堂,举行请神仪式。

　　3. 演戏娱神。在湖井村李氏祠堂门口,连续 10 天上演歌仔戏和高甲戏。

　　闽台地区民间的自然崇拜、祖宗崇拜、英雄崇拜习俗同儒、道、释三教的神佛系统融和掺杂在一起,形成内容庞杂、历久不衰的民间信仰内容。相伴而生的是民众自觉不自觉的造神活动,显然闽南李氏开基祖由于闽南李氏后裔的大规模地侍奉和祭祀,已有祖先演变成神明,成为闽安李氏族人的信仰中心和精神支柱,使老祖巡安仪式成为非同一般祭祀活动,成为联系不同地域族群纽带和桥梁,形成更具信仰意义的祭祀范围。

村民虔诚手执香柱祭拜

第十三节　岵山镇塘溪村吴公祖师巡境

　　每年农历四月初七为吴公祖师的诞辰日,福建永春岵山镇塘溪村人,一定要举办吴公祖师巡境仪式。

　　福建永春岵山镇塘溪村塘溪人一定知道吴坂西陵宫,因为岵山塘溪村民间重大节日都会在这里举行。吴公祖师俗名吴昭应,系延陵吴在岵山塘溪村吴坂吴姓二世祖吴原忠之长子。吴昭应出生于宋·熙宁五年壬子(1072年),父早故,母子相依为命。13岁时到达埔舟山惠山岩打杂、种菜、放牛。他儿时就聪慧过人,悟性特强,诵经拜佛,虔诚有加,一生尊敬长辈,奉母尽孝,与众人志趣道合,处事技巧灵活,异于常人,常有惊世骇俗之举,处处流露出仙风道骨。宋大观三年戊子(1108年)36岁时,在舟山坐化。舟山惠山岩和尚为其塑造金身,佛号吴公祖师。吴公祖师先供奉于达埔惠山岩,明·嘉靖年间由祖籍地永春岵山吴坂的族人与乡人迎回吴坂,始创西陵宫。①

吴公祖师像

西陵宫是供奉吴公祖师村庙,这里常年香火鼎盛,信众以本村人为主,吴公祖师精神深刻影响着塘溪村村民,已然成为村民民间信仰支柱,每个月初一、十五村民多会去西陵宫进香。西陵宫所在的岵山塘溪村还成立了管委会,负责西陵宫里的一切民间节事活动。

2012 年 7 月课题组在岵山塘溪村调查,西陵宫承办年内各种节事活动前期,该村委会承担大量的准备工作,其中一个重要环节就是社首和火头的选举。社首和火头是节庆活动财源和人力的支撑。具体有仪式:社首选举、火头选举和办理吴公祖师巡境事宜。

1. 社首选举

塘溪村所有成年男性村民都可以报名参加社首选举,报名时间为每年正月初二到次年正月初二。每年正月初二在西陵宫选社首,按报名顺序先后掷信杯,谁得三个胜杯即可当选为下一年的社首。社首选出后其他人则不再掷信杯。以前社首并不是每年选举,是多年选一次。从 1989 年开始至今就每年选举一次社首,这是由于村民经济水平的提高,越来越多的村民希望担任社首求得更高的声望和财运,每次报名者多达百人。社首在西陵宫

---

① 《吴公祖师》,http://baike.baidu.com/view/4941299.htm.

的节事活动中要出资大头,并担任主祭。出资金额由社首的财力和愿力决定,如2012年社首出资3万,2013年社首则出资25万。

2. 火头选举

塘溪村所有成年男性村民都可以报名参加火头选举。每年正月初九由社首在西陵宫掷信杯选出,凡掷得三个胜杯的村民即为明年的火头。每年火头人数多达几百人,由管委会抓阄决定每个火头的节事活动的任务。每个火头要出资200元,并出人力和祭品(俗称菜桌,必有鸡、鱼、肉、糕、圆、棕,有崭露头角之意)。

3. 吴公祖师巡境事宜

(1)守岁。除夕夜,西陵宫里人头攒动,南音队、八音队、鼓队各种喜庆之音共同奏响,热闹非凡,人们怀着喜悦心情等待新年的到来。子时一到由社首祭第一炷香,口中念祈语:"一求天下太平,世界无灾难;二求家家户户丁财两旺;三求扫去天灾;四求修来百福;五求风调雨顺,五谷丰登;六求善男信女发达兴旺。"(如社首不懂这些祈语,可由熟悉这些祈语的亲人代念。)

(2)点头香。社首点完第一炷香后,村民们争先点香求得一年好运。当然每个村民点完香后都会放鞭炮。祭品由社首置办,尤为讲究。4对大烛,27碗茶,27碗糖品,4对花果以及其他丰富的祭品。

(3)祭拜灶君和土地公。与其他地区不同的是这里的神灵并没有去天上述职之说,所以这里也没有送神和接神仪式,初一早上依然拜神,到各宫庙里进香祭拜神灵。祭品数量为单数。

(4)请火。请火时间和地点是由社首在上年初二,用掷信杯方式选出的。从初二开始掷起,哪一天"三胜杯"即为那天请火,地点也是如此,哪个地点先三胜杯该地点即为请火地。请火地点众多,如城关、黄干岩、舟山等。迎龙灯时间也由社首去年掷信杯选出,从请火后哪一天三胜杯即为那天迎龙灯。2012年请火时间是正月初六,迎龙灯时间正月初七;2013年请火时间正月初三,迎龙灯时间正月初九。时间和地点的选择通过掷信杯决定是尊重吴公祖师的意旨。

请火当天早上五六点一切准备工作完毕,扛轿子的、举旗的、担香火炉的、挑茶担的、大吹队、通鼓队、闹台队、西乐队(现代才出现)南音队、锣鼓队、威风鼓队、狮队、龙队等上千人浩浩荡荡向请火地点出发。出发前要在西陵宫由道士做法请吴公祖师起身,用神轿抬佛祖出发,到达请火地点后,由道士拿着砍刀砍向取火石,产生的火花点燃金纸后将火种奉入香火炉(炉内有折成小段的香和生碳)。请火仪式后,祖师回宫途中会沿途吃敬点,在吴公祖师确定请火地点后,西陵宫管委会就会发请柬,通知沿途经过宫庙,沿途宫庙就会摆敬点请吴公祖师。如有其他神灵经过西陵宫吴公祖师也会摆敬点宴请他,彼此相互尊重。沿途要在十几个敬点停靠,直到晚上6点左右,簇拥神轿的队伍才会回到西陵宫。吴公祖师神轿到达西陵宫后,要举行下马敬仪式。通宵做火醮,直到天明。在吴公祖师出宫和下马敬仪式时,火头和社首都要置办祭品。请火过程中道士有时会乩童(用扎满铁钉的绣球击打自己后背和锋利的刀砍自己的后背却无痛感,且不出血或出少量血)受人抬拜。

(5)迎龙灯。通常在傍晚5点多就开始,岾山塘溪村各宫庙都会抬出神明,组织一支龙灯队伍,并伴有南音队、锣鼓队、威风鼓队、狮队、西乐队等会合成为庞大游行长龙。由西陵宫出发经过村社中的番溪、尾霞、和林、铺上等角落,沿途神轿停靠神明吃敬点,一路巡游过去,全村家家户户虔诚祈福,对来年充满希望。

第十四节　新圩镇古宅村"抢灯"节

每年正月十五元宵节期间,在厦门市翔安区新圩镇古宅村一定要举行独特的"抢灯"仪式。古宅村于正月十五举行的"抢灯"民俗活动,据说起源于明朝时期。但非每年都要举行,一般要当村里在上一年内有新生男孩,为了答谢祖先让家族增添新丁时,村里才会举行这个"抢灯"仪式。举办仪式也为村里家族中没有新生男婴的村民沾点喜气,祈求家族来年可得一子的福运而做善事和喜事。现在每年举办是为了感谢祖先后人合境平安,祈求来年丰产丰收、财源广进而举行的祈福仪式。课题组在在厦门市翔安区新圩镇古宅村调查了解这一独特节日习俗。

所谓的抢灯活动中"灯",就是制作一个像灯状的大"花篮"或"花树",类似于一个西方的圣诞树之形状,形态却更像中国的古塔,其最顶端必须绑上一个灯笼,故称"抢灯"。

抢灯的仪式,从其装扮"花篮"开始。花篮的篮子也就是基座,一般是用竹编的大篮子(也有用塑料)。制作花篮的师傅们会用竹子编成一座塔一样的篮心,然后把水煮的羊绑在最高处,下面用烫过的鸭子顺着篮心基座一层一层绑到最高。最后用各式各样的花草、气球、小玩具装饰,也预示着这个家族的成员一年胜过一年,生生不息。因为每个花篮、花树最都要答谢祖先能够赐予家族男丁,取祈求人丁兴旺,所以花篮的最后就必须在最顶部绑上一个灯笼,在闽南语中"灯"与"丁"同意。气球和小玩具在之前是没有的,只用鲜花装饰,但生活越来越丰富,村民们也就依着小孩子的爱好,将他们常玩的玩具也一并带上了这个花篮,使其更加生动、好看。

正月十五那天,大约在10点左右有男婴出生的村民家就要由家中的两个男人抬花篮、花树去祖厝,还要有一些男人一路跟随者,一边走一边放鞭炮。到了12点,所有花篮、花树全部就位,村里族长专门请戏班在祖厝唱戏,举行祭祀和拜祖仪式。祭祀仪式结束后,在祖厝门前广场燃放礼花、鞭炮,全村同庆。同时开祖厝大门,请祈求来年生子的人群进入祖厝,有灯抢灯,没灯抢花,热闹异常,"抢灯"活动达到高潮。

抢灯规则:所有花树、花篮中的鸭子和羊都不能去抢,其他摆放物品可以争抢。抢灯仪式之后,族长或耆老组织全村人在祖厝前的大空地上,点燃烟花爆竹、焚香行祭拜之礼,直到准备好烟花和鞭炮全部燃放完成后,宣告抢灯仪式结束。

抢灯结束,各户将花树、花篮从祖庙抬回家,各家还需要在自家厅内里供奉和举行祭拜后,才能把鸭子、羊从花篮上取下来,当晚上宴请亲朋好友共享美食美酒。

抢灯现场

抢灯结束后的花篮

第十五节　云霄圣王巡安

　　农历正月十五元宵节期间,漳州云霄民间都会举办场面浩大,气势恢宏的"开漳圣王巡安"大型民俗活动,再现开漳圣王及将佐成卫边境的情景。漳州云霄县是开漳文化发祥地,又是初唐建置漳州的首发地。开漳文化滥觞于唐初闽南漳州的开发,经历了中原文化南徙和本土化过程。漳籍移民拓垦台湾与海外,把开漳圣王民俗文化光环演绎成浓烈的唐山文化,扩大了中华文化的影响。① 以纪念陈元光为主要内容的云霄圣王巡安民俗起源于云霄,流传于台湾及东南亚地区。

　　每年元宵节期间,圣王巡安活动从"开漳第一庙"威惠庙开始,巡视整个

---

　　① 汤毓贤:《开漳圣王文化与圣王巡安民俗研究》,《信阳师范学院学报(哲学社会科学版)》第三期。

城区(包括县城和县城临近村庄)。

"巡安"的第一个环节称为"巡城"。绣旗在前引导,4 名身着戏装的童男抬一对宫灯先行,神像依次"巡城":土地神居前开道,继以元帅马仁、军师李伯瑶、王子陈王向、王女陈怀玉、圣王祖母魏敬、夫人种氏、圣王陈元光殿后。抬神队伍由鼓乐队簇拥,伴以锣鼓笙笛。所到之处,鞭炮争鸣,并摆设香案桌于各路口恭迎。凡当年的新婚或新生男儿之家,必恭请神像至家门口,置香案、供献金枣茶。礼拜毕,主人盛情请抬神者、鼓乐队手吃蜜金枣、乌龙茶等,以此纪念当年开漳将士创建漳州后,常年带兵在闽南各地巡察四境,保障人民安居乐业的恩德。

"巡安"的第二个环节称为"鉴王"。巡城礼毕,神像集中排列于供桌前,笙歌鼓乐,香案高置,供桌蝉联,供品如山。各家各户又另备酒肉糕果之类,人似潮涌,接踵摩肩,献供礼拜。

"巡安"的第三个环节称为"走王"。当祭拜献供盛典进行至高潮时,由村社中之耆老带领预先选定的数十个青壮男子,每 6 人编成一组,各组共擎一尊巨型木雕神像,列队待发。起点与终点各有两位礼炮手,专门司事放"三拜枪"(即三声连响的礼炮,由铁管制成,装火药燃放),而神像前另有两人鸣锣开道,其后又有一个执罗伞者撑遮神轿,值闻鼓播炮响,各组健儿分别共举各尊神像,协力疾速奔驰如飞,至终点时停止,礼炮再连鸣三声。这一环节形象地再现了当年开漳将士驰骋疆场的威武雄壮场景,集时速、势壮、姿美于一体,也是民间体育运动的一种形式。元宵节期间,云霄将军庙和威惠庙都有圣王巡安活动,两庙在不同区域,主要就近巡游,部分路线有交叉。2012 年课题组在漳州市云霄威惠庙和云霄将军庙完整记录圣王巡安仪式过程,共有两个部分。

1. 威惠庙

2012 年正值威惠庙开漳圣王巡安 1326 周年。此次的巡安活动于正月初十晚将神佛由佛龛上请下,正月十一早上将神佛抬出庙门口,正月十二早上五时左右开始集结巡游人员,在给王爷上香后,大约早上 6 时起开始至各福社巡安。圣王的巡安至正月十五入庙共计 4 天,历经 74 个福社。巡安至各个福社时,群众在家门口设小桌子摆贡品祭拜,贡品由各家自备没有特别要求,除贡品外燃三炷香祭拜,盛五杯茶供于桌上。各福社以燃放鞭炮迎接和欢送开漳圣王巡安队伍,并将各家各户准备的金箔银纸统一收集由巡安队伍带回威惠庙燃烧。

迎神队伍锣声开道,绣旗前导,由德高望重的长者持手炉紧跟其后,接着就是众神像,神像的前后顺序是:蔡妈绣公,元帅马仁、军师李伯瑶、王子陈珦、王女陈怀玉、夫人种氏、圣王陈元光。圣王及其夫人的神像后紧随持旒伞及写有日、月的两个大扇子。这种民俗活动,谓之"巡城",以纪念当年开漳将士创建漳州后,常年带兵在漳州辖境各地巡察、保国卫民的千秋恩德。众抬神像巡行各社区主要通道,鞭炮声、鼓乐声此起彼伏,气氛浓烈。

约下午4时左右,巡城完毕,巡安盛典进入高潮,开始最为精彩的"走王"活动。即由村社中之耆老带领预先选定的数十个青壮男子,每六个健儿编成一组,各组的人都伸直手臂,向上共擎一尊巨型木雕神像,准备"走王"。神像的先后顺序与巡城的队伍相反,圣王陈元光在前,其夫人紧随其后于特定地段的起点处,列队待发。起点与终点各有两位礼炮手,专门司事放"三拜枪"(即三声连响的礼炮,系由3段生铁管焊合制成,装火药燃放),而神像前另有一人飞跑着在鸣锣开道,神像亦必用红绸缎带系牢于轿上,被高举而起。其后又有一个执锦绣旒伞者撑遮神轿。值闻鼓擂炮响,各组健儿分别协力高举各尊神像,同步疾速奔驰如飞,使神像迎风飘飖卷袍,威武壮观,跑至划定之终点乃止。这就形象地再现了当年开漳先贤驰骋疆场的威武雄壮场景。似此形式,将每尊神像依次擎跑,且以其时速、势壮、姿美者为胜,俗称"走王"。其实这也不失为一种特殊的民间体育与娱乐运动。

在威惠庙的"走王"队伍最后也非常精彩,当蔡妈绣公的神像抬入庙中之时,村中的孩童一拥而上,争相摸蔡妈绣公的头,以求学业有成、健康快乐地成长。老人讲旧时的"走王"时抬神像的男子,用麻绳将手与轿子捆绑在一起,结束后会争相用小刀切一段麻绳带回家。据说,养猪户将带回家的麻绳搅碎拌在猪食中喂养猪仔,不仅可以让猪仔长得又肥又大,还可以预防猪瘟。

2. 云霄将军庙

云霄将军庙历经朝廷敕为威惠开漳第一始祖庙。684年,开漳圣王陈元光将军为祀奉其父开漳圣祖、归德将军陈政于下营驻地建陈将军庙,供其父灵牌。711年,圣王陈元光战殁。712年,朝廷敕陈将军庙为官庙,圣王及诸将佐和夫人神像陆续入奉本庙。1113年,朝廷敕封将军庙为威惠庙。1579年,敕封圣王为威惠开漳陈圣王。1739年,敕为开漳圣王。据将军庙主委介绍,以上史实可证实云霄将军庙是海内外威惠庙等开漳庙宇的祖根、神源。

2012年元宵节期间,将军庙内的开漳圣王神像从正月初十开始,走遍云霄城区 61 个福社进行"巡安"。该年外出"巡安"的是陈政母亲。陈政及其夫人,三尊神像留在将军庙里。将军庙的巡安活动环节中的"走王",由于神像太大比较重,采用扛的方式,而非擎臂抬像的方式请回庙里供祭拜。

活动最具特色是正月十五,在前埔村汤氏祠堂举办的"鉴王"仪式,这也是本次巡安行程中停留时间最长时间的最后一站。在汤氏祠堂空地前香案高置、供桌蝉联,靠近祠堂的木桌上罗列青瓷花缸 20 余只,不均等地分成两排摆开,缸上皆耸立以竹竿麦篙扎成之草柱,柱表一层一层的以各式食物围绕镶成"肉柱",有条状五花猪肉、虾、灌肠、鱿鱼,还有肉丸、五香条等,不同的肉柱不同的装饰,没有一柱一模一样的,间或以圣女果、草莓等水果装饰之,柱顶插饰甘杞木(取甘棠遗爱,世代纪念之意)之外,还插着各式各色的绢花,青瓷花缸插上高高的肉柱被称做高碗。数倍于高碗的是低碗,摆在其前桌上,主要由鸭子、猪肚塑成"渔翁"、"牛"、"羊"和飞禽走兽形象,形态各异,碗沿内以水果装饰,也插着甘杞木,五光十色,蔚然壮观。最叫人啧啧称奇的是用鸭子做成的姜太公钓鱼造型,鸭头巧妙地塑造成太公的头部,鸭身俨然就是披着蓑衣的造型,最为神奇的是太公还头戴斗笠,斗笠浑然天成,仔细一瞧,原来是用块鸭血做成的。高低碗之外的其他供桌分别端放鸡、鸭、鱼、水果等祭品,还以糯米粉塑成"风调雨顺"、"国泰民安"字样置于瓷盘中,摆列在供桌上。据悉,各类贡品是事先由各个福社抽签决定今年由哪个福社来主办哪样贡品。此外,各家各户又另备酒肉糕果之类,每户还须各备整个蒸笼的甜粿或萝卜糕,上铺红色剪纸图案,散上红糖。在"鉴王"仪式上,贡品之丰富,民间手工艺术形态之奇特尽收眼底,令人叹为观止。

在"鉴王"仪式上,约上午 9 时 15 分左右,由专门的司事祭拜问天公,以此决定年尾"解平安"举办的规模大小。据悉,倘若是大,需祭以二头熟猪;倘若是小,需祭以二头生猪。

"鉴王"仪式持续至当天中午 12 时左右,由祠堂中德高望重的长者焚香祭拜问过神明后方可结束。在神像离开汤氏祠堂回将军庙前,由司事放三声连响的"三拜枪",民众焚香叩拜,奏乐燃放鞭炮欢送开漳圣王。

元宵节,漳州云霄县圣王巡安习俗,形象地再现了当年开漳将士驰骋疆场的威武雄壮场景,集时速、势壮、姿美于一体,也是民间体育运动的一种形式。千余年来,这一民俗在漳州民间代代传承,深受欢迎。现在,云霄"圣王巡安"已被列入首批福建省级非物质文化遗产名录。

云霄圣王巡安中走王

第十六节 安溪"清水祖师"下山迎春巡境

　　每年农历正月初九,福建安溪蓬莱镇必要举行最有具特色的奉迎"清水祖师"下山迎春巡境习俗。清水祖师创建的清水岩,位于蓬莱镇蓬莱山上,据多数文献记载始建于北宋元丰六年(1083 年),内奉清水祖师,闽南民间信仰的主要代表之一。清水祖师原名陈普足,从小落发为僧,修身、圆寂于安溪县蓬莱清水岩寺,称为普足禅师。后人为了纪念他建宇之功,谥称为清水祖师。清水岩寺是全国唯一主殿建设呈"帝"字形结构的岩寺。

　　蓬莱镇全镇共有 15 个行政村 31 个自然村(包括居委会),总人口近 7 万人,以姓氏聚落分布于全镇,主要为柯、林、刘、陈、

清水祖师

李、杨、孙、王等姓氏构成。2012年正月初九，课题组到安溪蓬莱调查，与清水岩寺住持释如慧访谈，深度了解蓬莱镇每年开春均要举行"迎清水祖师"巡境活动。它以其程序规定严密，仪式步骤严格，气氛严肃而隆重，历史悠久，民众秉烛执香长久不衰，信众广布海内外。清水巡境活动把蓬莱镇的平原点和金谷的汤内、涂桥等自然区域分成3个庵堂9个社保27股，每股9年轮值举办一次，周而复始。每年的三月初一要举行"拈大旗"仪式，确定"大旗"、"车鼓亭"、"神前吹"的具体分工；其中拈得"大旗"的佛头股要推选"大旗手"和1名德高望重的长者充当"巡境司（春官）"，主持当年的一切巡境事宜。同时通过"投卜"择定"开香日"。开香之日亦有严格的程序，如佛头股的家家户户要置猪头五牲、清菜香果到佛头厝供祭，次日凌晨还要上清水岩举办迎座仪式。在"清水祖师"迎春巡境的三天中，要举行各种仪式，如献花献茶、换衫换轿等，迎春仪仗庞大，规格庄严，程序庄重，大体分为"春官阵"和"火阵"两部分，随香还有鼓乐队、民间文艺队伍及民众等，人数多时上万人。其"清水祖师"巡境的道路也必须按古例规定的线路行走（见下图）。队伍中的擎大旗独具特色。旗杆是要到中庵堂的魁斗找一根连头挖起的全竹，直径斗大，杆长三丈三尺，重百余斤，旗上写着"敕封昭应广惠慈济善利大师菩萨"十四个大字。旗手一手从底部托起，另一手倒抱旗杆前行，作为游春队伍的前导，后来改为扛着前进。途中各庵堂都要按议定地点排列"供筵"候敬。课题组完整记录了2012壬辰年安溪"清水祖师"下山迎春巡境程序：

1.巡境前期准备

巡境活动把蓬莱镇的自然区域分成3个庵堂9个社保27股，由顶、中、下庵堂的各一佛头股轮流负责执事每股9年轮值举办一次，周而复始。

（1）卜期。择日迎春巡境。清水祖师下山迎春巡境，定于前一年的农历三月初一日，由各庵堂佛头股各推举"首人"、"都会铳"各一位，集中在中庵堂"佛头厝"，当众用"信杯"投卜迎春绕境的"开香"日期。如果投卜的是明春正月初八日为"开香日"，则初九、初十、十一日便是"三日大迎"，十二日为"散香"日；如果初八日不"允"，则卜初九日，再初十日。如初十日也不允，就要再从初七日卜起。"开香日"不得超过初十日，迎春绕境不得超过十五日（元宵）。2012年壬辰龙年的开香日为正月初八。开香之日亦有严格的程序，如佛头股的家家户户要置猪头五牲、清菜香果到佛头厝供祭，次日凌晨还要上清水岩举办迎座仪式。

（2）拈大旗仪式。确定分工，年的三月初一要举行"拈大旗"仪式，确定

"大旗"、"车鼓亭"、"神前吹"的具体分工;其中拈得"大旗"的佛头股要推选"大旗手"和1名德高望重的长者充当"巡境司(春官)"。

2. 开香日仪式程序

迎接下山巡境。早在开香日之前的初七晚11点多开始,到初八晨1点,把3丈长的红色正大旗和2个副旗抱起来做法事,起鼓开香,12点多,献牲。初八开香之日有严格的程序,如佛头股的家家户户要置猪头五牲、清菜香果到佛头厝供祭。下午,中庵堂的佛头股要抬清水祖师佛像上岩,其他庵堂的"首人"、"都会铳"也要上岩。如果顶、下庵堂的人先到,必须在"觉亭"处等候,不得抢先;如果中庵堂抬迎的清水祖师先到,可以率先入岩。但祖师安座后,中庵堂的"首人"、"都会铳"还必须再到觉亭会齐,尔后一齐从觉路开始鸣礼枪进入岩殿拜佛。

3. 下山迎春巡境时间段

初九凌晨至清晨:

(1)24时子时敲钟。

(2)24—1时左右.众首人和都会铳齐集中殿,由岩僧主持赞礼,来念"清水咒语"和疏文,还要投掷"信杯",申询祖师是否"落座"允迎。如果一杯不允,必须再动鼓乐,重新念咒读疏,一直卜至允才是。当"信杯"显示允迎,"都会铳"便齐发庆贺,再敲响昊天口的"日月梵板"108下,以示全岩所有的"军将士卒"整体动员开迎。

(3)1—4时左右,开迎前请"三忠火",备办"火鼎"。三位首人,四位法师和尚和两位衣着礼貌、传统长衫的祭师们,在鞭炮、鼓、锣的开路下,从主殿到下面的三忠宫去拜祭,求意见(卦)、顺利便沿路上山回主殿。三个首人必须三步一叩首,三个都会铳则三步鸣一枪。25~50岁以内的"都会铳",沿路充火药,放108个冲炮。短短几百米,要行跪一个多小时,约半夜两点从三忠宫出来,回到主殿时近四点。在这个仪式中,三个"首人"和"都会铳"是由3个庵堂分别用卜卦方式推荐出来的代表,须在春节前4个月,独床食素。做礼仪时头戴祭帽,身穿首祭礼,目不斜视,头不能左右晃动,以示虔诚。这3人既无尚光荣,有无比辛苦,在这三天半的清水祖师巡境中,得走完全程,其他人则每天轮流换班。

(4)早晨4—5时左右,"三忠火"请到殿前,便在钟鼓齐鸣中把祖师圣像抬到昊天口,再由专人从岩中取炭火置于新的瓦上,跪在佛前候请"祖师公火"。此时,岩僧奉上清茶3杯,跪在佛前祝诵"恭维太岁某某年,正月初九早,恭迎清水大师,敬献清茶3杯,伏乞恩主一半下山绕境,一半守护山岩,大德大祥,大福大量,庇佑四境,照顾名山,爱护善信,宽恕子民,敬祷"。念毕,起身把瓦片中的炭火一半拨入"火鼎"(俗称"火香篮"),一半留回岩灶中。三叩拜揖以后,礼送圣驾至觉亭,便下山开迎。

(5)早晨5—9时祖师下坐。沿古例规定的路线下山。如图所示,其下山路线为清水岩—半岭亭—华未大仙宫—佛国—契姆宫。其中华未大仙宫为祖师的地理师。

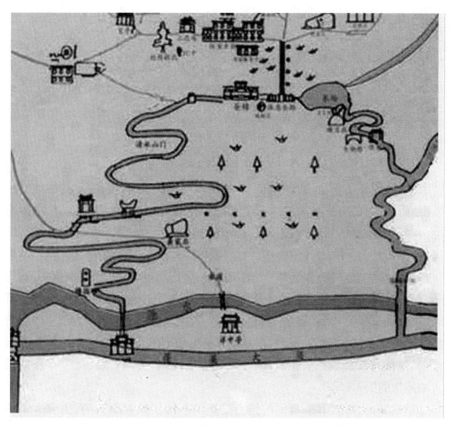

"清水祖师"下山迎春巡境线路示意图(胡丹制)

当祖师驾到佛国碑,大旗要到佛前迎驾。三座精雕表金的大辇,早就安放在"头供埕",当下山的山轿搁放在大辇旁边时,和尚便进行净座祝福,口念"太岁某某年元正初九早,恭迎恩主清水大师下山,请出小轿,换进大辇,敬乞喜允金杯"。喜允后,在香枪礼炮声中,抱出"金身"换上新的黄衮,又于香枪礼炮声中抱大师入大辇中,再披上绣锦的袈裟。另两座大辇,则装进

"敕封昭应广惠慈济善利大师菩萨"的《圣旨牌》,和檀樾主刘公锐的雕像(俗称"契母妈")。随后是三庵堂的"首人"和"都会铳"拜佛,只行三跪三叩首。接着是案前两旁分立的四个礼生,引"春官"进行三跪九叩首的大礼。礼生司仪拜佛唱礼:"清水巡境司进——跪!叩首、再叩首、三叩首!兴——再跪、叩首、再叩首,三叩首!兴——三跪,叩首、再叩首、三叩首!平身!礼成。""春官"行完"官体礼"后,礼生引坐在临时特设的"官案"座上。再由礼生引"案公"(春官司的县主簿)拜于佛前,先一跪三叩首,只正身未起立。礼生再宣唱"宣读晓谕",案公便诵读"迎春告示"。读完,续行二跪六叩首的大礼。礼毕,各庵堂的"首人"互相清点大辇,检点一切仪仗事务,办理交接手续。一切就绪,便先由顶庵堂"首人"担负当天大迎的全责,开始巡境。①

4. 山下巡境

迎春的路线,基本必须按古例规定的路线走,不能逾越。每天只迎一个庵堂,祖师才能进各庵堂的"佛头厝"。巡境路线:顶庵堂—中庵堂—尾庵堂。

第一日祖师下山经由鹤前清水埯外到"水供埕",绕鹤前学堂口过芸内贾庆人桥,顺公路而上过中亭庙、仙宫,入彭圹街,横芽十字路,而蔡姓二世祖宇,而杨姓祖宇,到顶庵堂埔的学堂门口歇午。午后,从埔顶出发,过岭南溪,自闪洋格绕从内圳古,再绕至岭美"文斗祖宇",沿溪南的乌石界而入顶庵堂"佛头厝"。

次日清晨,至乌石界起旗,经张姓的五房直至岭东的"虞山供庭",歇驾早餐后,继续迎至石佛仔格(这是顶庵堂和中庵堂的交接站),由中庵堂"首人"负责当日事宜,先检查执事的仪具和大辇等无讹后,再从案山过岭后坑前大路,而后山母脚入大墘内,再从山母脚后畔到报德庵歇午。午后,自"报德庵"过仙宫石跳到魁头祖厝门口,再到邢厝,转过芸内石跳,过中亭庙以后入中庵堂的"佛头厝"。

第三日,出佛到邢厝寨仔与魁头交界的石佛仔处起旗,一直去到大墘内"供埕尾"歇早用餐,而后到通天桥(这处是中庵堂与下庵堂的交接站),同样履行检点手续后,从路尾过美山埔而土楼口下大弯,到井滨的下庵堂埔,才歇午用膳。午后,入汤内再兜原路出来,过蓬莱大桥,直下竹脚李,转入涂桥,重越跨大桥回到魁美的"承天"古址,达"尾供埕",然后到庵角倒旗,才入

---

① 清水岩志编纂委员会编著:《清水岩志》,泉州市文物管理委员会 1989 年版,第 23~27 页。

"佛头厝"(在蓬莱大桥未建前,迎春队伍从庵埔直入汤内后,还要再出来到"承天"旧址,过魁美渡,则竹脚李再转过渡回魁美。①

5. 散伙"倒旗"、"接头"

三日大迎过后的第四天,队伍要从尾庵堂的庵边起旗,一直回迎到祖师生前施医行药的中庵堂的洋中亭,然后在那里举行倒旗,接头的仪式。轮到下一年的佛头股,必须组织人马,到站办理清点移接手续,然后按照预约,各庵堂的仪仗队把自己的佛轿迎回自己的佛头厝。

清水祖师下山巡境习俗其规定十分严谨,仪式、程序十分严格,历史悠久,仪式隆重,流行于闽粤浙台及东南亚各国华人区的清水祖师信仰习俗,如马来西亚吉隆坡著名的"蛇庙",也供奉清水祖师。然而,蓬莱镇"清水祖师"下山迎春巡境习俗世代相袭,熔铸了独特的文化内涵和深刻的历史意蕴。

清水祖师下山巡境

第十七节　走古事

每年农历正月十五日上午,福建龙岩连城、长汀县和永定县等客家人聚集地,一定举办"走古事"的民俗庆典仪式,以祈求风调雨顺、国泰民安。走

① 据清水岩志编纂委员会编著:《清水岩志》,泉州市文物管理委员会1989年版。

古事习俗据传明清时期,罗坊常闹旱、涝两灾,当地罗氏十四祖才征公为清朝举人,曾任陕西宁州知府、湖南武陵县知县,卸任返梓时,就把流传在湖南的"走古事"移授乡梓,以祈风调雨顺、国泰民安,兼兴民间娱乐活动,自此相传至今。[①] 课题组在龙岩永定县抚市镇调研,与当地耆老深度访谈,走古事仪式的主要内容如下:

1. 出一棚古事

罗氏九大房族,各出一棚古事,所谓棚,为扮演古事的一个轿台。每棚古事由罗氏各房族挑选身体健壮、胆量大的 10 岁左右男童两名,按戏剧内容装扮,勾画脸谱,身着戏袍,一名扮主角,一名扮底座的护将。领先的一棚古事是天官、武将,后面依次排列李世民、薛仁贵、刘邦、杨六郎、杨宗保、高贞、梅文仲、刘备、孔明、周瑜、甘宁等。每棚须用 22 名抬夫。因竞走激烈,要三班轮流替换,所以一棚古事需要 66 名抬夫。

2. 挑选抬夫

每年春节正月初三、初四,罗氏房族内精心挑选的抬古事的青壮男丁,要上山去劈芦箕草,锻炼脚力。到农历正月十二日开始 3 天斋戒,十三日晚净浴,更新内衣,十四日上午 10 时许,穿上红衫,打红绑腿,脚着红带子新草鞋,抬着棚棚古事游走比赛。

3. "走古事"出发仪式

十四日上午,以天官领路,后继的有三太祖师菩萨轿、万民宝伞、彩旗、十番鼓乐队,一路鸣神铳助威,来到罗坊村的屋背山坪。在数以万计的乡民和来客的围观中,一个个精神振奋,呼喊着"嗬! ——嗬!"声开始竞赛,戮力奔走。

4. "走古事"形式

走古事,着重于"走",共走两次。

第一次,抬夫把三太祖师菩萨神轿、彩旗、宝伞置于中间,所有古事列队抬在外围,奔"走"在约 400 米的椭圆形的跑道上。每跑两圈,就休息 10 分钟,养精蓄锐;以鸣一响神铳为号,开始下一轮竞赛,如此重复四轮。第五轮改跑为"游",该走"剪刀校"即剪刀字步形;第一圈顺走,第二圈逆走。此轮不限定圈数,直走到抬夫筋疲力尽,让领先的"天官棚古事"同第二棚古事脱节,方可鸣数响神铳,走出屋背山坪,进村中街道,游回本房宗祠。第一次走

---

① 《走古事》,http://baike.baidu.com/view/796840.htm.

古事结束。

　　第二次,农历正月十五日上午,分上、下半阕。上半阕与十四日走法同,至过午一时许,古事列队从"云龙桥"下河床。鼓乐队先互相泼水透湿,然后三响神铳,古事棚蜂拥下水,逆水而走。后棚超前棚,则视为吉利。于是抬夫拼力,争先恐后,不顾天寒水深、河石苔滑,跌倒了再爬起,情绪高涨,至下午三时许,今年走古事落下帷幕。

白天走古事出发

　　龙岩永定抚市的客家人,春节一过就开始,筹划走古事活动,正月初七、初八晚上起,大鼓凉伞、花篮、舞龙、佯皋等古事棚,陆续在抚市各村里走门串户,家家户户都备好鞭炮迎接。到正月十五、十六,棚棚古事、各种队伍会集中与装扮好的彩车,列队到抚市镇上游街,祖祠拜祭祖先。

　　抚市"走古事"路线,正月十五白天,在抚市天后宫集中,祭拜妈祖和客家先祖。当地古事,规模较大"走古事"有3场,即正月十五中午,在社前村赖氏祠堂;晚上,在中在村苏氏祠堂;十六晚上,在黄氏祠堂。抚市"走古事"活动对姓氏要求没有明确要求,其他姓氏或附近村的亲朋好友都会被邀参活动,最后各回祠堂祭拜自家祖先即可。抚市"走古事"发展到近年,也已经没有男女、老少之分了,走古事的队伍中,既有"正神出巡"、"回避"牌、大锣等威严阵头,也有墨镜、牛仔帽、着马甲、配猎枪等多元表现队伍。走古事可配有繁复的十番乐、五色锣鼓,大点的等民族韵味的音乐与节奏,也有现代西洋乐队,圆号、大号等。行走的古事棚上,不仅用彩灯,还用笔记本电脑控制、古事棚内人物玩手机、看电视、喝饮料,相当现代化、年轻化。这些看似民俗传统与现代化元素融合之状况,值得民俗文化传承研究者认真研究。

第十八节　永定卢氏"打新婚"节俗

　　每年的农历正月十一,永定县坎市镇卢氏后裔尤其是头年结婚的夫妻一定会聚集在卢氏大宗祠举办独特的客家传统婚庆"打新婚"仪式。在当地人不分男女、老少,只要是卢姓人均可参加"打新婚"仪式,恭祭范阳卢氏五世祖妣林婆太,北自高陂、虎岗,南自抚市、龙潭,东自培丰、田地,西自堂堡、合溪的乡邻,人们都会到坎市做客看热闹。

　　课题组在龙岩坎市调研,据老一辈人说,卢姓人的五代开基祖——林婆太百年辞世,农历正月十一日出葬。棺木抬到现在的"打新婚"地点,突然天降雷雨;待雨过天霁,抬棺木的人回来,却到处寻觅不到棺木。大家认为,这是天赐婆太的好"风水",便在此处修筑林婆太坟墓。林婆太年高百岁,儿孙满堂,子孙为取吉利,定于林婆太棺木不见的农历正月十一日为打新婚日,以祈人丁兴旺、美满幸福,"打新婚"的婚俗仪式,已有500多年历史。[1]

打新婚开场,震耳欲聋的鞭炮声

---

①　《打新婚历史》,http://baike.baidu.com/view/2178151.htm.

打新婚仪式的流程：

1. 祭祖仪式

正月十一这天，凡上一年结婚的新婚男女必须参加祭祖活动。两祠中间草坡凹陷处的"林婆太"坟场（没有墓头的，俗云"天葬地"）前，宽阔的布篷下6张八仙桌拼起的祭坛上，有坐式宫灯、蜡烛台、精雕果盒、盆景、水仙花之类，还摆满了牲仪、熟食、糕饼、糖果蜜饯（必须摆21行，每行9盘，共189盘），横纵笔直，俨似阅兵方阵。祭坛前方左右，还各摆了一架猪、羊。在卢氏宗祠边的林婆太墓前，上一年第一个结婚的"新婚头"引头的拜祖队伍，在族长主持，成双成对，手牵着手，就像集体婚礼似的，列队站在祭祖牌位前，面对祖牌，点燃香烛，默默祈祷，不忘祖德、孝敬长辈、夫妻恩爱、白头偕老。祭场外围人山人海，摩肩接踵，香烟袅袅，铳炮连天。

"新婚头"引头的拜祖

2. 新婚祭

正月十一日下午2时开始，在喇叭、管弦齐奏声中，由"新婚头"（上年第一个结婚的新郎官）担任主祭，身后后面齐刷刷分行排列陪祭的新郎官。传统上担任主祭的新婚头，必须身穿长衫马褂头戴礼帽，行一套完整的科仪形式，现在该穿西装打领带穿新皮鞋，礼仪程式按部就班，片然有序地进行，用香烛、三牲敬五代开基祖林婆太后。

3. 酒醉公驾到

"新婚头"和其他新郎官正行向老祖宗英灵跪拜之礼时,铳炮声响起,忽然一个鸣锣开道的人从卢氏左祠快步跑来,后面两个壮汉驾着一位身穿长袍、头戴礼帽、帽檐下压着一张敬神契符"血纸"、右手擎起一个上面写着"早生贵子"、"优生贵子"四个字的纸做的红滚筒(俗称"面槌")、满脸通红似醉非醉、跌跌撞撞、状似滑稽"酒醉公"的长者,人称福寿族长到来,引起全场人群骚动,你推我搡,左右相挤。

4. 打新婚

"十班队"传统乐曲奏起来,跳采茶灯的、舞龙灯的、玩狮子的……舞动起来。"酒醉公"在卢氏林婆太坟前叩头作揖,兜了一个小圈之后,绕过祭坛来到跪在祭坛前的主祭亲郎官身旁,举起"面槌",不由分说地对着"新婚头"背上和肩臂上来回辗打,从左肩到右肩上下滚"打"起来,而且口中念念有词"早(左)生贵子"、"又(右)生贵子"。接着又从他的背后脊梁自上而下滚"打"一遍,口念"双生贵子"(双胞胎)。旁边看热闹人群,捧腹大笑,有人还会大声附和一句:"今年打你,明年生子!"之后,"酒醉公"又挥舞着"面槌"朝今年陪祭的新郎官照"打"不误,其中有新郎官,看到"酒醉公"来了,倏地爬起来,钻入旁边人丛中去,不用"酒醉公"追赶,村民主动"抓"其回来送去"补课"了,整个场面如同沸腾一般,每年有五十几个新郎官,虽然有些"漏网"的新郎官,但"酒醉公"打得已经精疲力竭。

打新婚的广场助兴表演

打新婚

5. 折腾

新郎官被打完了,围观的青年中没有结婚男青年,也会被其亲朋好友抬上去,让"酒醉公"族长滚打,祈求来年也能结婚生子,被抬的青年并非自己的意愿,被亲朋好友硬抬出来的,躲闪、脸红比新婚的夸张是当然的,围观的村民看得更是捧腹大笑。这是近年才衍生出来的,为的是活跃气氛,图个开心吉利。

快乐祥和的新生活

第十九节 长泰赛大猪

每逢农历正月初八和九月初八,福建省长泰县山重村、江都村举行排大猪敬神祈丰年的仪式,民间称作"赛大猪"。这一民俗一直延续至今,2011 年 10 月被列入福建省非物质文化遗产名录。

山重村历史悠久,薛氏为山重村大姓,据传 669 年,薛姓祖先薛武惠唐末随陈远光开漳入闽,任行军总管使奉命率军进驻山重,后定居繁衍于此,是山重薛氏开基祖。薛氏祖先功名显赫,自薛氏家庙建成后,建薛氏祖祠时便设了五宪门,后人一年一度在此献牲祭祖。时至今日已延续了 1300 多年,因为正月初九是民间天公的生日,族人提前敬祭、感谢"天公"恩德,带来人间吉祥,六畜兴旺,盼望"老天保佑"来年风调雨顺、好事连绵。敬天祭祖仪式,演化为养猪大赛,彰示"养大猪、保平安、庆丰收"之意。山重薛氏人家认为,只有家运昌盛的人家才能够养大猪。最初是一户养一斗猪,祭祀时几百斗猪排满了祖祠前的大土埕,人称"摆大猪"。后来,薛氏人家为了勤俭节约,简化了这一活动,改为由薛氏宗族家长扔卦,按报上的由老及少人员名单顺序,一次性地定出各薛氏聚集的村民小组的养大猪人选。按照这一规则,轮回一次约要 30 年,有的人家一辈子只能轮养一次,有的则一次机会都没有。因此,薛氏人家都以轮养大猪为荣,一些已迁居外地的薛氏也争着要养,掏钱请亲戚帮忙。

江都村排大猪敬神活动也历史悠久。明正统十四年(1449 年)连氏家族迁居江都后,人数大增,渐成望族。连氏后裔为孝敬先祖,答谢"三公"(文天祥、张世杰、陆秀夫),于每年农历六月十八日举办排大猪祭祀活动。明万历二十五年(1597 年)连氏大宗祠瞻依堂兴建后,活动地点改在瞻依堂,并开始赛猪比重。20 世纪 50 年代起,排大猪、赛大猪活动中断。1982 年起,恢复排大猪活动。1989 年起,恢复赛大猪活动。为避开炎热的天气,活动时间改在每年九月初八,江都村人口较多,于是将住户分成八个甲轮流,每年由一个甲主祭,主祭的各家各户要准备各种祭品,祭品之一是一头生猪(去掉猪内脏,躯干套在木架上)猪嘴、猪尾巴、猪脚用红纸圈粘贴,猪嘴巴还含着芦柑,猪身上还披着花帕。九月初七日,各家带上祭品抬着大猪放在瞻依堂前的大埕,供奉祖先及"三公"。祭祀活动于初七深夜至初八凌晨举行,祖祠大埕灯光辉煌，人头攒动，尤其是一百多头猪有序地摆列，场面壮观不言而喻，本村及外村的民众都慕名前往观看。村里老年协会组织评选小组，对祭祀的大猪当场称重，根据重量评选出最重的前三名，给予一定的奖励，同时给猪披上红绸缎。

赛大猪围观的民众

原先，江都村、山重村民间每年举办一次摆大猪祭神仪式，在祭祖祭神时供奉生全猪、生全羊，古礼俗称作"三牲"，是古代祭礼的沿袭，后来长泰县其他村社把祭品供奉一头生猪进行称重比赛，选出最重的三头生猪，给予表彰。于是从原来排全猪祭神仪式，演变成现在的赛大猪民俗活动。课题组曾对长泰县山重村和江都村调研，了解赛大猪活动主要流程如下：

1. 饲养参赛大猪

据村中的老人介绍，轮到"养大猪"的人家首先得四处物色好的猪苗，在养猪的过程中要百般尽心，对猪只能表扬不能批评，要对它说尽好话，如："你真是头好猪，吃得多多的为咱家争光"，绝不能骂它："你是头馋猪"。在参赛的头一两个月，甚至要餐餐喂食白米饭，猪吃的和人不相上下。有的猪胖得几乎动弹不了了，只能卧在地上，主人还得掰开猪嘴，一勺一勺地喂。由于人们认为只有家运昌盛的人家才轮得上养大猪，因此，主人在养猪时大多十分投入，一点也不敢马虎。

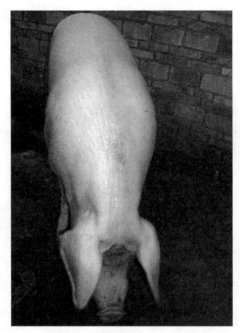

参赛的大猪

2. 推选参赛猪

每年参加祭祀的大猪,由各村民组织提供,每组供一头,初七日选择吉利时辰宰杀。

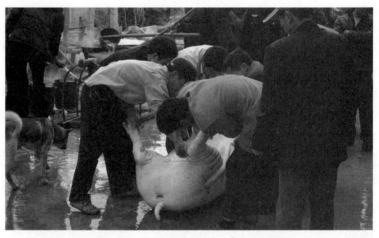

宰杀大猪

3. 祭天祭祖先

祭祀仪式从初七深夜至初八凌晨举行。各家各户要准备各种祭品,祭品之一是一头生猪(去掉猪内脏,躯干套在木架上)猪嘴、猪尾巴、猪脚用红纸圈粘贴,猪嘴巴还含着芦柑,猪身上还披着花帕寓意"大吉大利",头上插着翠绿竹叶,脚绑红绳。在家庙前的大埕,供奉天公、"三公"及祖先。

吉利猪

4. 排(摆)大猪

初八下午村民敲锣打鼓,把祭拜的大猪(去掉内脏)安放在架子上,由8个人抬着送进家庙。一排排整齐排列在家庙前的大埕上,供人们观看和品头论足。当晚,家庙灯火通明、鼓乐齐鸣,男女老少欢聚一堂,观看赛大猪。

排大猪祭祖

5. 赛大猪

对祭祀的大猪当场称重。参赛大猪比赛时,取的是猪的"净重",即除去猪下水后的躯壳重量,为了确保公平,宰杀后的猪必须由同一位师傅负责取出猪下水,用于称重的磅秤也必须是同一把。村里面组织了评选组,对参加祭祀的大猪举行称重,按重量的前三名进行表彰,给主人予资金奖励,同时给前三名的大猪披上红绸缎,"冠军猪"还要插上两只"金花","亚军猪"则是一只。

6. 大猪巡游

以 8 个大汉抬冠军猪为首,依次为第二名大猪、第三名大猪的队伍在锣鼓和鞭炮声中绕全村一周,最后回到主人家。

大猪巡游

7. 分猪

推选参赛猪的人家第二天要进行"分猪",民间相信祭祀过祖先养的猪,因特别细心呵护,所以猪的味道自然是格外鲜美,往往供不应求。当然,分到猪肉的村民要向猪的主人支付一些费用。

由此,排大猪发展为赛大猪,庙会活动更为热烈。目前,江都村、山重村赛大猪每年举办一次,成为一项受群众欢迎,独具特色的民俗活动。山重赛大猪活动已被列入省级非物质文化遗产。

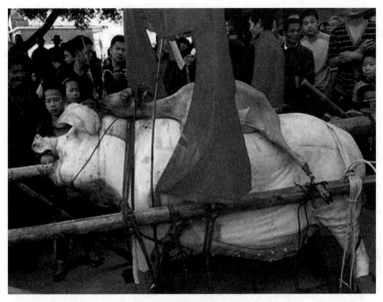

获得冠军称号的大猪

第二十节　义民节

义民节,每年农历七月二十日,是台湾客家人举行义民祭典的重要仪式。虽然客家义民祭典在每年农历七月二十日举行,但其实整个义民祭活动早在一个月前即开始,义民节是台湾客家人特有的民间信仰内容,每年义民祭盛典台湾客家人聚集地新竹、桃园十五大庄轮值区的重大活动,是全台湾客家人心中期待的活动。它代表客家人淳朴、敦厚、热情、好客,更传承客家人心中的褒忠、忠义思想及精神,更是台湾客家人一年生活中最为重要活动,客家人将永远传承义民之忠义精神,并发扬它,使它成为客家文化的精髓。

台湾义民节举行的义民祭不是通常意义上做热闹,它展现台湾客家人齐心团结生活内涵。每年轮值的大庄都会以最虔诚的心来努力办好这场义民祭盛事。自农历七月十八日晚间 11 时立灯篙仪式为本祭典活动之起点,农历七月十九日于傍晚则举办了放水灯仪式,晚间在义民庙及二十日普渡区都有法师佛事,主要都是请大士爷出位,法师巡筵席施法食,赈济孤苦伶仃、无人理睬的小鬼幽魂,这与中元普渡有相同的意义,不仅人饥己饥,人溺己溺普渡众生,连阴间孤魂野鬼都要给予超渡,以求得脱苦超生,这正是人间大爱,至高无上的表现。神猪、神羊比赛评赏颁奖固然受人注目,而义民庙前的神猪、神羊献供及客家酬神戏、庙旁吃糖粥,更是吸引参与人潮活动核心,确实是一年一度罕见的热闹气氛。家家户户摆下最丰盛的筵席招待朋友、亲戚,轮值区内家家户户座无虚席;而在亲友热闹离去后,主人会将普渡收孤后的神猪,分成一条条的猪肉料,趁第二天亲发未上班前,分送给亲友家中,这样一年一度的义民节轮调,才算告一段落。台湾义民庙的中元祭历史悠久,大约从清道光年间开始,迄今为止已222年。

课题组于2013年8月30日考察并记录义民祭活动的整个过程:

新竹义民褒忠亭(义民庙)

1. 挑担奉饭

奉饭,就是呈奉饭菜、准备食物给义民爷,是客家人义民信仰特殊的仪式。清朝时期台湾常有民乱,客家乡亲组织义勇军保乡卫里,为了感谢这些义勇军,客家乡亲就用挑担、准备食物给他们。而在义民庙建庙后,信徒为了感念义民爷之恩,也会将每日煮好之饭菜挑至义民爷神灵前祭拜,称之"奉饭",又称"挑饭"或"犒军"。

挑担奉饭

2. 竖灯篙

在民庙前连起三根大竹竿,上面有七星灯可指引好兄弟,相传,一尺的灯篙可招引三里内的鬼魂,所以灯篙越高,引来的好兄弟越多,准备的供品也越多。灯篙可以指引,全省的孤魂、地基主前来,只要庙方、信徒所提供的供品都可以享用,不会受到任何的驱赶,给无主游魂一所栖息地,这也是义民庙"普渡众生"的精神之一。

竖灯篙

3.水灯排

水灯排是以数条竹根扎成筏形灯架,架上分成数十格,甚至数百格,每一格内悬挂着一盏灯笼,遶境游行的时候以小货车装载,并装设机关,升降水灯排,向庙中的众神祭拜时,整个会场显得光彩迷离、气势万千。当成群的小货车开到庙前启动机关,总是叫人看了目眩神迷,流连忘返。七月半的新埔义民节放水灯是普渡水中的孤魂而作的,一座座的水灯,等到法师赐予它们灵力之后,可指引当年牺牲的义民到西方极乐世界,也同时为水中的孤魂指引到普渡的祭场,得以超渡脱苦。

放水灯排

4.神猪神羊比赛,神猪赛重

义民祭的另一个重头戏就是神猪大赛,以神圣敬重的态度养出最好,皮毛完具的神猪奉献给义民爷。能够得奖的神猪大都搭配五颜六色、灯光鲜明的猪架、猪篷,以示隆重尊敬,也代表福分。

一般猪只要养到千斤以上,得花三年以上的时间,每天以饲料、奶粉、面皮皇饼和野菜等悉心喂食,猪舍又要通风、凉爽。为了让猪只平安,在比赛中夺得大奖,还要祈求神明多多眷顾。神羊竞角,各炉主会将羊角养得最长最大,羊角竞长以头上角为准,义民庙普渡现场的神羊,都已饲养十多年,炉主还会为自己的神羊戴上墨镜，口衔烟斗，打扮成绅士模样，十分可爱。

祭祀用神猪

第二十一节　台湾新竹城隍爷巡境

　　每年农历七月十五日，台湾新竹城隍爷出巡赈济孤魂，绕境以保平安，是新竹境内年度大事，随着出巡的信徒往往扶老携幼，绵延数里。"新竹城隍爷，北港妈祖婆"，在台湾民间信仰里，新竹城隍声威显赫，与北港妈祖的声望不分轩轾。①

　　城隍爷，"城"原指挖土筑的高墙，"隍"原指没有水的护城壕。古人造城是为了保护城内百姓的安全，所以修了高大的城墙、城楼、城门以及壕城、护城河。在中国人传统世界观里，人世间和生活与生产安全密切相关的事物都有"神"存在，唐、五代以后，城隍由自然神转化为人格神，视城隍为保护地方、主管当地水旱疾疫及阴司冥籍的神灵。而民间宗教信仰中神明层级是对应政治

―――――――――

　　① 《新竹城隍庙》，http://taiwantour.gogocn.com/390/sight_3007.htm.

的官吏制度,城隍庙即相对于人世间的衙门,城隍就成为地方父母官。到了宋代,城隍被列入国家祀典,元代又被封为"圣王"。如同人世间的官员一样,城隍神也要巡视辖区,各区城隍的巡视时间不同。每座城市都有城隍庙。因为城隍爷是人们心目中的阴间长官,所以很多地方的城隍爷常以去世的英雄或名臣来充任,希望他们的英灵能和生前一样护佑百姓,除暴安良。

台湾城隍爷信仰,旧时城池就有城隍庙其地位大小并无太大区分,直到明初朱元璋称帝后将城隍爷分为都、府、州、县四级并加以册封,朱元璋笃信城隍,认为城隍既为阴界地方官,其官等、辖境应与阳世行政官署相仿,乃以皇帝身份大加敕封天下城隍,京都城隍为"明灵王"(或天下都城隍)、省城隍称"都城隍",府城隍为"威灵公"、州城隍为"灵佑侯"(或绥靖侯)、县城隍为"显佑伯"。城隍职衔区分成五个等级,即在京城是京城隍为王,在省都是都城隍为公,在府城是府城隍为侯,在县城官衔为伯,第五等在城邑或境主,皆如同阳间制度:

①京城:京城隍(如:北京)

②省治:都城隍

③府治:府城隍(如:台南府城)

④县治:县城隍(如:诸罗县)

⑤村里:境主公(如:西港庆安宫)

从此也就逐渐有了都城隍、府城隍和县城隍之别,县以下则不设城隍,统一由社神,又称土地神(公)来管理。明末郑成功驱逐荷人收台,定赤崁地区为"承天府",以北为天兴县,以南万年县,既然命台南为"承天府"承晚明正统,则当有一国之都的地位,照理台南理应设有一个"京城隍",但却并未设制。康熙二十三年(1684年),当年设台湾府于台南府城,故颁旨设立"府城隍"。当时台湾府下设三县,其中台湾县于台南,故亦设有县城隍;清末,台湾政治中心北移,光绪元年(1875年)台湾设二府、八县、四厅;光绪十一年(1885年)台湾建省,当时以新竹为台北府府城,故于光绪十七年(1891年)奏准新竹城隍为省都城隍。因为这样的典故,台湾文史发展重镇的台南地区虽然早在明代就已经人文荟萃,但是今天台南除了有府城隍、县城隍、南门路的小城隍庙与安平镇城隍庙外,并无"都城隍"的设置。毕竟都城隍是属于省级的省政府所在地的城隍级别。台湾直到清末才设省,且省都在今新竹地区,而前述台南的城隍庙,因此始终没有都城隍的位阶。另有一说,台湾城隍爷等级最高是府城隍庙,因台湾并未为都,所以台湾没有都城隍庙。以清代的祭祀典范,地方官员每到朔望日(初一、十五)均要到城隍庙上香,县城隍庙未建之前,知县与知府必须一同上府城隍庙上香祈求,直到县城隍庙建立之后才分开。事实上,新竹城隍爷是台澎地区"官阶"最高的城隍祀神,从清代就香火鼎盛;而其城隍庙也有250年以上历史,被台湾相关部门名列三级古迹。

新竹都城隍

旧时台湾常在春、秋、冬三季,举行盛大的城隍出巡活动,称为"收鬼"、"访鬼"、"放鬼",人数众多,声势浩大。巡境是民间信仰的重要习俗之一。其指的是庙里的主神利用生日或是特别选定的某一天,出庙巡视访查所管辖的范围,就像我们常会看到地方上的县市首长巡视地方的意思是一样的。而这样的出巡访查活动其实在民间信仰中隐藏着有很大的意义。一来当然是希望借由神明的访查,能将地方不好的事物(如瘟疫)或厄运解除,为地方带来平安;二来也借由这样的访查活动,能更加确立神明所管辖的范围。

每年农历七月十五日,新竹城隍爷出巡赈济孤魂,巡境以保平安,成为新竹县境内年度大事,随着出巡的信徒往往扶老携幼,绵延数里,蔚为壮观。2013年8月课题组在台湾新竹县调查,记录城隍爷外出巡境过程如下:

1. 放军安营。新竹城隍爷每年七月初,就开始"放军安营"。所谓"放军"即是将东、西、南、北、中五营神兵神将安置在辖区内五方镇守,目的在协助城隍护卫辖区镇煞驱邪,直到七月十三日才收回城隍庙。

2. 暗访。七月十一、十二日"新竹城隍庙"举行"暗访",所谓暗访,是指司法类神明利用夜晚绕境巡视辖区,以查访民间隐情,并扫荡邪魔恶煞,可谓冥界的"一清专案"扫黑行动。

3 城隍绕境。七月十三日当天,东灵宫及临近寺庙、民俗社团都会出动所属神轿、神将、家将团等众多阵头参与巡境,各种舞龙、舞狮、绣旗队、花车、北管乐团、杂技等游艺队伍也参加出巡。

台湾城隍爷巡境活动,七爷、八爷造型最具特色,七爷身长瘦小、伸吐长舌、脸色苍白;八爷则身材矮胖、脸色乌黑。据说两人原是衙门差役,名为谢必安、范无救,有一回因押解要犯不慎被脱逃,因此商议分头寻找,并约定在桥下会合。到了约定时辰,七爷却因暴风雨耽搁行程,无法及时赶回会合;八爷依约在桥下等候,虽见河水暴涨,但为信守诺言,不敢离去,终因洪水上涨而紧抱桥墩溺毙。后来七爷赶至,见八爷殉难,痛不欲生,于是上吊自尽。嗣后玉帝感念两人忠义,乃册封为神,专职缉拿阴界鬼魂。由于七爷系因上吊而死,因此造型呈吐舌状,八爷则因溺毙而脸色黝黑,两神皆为城隍部将,相当于人间的刑警。城隍出巡时,七爷、八爷身戴咸光饼,后挂黄高钱,据说都能驱邪治病,城隍爷巡境时沿途幼儿会"歹摇饲"即向七爷、八爷乞取咸光饼来吃或佩戴黄高钱,祈求消灾厄保平安。在城隍爷出巡队伍中,经常可见善男信女手持扫帚沿街扫地,或身戴纸糊枷锁跟随城隍爷神轿游行,这些信徒大都曾因染病而向城隍爷许愿,在病愈之后自愿扫街或戴枷锁以示赎罪谢恩。

4.结束。七月十五日,各路阵头再回到新竹城隍庙埕三川殿门外。

新竹城隍庙三川殿门

第二十二节　诏安好事节

每年冬至,漳州诏安城区和各乡村的沈氏都会举行盛大的"祖公圣驾"绕境巡安活动,民间称作好事节。课题组于 2011 年 12 月 2 日(农历十一月初八)住进诏安县桥东镇东沈村,参与观察沈氏家庙恭请"祖公圣驾"的请神仪式与大神绕境巡安活动,当地人称此为活动"好事节"①。期间完成计划 28 份问卷,深度访谈 17 人,其中年龄最小 21 岁,最大为 77 岁,获得近 20 多份口述资料。在好事节期间,课题组在沈氏家庙全程录制与拍摄请神仪式、大神绕境巡安和沈祖公安奉宝座的全部过程,东沈自然村位于诏安东南彼邻潮汕海域,是诏安县多个沈姓聚居的村落之一。东沈村约有 2200 户,总人口数 8600 多人,绝大部为沈姓村民,以种植韭菜和蔬菜销售为主要生计。自然村内再分成村东村、村中村和村西村三行政村,在当地村民日常还沿用"甲社"作为地域和人群分类说法,东沈村由四个甲社组成,即东门埕甲社和竹脚甲社(属村东村)、水门甲社(属村中村)、寨雅甲社(属村西村),每个甲社都会有一间主庙,老一辈村民普遍习惯用甲社名区分彼此。时隔三年"好事节"再次轮到东沈村,即作为主祭村恭请被尊为本姓太始祖的沈世纪诞辰日的大神请驾仪式、绕境巡安活动和安奉神位仪式的组织与安排。

东沈村"好事节"主要程序:

1.选择吉日良辰庆生。主祭村庙祠堂管理员邀请法师执行做法仪式,禀告上圣本境主神明庆生时间表,连续掷筊,只有出现两次"圣杯"时才可确定具体日期和时辰。并邀请数位年龄在 60 岁以上、妻子健在幼儿孙辈男性村民担任监督仪式过程。

2.法师拜请境内神明。法师通过做法仪式,邀请远近各甲社诸神明共襄盛举。通告执行好事节程序时间表(如表2)。

3.请神仪式。本次虽然由东沈村沈氏家庙作为主祭庙,但因之前本村沈氏祠堂内沈祖公大神塑像被临近上园村沈氏家庙请走,所以好事节请神仪式需要在此举行。十一月初上午 8 点 15 分开始,东沈村庙的理事们担任请神仪式中主祭者主持仪式,穿着长袍、准备祭拜供品(寿面、寿果和鞭炮),

---

① 笔者在田野过程中询问关于好事节,所有受访者无法提供具体说法,只是提到古早就叫好事节。(注:村民口述只有在轮到本村请神那年称好事节,其余年份称平安节。)

点燃香后秉持香柱首先敬拜,接下来安排各个甲社代表参拜与祈颂的顺序,维护整个队伍现场秩序,守候良辰吉时来到时刻,下令锣鼓开道,刀斧手导于前,命令8个精壮小伙子抬起沈祖公圣驾出庙,指挥马队随驾,掀开大神出社巡境序幕。

表2　东沈村2011年辛卯"好事节"程序图表

日期（农历）	时间	程序项目名称	仪式人员	活动内容	备注
十一月初九	7:30—9:30	请神仪式（到上园村沈氏家庙恭请沈祖公出驾）	应穿长袍马褂家庙管理员、全部乡老到齐参拜祖公	置香案、准备寿面寿果、烧香放炮	四个甲社各神轿准备
十一月初九	8:15—9:30	联境参香	依顺序各甲社代表按先男（应穿长袍马褂）、后女（戴花着礼服）	到沈氏家庙烧香、放炮	
十一月初九	9:30—12:00	大神绕境巡安	主祭村庙管理员	组织阵头、神轿和执人旗队伍跟随	沿途村、甲社、商铺和人家设案置净炉与美馔恭迎大神
十一月初九	12:15	东沈村沈氏家庙恭迎祖公安奉宝座	家庙管理员应穿长袍马褂、全部乡老到齐参拜参拜天公	置香案、红彩寿面寿果、金香烛炮烧香放炮	
十一月二十一日	17:00—24:00	请香、拜神、齐鸣鞭炮	村妇陆续到祖庙请香	准备金香四果三牲,取香火回自家门前拜神,结束时齐鸣鞭炮,烧金,收回祭拜物品	香火各自带回家后,要一直通过不断续香保持香火不灭,直到拜神仪式结束
十一月二十一日到二十三日	连续3天	演庙戏、扮仙敬神	村民看戏、村妇上香敬神、各户宴席请宾客	东沈村沈氏祠堂前戏台连续3天晚上演出潮剧	二十二日中午有扮仙敬神仪式

　　注:①林江珠、沈少勇根据在东沈村所田野调查资料汇总。②"联境参香"指甲社之间建立特殊友好关系的联盟,当地老人都只能模糊解释"联境参香"是因为神的联系。

4. 沈祖公圣驾绕境巡安。沈祖公圣驾绕境巡安的队伍首先由一位担花心水的村民为前导在沿途布撒盐米和石榴花水,跟着是马头大锣两副,跟随其后的是以竹脚甲社作为头阵,然后依次为水门、东门埕、寨雅各甲社的成人旗鼓队、乐师(大鼓、大吹)等队伍,两副大斧和日遮伞扇围绕于祖公大神辇轿周围,诸神辇轿与各种阵头等浩浩荡荡延绵成数里长龙。绕境巡安队伍有扮涂戏、盛装组合所到之处,前呼后拥,鞭炮震天,香烟如云。沿途经过的村寨、甲社、商铺和住户人家设案置净炉与美馔恭迎敬拜沈祖公大神。

5. 恭迎沈祖公安奉宝座。约在中午 12 时 10 分左右大神辇轿要回到东沈村沈氏家庙外广场,锣鼓舞龙队伍、礼炮队伍、手执沈氏镇旗队伍以及个甲社所办阵头队伍陆续到达,12 时 15 分(正午之时)祖公大神辇轿再次启动,锣鼓开道,刀斧手导于前,8 个精壮小伙子抬起祖公圣驾冲进东沈村沈氏家庙内,经过几番调整祖公塑身神像重新落座在沈氏祠堂主神位置上。东沈村村庙的理事们再次主持仪式,穿着长袍准备祭拜供品烧金上香,秉持香柱谢拜,联络各个甲社代表参加谢拜与祝颂的顺序和维护现场秩序。然后庙外广场上,阵阵锣鼓与鞭炮声中舞龙耍狮表演使热闹气氛达到顶点。

庙外广场鞭炮齐鸣

6. 请香火仪式。十一月二十一日下午 17—24 时村中妇女陆续准备素四果、三牲、金纸鞭炮和香柱到村庙敬拜大神,然后再取香火带回自家门前拜神,结束时齐鸣鞭炮,烧金,收回祭拜物品。香火各自带回家后,要一直通过不断续香保持香火不灭,直到拜神仪式结束。

请香仪式

7 闹厅娱神。从十一月二十一日至二十三日连续 3 天在沈氏家庙(村庙)外戏台演出潮剧剧目扮仙敬神,村民自愿观看或到庙内外点香烧金。

闹厅娱神

8.扮仙敬神仪式。二十二日中午在村庙举行扮仙敬神仪式。各家各户宴请宾客,在自家门户外排放四果、美馔拜神,并用大庙取来香火烧金放炮。

敬神仪式

　　诏安县桥东镇东沈村祠堂组织的好事节活动,调查组通过全程参与,调研充分认识到闽南乡村民间节日"做热闹"的普遍特征,活动仪式中所表达的尊祖孝廉的人文情怀,反映了闽南民众千年传承的世界观。

第五章
闽台民间宗教性节日

自古以来,福建的宗教信仰特别发达,史称:"其俗信鬼尚祀,重浮屠之教。"《宋史》卷八十九《地理志》志书中记载:"闽俗好巫尚鬼,祠庙寄间阎山野,皆有之。"《八闽通志》卷五十八《祠庙》卷中录:福建民间所奉祀的神灵十分繁杂,既有闽越族和其他土著民族残存下来的鬼神,又有从中原传入的汉民族所奉祀的各种神灵,还有从印度、中东、欧洲等国外传入的神灵。明清时期,以闽南人为主的福建人大批渡过台湾海峡,移居台湾岛,闽南的民俗几乎全盘移植到台湾,构成台湾民俗文化主体。依照构成宗教3个元素,即教义、崇拜行为及礼仪规范、教团来看,节日礼仪往往具有宗教性,宗教是影响节日产生和发展的重要因素。

烧香祈福

闽台地区一些重要仪式一旦在时间上被固定下来,并形成相当规模,便容易演化为岁时节日。如闽台传统节日,元宵节、中和节、清明节、寒食节、端午节、乞巧节、鬼节、中秋节、重阳节、下元节、的祭灶节等等,都脱胎于原始宗教仪式。中国人通过"祭祀"来表达祈禳灾邪、保家保身的愿望的内容非常突出，如献供天帝、祭祀神灵、祭奠祖先亡灵、祭祀英雄人物、斋月、禁忌等等。宗教是影响古代节日产生和发展的重要因素。

台湾信众

台北保安宫定期的祭祀活动

这章主要介绍闽台民间依然保留的正统宗教性的节日,如四月八日的浴佛节和伊斯兰教的斋月。

第一节　浴佛节(洗太子)

农历四月初八,闽台民间有洗太子习俗,又叫浴佛节。这天是佛祖释迦牟尼的生日,为纪念佛教创始人释迦牟尼诞生而举行的佛教仪式被称为佛诞节。在东汉时,浴佛节仅限于寺院内举行,到魏晋南北朝时期流传至民间。有关浴佛时间的史籍记载各地不同,如蒙古族、藏族地区以农历四月十五日为佛诞日、佛成道日和佛涅槃日,故此日举行浴佛仪式;汉族地区在北朝时在四月八日举行佛诞祭祀仪式,经后代不断变更与发展,现在北方地区在十二月八日(腊八节)举行浴佛节,南方地区仍在四月八日举行,俗称"四月八"。闽台民间过浴佛节形式已从一种宗教仪式转化成求福灭罪的祭祀仪式。

闽台民间有洗太子习俗,又叫浴佛节。佛祖释迦牟尼原名悉达多,是印度迦毗罗城国王之子,故有太子尊号。后来弃尊学佛,提倡众生平等,成为佛教祖师。传说佛祖诞生时,天龙曾喷出香雨洗涤佛身。后来各佛教寺庙都在佛祖诞生这天,举行用香水(如檀香、茉莉、玉兰等名花所浸的水)来浇洒释迦牟尼的诞生像仪式,这一仪式被称为"浴佛"。后逐渐演变成现在在佛祖的诞辰日,闽台地区佛教寺庙僧人以香水灌洗佛像,以纪念佛祖的诞辰。闽南地区的浴佛节活动以泉州为盛,特别是开元寺,每年在浴佛节期间,人们要讨浴佛水,放船施粥,善男信女都早早聚集到寺里参拜庆贺。其他地方也有此项民俗活动,如清代漳州"四月初八有洗佛之会,寺之僧尼主之,妇女亦或有至者"。《漳州四时竹枝词》记载:"龙华浴佛久相沿,和尚游街借乞钱。毕竟俗根仍未离,也须一洗脱尘缘。"后来,四月初八除了浴佛礼俗外,各寺庙的和尚沿街沿门化缘,请求布施"洗佛钱"。各佛寺举行诵经礼拜等活动,佛门弟子也在家中供果、插花敬佛。此外,信众还在寺庙前的放生池举行放生活动。《民国厦门市志》记载:"四月初八日,为浴佛会。僧尼先期舁佛沿门募化。"斋会,又名吃斋会、善会,由僧家召集,请善男信女在农历四月八日赴会,念佛经、吃斋,由于与会者要吃饭,必须交"会印钱"。饭菜有面条、蔬菜和酒等。佛教寺院举行的浴佛仪式大致有以下四个步骤:

1.恭迎佛像。佛诞之日,僧众搭衣持具上殿,按东西序位次分班而立。

闻磬声向上顶礼三拜后,六人出班恭迎佛像。二引礼执引磬,二执事托香盘,主法僧居后,侍者随行,同声唱念"南无本师释迦牟尼佛"。佛像从经楼上迎到大殿中,主法僧上香、展具、顶礼三拜,大众一起唱赞:"稽首皈依大觉尊,无上能仁,观见众生受苦辛。下兜率天宫,皇宫降迹,雪岭修因。鹊巢顶,三层垒,六年苦行。若人皈依大觉尊,不堕沉沦。"

2.安座沐浴。大殿钟鼓齐鸣,主法僧将佛像安座金盆中,然后上香、展具、向佛顶礼三拜或九拜。大众同念《沐浴真言》,三称"南无香云盖菩萨",然后唱赞:"菩萨下云中,降生净饭王宫。摩耶右胁娩金童,天乐奏长空。目顾四方周七步,指天指地尊雄。九龙吐水沐慈容,万法得正中。"

3.祝圣绕佛。主法僧闻磬声顶礼三拜,恭说颂词。大众同唱《佛宝赞》,接唱《赞佛偈》:"佛宝赞无穷,功成无量劫中。巍巍丈六紫金容,觉道雪山峰。眉际玉毫光灿烂,照开六道昏蒙。龙华三会愿相逢,演说法真宗。"再唱:"天上天下无如佛,十方世界亦无比。世间所有我尽见,一切无有如佛者。"唱毕开始绕佛,边绕佛,边称念:"南无娑婆世界三界导师、四生慈父、人天教主、三类化身本师释迦牟尼佛!""南无本师释迦牟尼佛。"

4.回向皈依。绕佛后归本位,先念《回向文》:"愿消三障诸烦恼,愿得智慧真明了;普愿罪障悉消除,世世常行菩萨道。"然后唱《三皈依》:"自皈依佛,当愿众生,体解大道,发无上心。自皈依法,当愿众生,深入经藏,智慧如海。自皈依僧,当愿众生,统理大众,一切无碍。"浴佛法会功德圆满,引磬声起,大众齐唱:"浴佛功德殊胜行,无边胜福皆回向……。"

浴佛节

洗太子或佛教传入中国后兴起的宗教节日,民间又将中国传统文化的特点融合其中形成闽台区域的洗太子的习俗,将浴佛、斋会、结缘、放生和求子合为一体。

第二节　斋月

中国的伊斯兰教一般认为是在 651 年(唐朝永徽二年)从阿拉伯传入中国的泉州、广州等地。据《闽书》记载:"(穆罕默德)有门徒大贤四人,唐武德中来朝,遂传教中国。一贤传教广州,二贤传教扬州,三贤、四贤传教泉州。"宋元时期,泉州港成为世界多种宗教在东方的重要据点。在各种外来宗教中,伊斯兰教势力最大,对泉州港的影响也最深。用汉文最早记载穆斯林在泉州的墓地者为林之奇(1112—1176)所撰的《泉州东坂葬蕃商记》,建礼拜寺的最早汉文记录见于 1350 年吴鉴撰《清净寺记》,其他记载穆斯林在该地活动的史料也颇多。泉州伊斯兰教虽于唐代即已传入,历过五代以及两宋,有极大发展,元代进入全盛时期。泉州的"回回蕃客"约有数万人之众,留下史迹众多。明代,泉州回族内部出现了不少的儒士化知识分子,他们一方面淡化伊斯兰教信仰,另一方面在儒礼所涉及的典章制度里,找到了儒、道、释、回四者最根本的共同点,即对天要敬、奉天、法天,对己要其心诚敬,其行明洁。

泉州穆斯林喜穿白、黑、灰三种颜色的衣服。男人喜欢穿白色裤,外加无袖专色襟上衣。妇女则披戴白色盖头,老妇盖黑色盖头,中年或已婚妇女披戴白色盖头,未婚姑娘则披戴绿色盖头,以示区别。阿訇则头缠白布巾,身穿灰或黑、白的广袖布长衫。一般穆斯林头戴白色小圆帽,或黑、绿蓝等颜色六瓣尖顶礼拜帽,帽前正中绣上金黄色阿拉伯文字"真主至大"等。

现居住在泉州的穆斯林后裔约有 3 万多人,仍保持既有的民族习俗和宗教特色。依照基本信仰与主要功课,伊斯兰教学者根据《古兰经》内容,将五项基本功课概括为:念、礼、斋、课、朝。穆罕默德谓:"伊斯兰建筑于五项基础之上:诚信除安拉外,别无他主,穆罕默德是主的使者,履行拜功,完纳天课,朝觐,封莱麦丹月之斋。"中国伊斯兰教学者王岱舆译著的《正教真诠·五常章》谓:"正教之五常,乃真主之明命,即念、施、戒、拜、聚之五事也。"穆斯林的五项宗教功课之一斋功,即斋戒。伊斯兰教历的九月为斋月,在斋月期间,教徒要斋戒一月,每天从日出前到日落要止饮禁食,以清心寡欲,专事真主。①

　　泉州的穆斯林除遵守三大节日,即"圣纪节"、"开斋节"和"古尔邦节"以外,又有"盖德尔夜"、"拜斋"和"游坟"的生活习俗。"盖德尔夜"是斋月的第二十七夜,称"廿八暝",是真主颁降《古兰经》之夜。是日黎明,各家互油香,互道"苏卜"(言谢),是夜各家设盛宴团聚,并招待亲友。然后各家除在家里厅堂上点上一对红烛外,又一起到清净寺拜厅西墙壁龛(米哈拉布)前,点上大红烛,意味真主颁降《古兰经》是灿烂光辉的,又可驱邪消灾,迎祥纳福。接着穆斯林在清净寺沐浴、礼拜、祈祷,而阿訇则预先准备好香油和清炖牛肉,招待参加礼拜的人,直至深夜尽欢散。"拜斋",即回历十月一日黎明,泉州穆斯林妇女摆出各样精美食品,然后聚集清净寺大、小净,换上节日盛装参加聚礼,在阿訇带领下同往清净寺附近穆斯林家里"拜斋"。宾主互道"色兰"(问安祝贺),客人入席,阿訇念经。然后主人请客喝清茶,品尝食品。即使是原来互有仇怨,亦须与集体到对方家中拜斋,通过拜斋可取得相互谅解,消除积怨,还是泉州穆斯林加强内部团结的一种良好风俗。"游

泉州清净寺

_____

① 《中国伊斯兰教简史》,http://baike.baidu.com/view/9414.htm.

坟",是泉州穆斯林的扫墓风俗。开斋节上午,在拜斋后由阿訇带领,前往灵山圣墓。先集中三贤、四贤坟前行香朝拜,席地而坐,听阿訇诵读《古兰经》,然后散开到各自先辈或亲属的坟墓前点上安息香,在旧坟墓碑文字上描红,然后请阿訇到坟前念经,为亡魂祈祷。泉州穆斯林的订聘或婚礼,一般选定在"主麻日"举行,最贵重的嫁妆是《古兰经》。是日,男、女沐浴,在厅堂中悬挂《古兰经》。新郎到新娘家迎亲,同往清净寺,请阿訇主持婚礼。泉州的穆斯林称人死后为"归真"。早亡午葬,夜归真晨葬,停尸超过三日。出殡仪式不用鼓乐吹打,不讲任何排场,不放声嚎哭,认为死亡是真主赐福往天堂、乐园。①

---

① 《泉州穆斯林的生活习俗》,http://www.fjqz.gov.cn/151/2004－07－28/1022.htm.

第六章
闽台民间传统节日
习俗调查与分析

闽南乡村传统节事活动的特点与社会文化内涵
——漳州市云霄县2镇6村田野调查

林江珠

　　我国地域辽阔,地形复杂,民族众多,自然与社会条件各异,民俗文化呈现出明显的地域性差异。俗语曰"百里不同风,千里不同俗"。福建区域特别是闽南地区与台湾有着高度一致的民俗文化,被众多人类学、旅游文化学与民俗学的学者视为同一民俗文化区,构成中国民俗文化区域系统的重要组成部分。① 闽台同一民俗文化区的形成与闽台移民社会发展历程有密切的联系,从历史上看,台湾和福建,都是一种中原南徙的移民为主体而构建起来的社会。② 不同之处,在福建,中原汉人有规模地南迁入闽,到了宋代已经基本完成;而台湾,则是自明末清初开始才由南迁入闽的中原移民后裔再度大规模迁入台湾,这使得闽台地区民俗文化形成经历由传统汉族民俗在福建产生、发展与成型到福建传统汉族民俗再向台湾传播的漫长过程。③ 据考古发掘和文献记载:从远古至汉武帝时期,福建与台湾绝大部分"原住民"同属百越族的一支,属于越族民俗区。④ 漳州市云霄县地处福建省西南沿海,为漳州建郡立县的开漳之地,距今1300多年历史。区域内绝大部分人口

---

　　① 区域民俗学研究者叶春生的《区域民俗学》,高曾伟的《中国民俗地理》,韩养民的《中国风俗文化导论》等著作中对中华民俗文化进行区域划分,并论证闽台为同一民俗文化区。

　　② 陈支平、徐泓:《闽南文化百科全书》,福建人民出版社2009版,第4~6页。

　　③ 李乔、许竟成:《固始与闽台》,河南人民出版社2007版,第245~264页。

　　④ 陈义初:《河洛文化与汉民族散论》,河南人民出版社2006版,第180~189页。

可溯源为唐朝开漳入闽期间陈远光及其所率军将士家族的后裔,从清初开始又再南迁入台湾,集中落脚于台湾南部地区,以建立"威惠庙或圣王庙"为民众信仰祭祀中心。云霄县在开漳设府之前,为史前古闽越先人生息之地,周朝时为七闽地。① 由此可判断其为中原汉人南徙入闽后再入台,逐步构建发展起来的典型移民社会,汉族全民性的传统节日在漳州市云霄县 2 镇 6 村几乎完整地保留下来,并融入当地文化之中。如在每年上元节云霄乡村都会举行开漳圣王巡安的巡城、鉴王、走王的独特的民俗节庆生活。传统节日成为精神表达和加强族群联结重要手段。选择漳州市云霄县 2 镇 6 村作为闽南乡村传统节日习俗田野调研样本,在于其形成经历由中原传统汉族民俗在福建产生、发展与成型到福建传统汉族民俗再向台湾传播的典型代表性。

本研究作为厦门市社会科学重点课题——闽台历史民俗文化遗产资源调查之闽台传统节庆习俗资源调查资项目,旨在以区域传统节日的民俗生活为研究视角、以漳州市云霄县 2 镇 6 村为调查研究对象,针对国内学者对区域民俗文化研究较多,但对区域性传统节日系统研究却较为少见的现状,依托传统节日为民俗文化集中展示平台,对闽南乡村民俗节日进行系统调查、挖掘、整理与归类,期许在一定程度上弥补区域性传统民俗节日系统研究空白;再者,近年来国家和社会对传统节日文化保护和开发极为重视,如2006 年文化部将中国传统节日春节、清明节、端午节和中秋节列入国家级非物质文化遗产保护名录,中宣部颁布《关于运用传统节日弘扬中华文化的意见》等,这使得研究地域性民俗节日文化,不仅有理论价值,更有现实意义。

一、调查对象和调查方法

本研究主要按照课题项目总负责人制定研究计划,在闽台民俗文化区域内甄选田野调查地点,对闽台历史民俗资源采用田野作业与田野调查的方式进行。

(一)调查对象:

漳州市云霄县 2 镇 6 村。具体在云霄县列屿镇辖区内的油车村(旧称梅垵村)、南山村、后垵村、人家村;东厦镇的东坑村和竹塔村(旧称凤塔村),调查周期为 9 天。

---

① 郡云霄编委会:《故郡——云霄》,海峡文艺出版社 2009 版,第 34~35 页。

（二）调查方法

1. 田野调查法。具体为入住村民家中体验生活、深度访谈、参与生产劳动和发放问卷等形式。共发放厦门市重点课题《闽台历史民俗资源调查》综合问卷98份，收回问卷98份，有效率100%。[①] 其中油车村31份、南山村12份、人家村14份、宅后村8份、东坑村6份、竹塔村23份、通贝村1份、霞河村1份、官田村2份。被调查对象绝大部为男性闽南汉族，只有1位为非典型性客家人。被调查者大多以务农和种植水果为主，其中1位为退休高级编辑。受访者年龄最大87岁，最小47岁，平均年龄67岁。完成田野调查日记20篇，实地录像资料存量60G，录音资料存量2G。调查主要内容包括：村落人口状况；家庭代际情况；传统物质生产习俗；本地主要节庆（农历）习俗时间、地点、节庆仪式内容、活动方式和民俗解释等内容。

2. 文献资料研究。根据田野调查中遇到研究盲区，如民俗解释，通过查阅大量关于闽南历史、民俗与文化的地方志、专著和论文，全面了解闽台社会文化特别是闽南历史民俗节庆活动，收集整理出分析研究线索。

3. 案例分析法。对调查资料汇总统计运用比较分析、归纳和推理，运用民俗学、文化学和社会心理学相关理论对闽南乡村节日文化特征和价值进行分析。

二、闽南乡村传统节事活动的特点

1. 村落间姓氏结构差异导致节日庆典方式不同

经过对田野调查点6个村人口状况、姓氏结构和宗祠资料汇总统计如表3：

表3　云霄县6村人口、姓氏、宗祠统计表

村落名称	人口总数	主要姓氏所占比例	姓氏宗祠	数量
油车村	2700多人（670户）	蔡姓占100%	蔡氏家庙"崇本堂"	1

---

① 本次问卷发放时由于受访人无法填写问卷内容，在问卷回收时，调查者逐项与被访者核对并填写完整问卷内容，经过受访者签名确认留下联络方式。所以98份问卷全部有效。

村落名称	人口总数	主要姓氏所占比例	姓氏宗祠	数量
南山村	1284 人 （273 户）	汤姓占 80%，吴姓占 20%	祀吴姓、汤姓祖先	2
人家村	约 130 人 （300 户）	林姓最多，其次汤姓，第三陈姓	宗祠林氏祠堂	1
后安村	约 287 人	郑姓占 60%，蔡姓占 30%	郑氏祠堂	1
东坑村	约 1000 人	吴姓占大多数	郑氏祠堂	1
竹塔村	约 7850 人	吴姓占 87%，其余为王姓	吴氏姓第一房、四房祠堂 王氏宗祠永锡堂	3

云霄县 2 镇 6 村人口呈现出单一姓占绝对优势，其他姓氏极少抑或没有的姓氏结构特点。各姓氏的宗祠或家庙有 9 座，油车村（旧称梅垵村）全为蔡姓，其祖先在明万历年间创建蔡氏祠堂——崇本堂奉子孙耕读有成，笃孝至悌，敦睦各本。南山村绝大部分汤姓，10 广吴姓人家，村内仅存汤姓祠堂而吴姓祠堂早已败落并且已被其他村民占作他用。后垵村主要为郑姓，郑氏占 60%，蔡姓占 30%，其他姓氏占 20%。目前村内只有郑氏祠堂一座，而蔡氏祠堂已废弃不用，其他姓氏无祠堂。人家村主要以林姓为主，其次为汤姓，村内只有林姓祠堂一座。东厦竹塔村主要为吴姓和王姓，村内吴姓祠堂 2 座，王姓祠堂 1 座。由此可以看出各姓氏先民开垦拓疆迁移历程，并在此落地繁衍的生活迹象。

因为各村的姓氏不同，各种姓氏占的比例不同，直接反映出来人们对节庆日的参与及热情度的不同。比如，油车村全部姓蔡，在六月十九日观音佛辰日，全村蔡姓先到蔡氏祠堂烧香拜祭，60% 蔡姓人会再到村公庙拜祭观音；而相邻的后安村，蔡姓虽然占全村的 30%，本村蔡氏宗祠早已废弃，在观音佛辰之日蔡姓族人只在村公庙夫人庙内敬拜观音佛祖。

2. 鲜明地域性的民间信仰祭祀节日

问卷汇总统计结果显示，云霄县 2 镇 6 村农历节日节事种类繁杂，几乎月月有节日节事。概括为四类：一是与先秦时期农业季节性庆典和南传正统性儒释道宗教信仰相关的节事，如春节、立夏、冬至和佛祖圣诞日等；二是与上古中原传统习俗有关的节事活动如上元节、中元节、下元节、清明节、中秋节等；三是与本地英雄崇拜有关的节事，如开漳圣王诞辰日和祭日、保生大帝诞辰、妈祖诞辰等；四是与本村落人口发展有血缘关系的节事，例如各姓氏世祖或爷(师公)诞辰或祭日等。云霄县2个辖区6个乡村地理条件与自然环境相似，但村落间存在祀奉对象的选择差异性鲜明，从田野调查统计显示：6个村存在共同祀奉庙宇，按数量多少为序祀福德正神土地宫(庙)共有25座，祀开漳诸先贤的庙宇共有7座，祀镇武大帝或称玄天上帝4座。各村还有独特祭祀庙宇，如油车村朝阳书院专门祀奉林太师公、南山村大道公庙专门祀奉白礁吴真人、人家村妈祖庙合并祀奉林默娘和蔡妈、后安村夫人妈庙(民间称陈元光之女陈怀玉)专门祀奉陈怀玉与五谷神、竹塔村的有应宫专门祀奉无后代的厉魂等。民间信仰对象不同，参与过节的村民数量和热情大不一样。调查组参加了农历六月十九的观音出道日的祝寿活动，调查的6个村中只有东坑村最为热闹，全村人参加，在外地工作的本村青年都会尽量赶回家过节，村头搭起戏台恭请出村内所有神灵起驾至戏台对面的观亭内，台上请戏班表演潮剧，众神的看亭前供桌连成一片，村民们将各家准备好的三牲、寿粿金香供于桌上，仅当天专门制作米龟拜寿的人家就摆上了48个，至少40余户人家在此时还愿或求愿。值得一提的是，虽然当天是观音佛祖纪念日，但主祭场上祭拜对象全为本村内各位神明。其他田野调查村只有南山村和油车村早上有村民在村公庙上香，但没有单独准备奉祀品给观音拜寿；其余3个村没有动静。可见外来宗教在本地化过程中发生村际间的流变现象。①

3. 重大民俗节日内容和时间村落间的差异性

田野调查中云霄县2镇6村除在土地公婆庙共同祭祀福德正神、正月初九拜天公、五月初五端午节、七月半的中元节以及年尾的解平安(平安节)外，各村重大节日节事时间选择与村民主要信奉神明诞辰祭日则有不同。如油车村在每年农历二月十五圣王生日时，在圣王庙举行重大的祭祀开漳圣王仪式和活动；油车村确认农历四月四日是林太师公诞辰日，在朝阳书院隆重祭拜林偕春。南山村于农历二月二十二日相公生日在大道公庙隆重举行祭拜广泽尊王仪式。人家村在每年农历三月二十三日妈祖生日时，举行隆重的祭拜活动，搭王棚供奉妈祖神像，用猪头、三牲等供品祭拜，专门做戏扮仙三天(潮戏)；人家村人选择九月二十六日林太师公祭日在林太师公庙举行特别祭拜仪式。东坑村每年农历六月十九日观音出道日全村举行盛大

①　Cohen, Alvin P. *Chinese Religion：Popular Religion*, in M. Eliade ed. , The Encyclopedia of Religion, MacMillam Press, 1987.

的拜佛祖仪式,全村共杀一只大猪,请社戏(潮剧团演出)各家各户制作大龟形糯米粿,备齐饯盒素品点心纷纷到观音庙上香燃鞭炮顶礼膜拜。后埭村每年农历十月十一日夫人妈祭日,在夫人妈庙举行独特的"祈柑(闽南语音注)"活动,即向神明祈求食物的一种仪式,并做戏扮仙(潮戏)三天。经过推理判断各村重大节日祭祀对象之不同与可能与各村主体姓氏族群迁徙并落脚于闽南的过程中所经历特殊经验之不同有关。①

4. 相同民俗节日,仪式规格不同

云霄县6个村在农历正月初九都有祭祀天公诞辰日(生日)仪式,但在活动形式上有差异。油车村村里老人代表到开漳圣王庙祭拜圣王;南山村各家各户自备汤圆、猪脚、果品、全鸡、全鸭在宅内天井里面祭拜天公;后埭村各户准备"三果、十二碗菜、金枣茶",到村内各个神庙祭拜天公;人家村各家各户制作"红圆(汤圆)、猪肉、果品、全鸡、全鸭"在天井里面祭拜天公。东厦竹塔村各户需要用面粉特制成大龟状蒸糕迎灶王下天,到村内庙宇还愿和祈求来年丰收保护全家平安,专门请做戏(潮戏)扮仙三天。

可见在选择做仪式的地点、持续时间、参加人员和美馔规格之不同可能与云霄县6村人口姓氏族群,即以单一姓氏占绝对优势,其他姓氏极少抑或没有的姓氏构成特点相关。

5. 相同时间,祀奉对象不同

我们在田野调查的过程中发现一个非常有意思的现象,即相同节日活动祭拜对象却不同。农历三月十五日,油车村祭祀孙真人,而相邻的南山村却在本村大道宫庙举行祭祀来自白礁的大道公吴真人隆重仪式。

这由于中原汉民节日选择往往与生产作息的二十四节气息息相关,配合农业生产的时间表(春耕、夏耘、秋收、冬藏)劳动空档,形成选择节庆时间时注重单日阳数的习惯,②显然油车村与南山村承传了古中原选节日的习俗。

三、闽南乡村传统节事活动的社会文化内涵

1. 传统节日活动是村民敬天祀神的精神表达

我们这次田野调查选取的2镇6村位于云霄县东南之隅漳江入海口处,

---

① 2011年7月24日笔者在对云霄霞河村村民蔡永茂(71岁,霞河村村民,高级编辑)访谈时求证此推论。

② 高怡萍:《民间宗教中兵马仪式的地区性差异》,庄英章、潘英海编:《台湾与福建社会文化研究论文集之三》,"中央研究院"民族研究所,1996年。

早些时期是云霄县经济发展相对落后的村落。后来这些村落虽受海淡水混合养殖业培育发展的带动和影响，却仍保持以粮食种植为主要的农业生产方式，村民的日常生活与村中土地、种植的作物和植被保持极好关系。我们调查期间正值农历节气大暑（农历六月二十三）前后，随处可见每家每户在村内公共广场和道路上脱稻谷、扬谷稻和晾晒稻谷的情形，靠天生活的传统农业物质生产内容保存完好。他们承袭了上古以来中国人本分地按天地运行规律劳作和休憩，夏耘农忙时生产与收获，农闲时祭祀拜神与祈福的传统文化特征。①

田地农作

2. 神明崇拜与宗族活动交织在一起

田野调查的所有村落都会在拜天公时举行热闹隆重祭拜活动，分为公共祭拜和家内祭祀祖先不同仪式，祖庙或大庙祭拜在先，各户外的厝内祭拜在后。祭拜用品先供奉天公再奉给自家的祖宗或先人。另外，6个村村庙或祖庙将各类主祭神集中于一座庙内。如油车村圣王庙除供奉陈元光及夫人外，还供奉五谷神；南山村大道公庙白礁吴真人与观音菩萨共同被祀奉；后安村的妈夫人庙处祀奉陈元光之女陈怀玉外还奉五谷神像。每户村民家中除摆上供奉祖先牌位的神龛外，其上方普遍排有观音菩萨塑像、玄关上帝塑像或画像祀奉。

① 吕理政：《天、人、社会：试论中国传统的宇宙认知模型》，"中央研究院"民族研究所，1990年。

妈夫人庙中的陈怀玉像

妈祖供像

3. 节日仪式成为血脉传承的重要载体

为了维系和传承宗氏血缘关系,建立宗氏全族人心里的一个"家",人家村和油车村这两年都动员蔡氏和林氏修建新宗氏祠堂。油车村的祠堂已建好,现成了村老年协会之地,全村的老人每天都聚在宗族祠堂里品茶聊事,其实在他们心里是在坚守着这一家族共同的家园。人家村的林氏祠堂刚建好,还没有装修,但天天都有林氏老人前来观望。当我们问及宗祠的钱是怎么筹备的,每年祭拜仪式活动的费用占到全年收入比例是多少、费用来源自哪里时,问卷的受访人回答说:"各种祭拜的费用是必需的开销,要跟上别人,跟不上会被人家耻笑、丢脸。钱自然是各家各户捐助的。"这种态度在6个村的村民中是普遍现象,族亲和宗族组织是闽南乡村民众寄托情感和增强族群凝聚力重要渠道。

4. 闽南节日习俗积淀的古中原社会文化内涵

民俗节日带有浓厚的地域色彩,不同的地理环境、人文氛围往往孕育出不同的民俗节日内容与仪式活动。在调查中我们发现地理区隔与宗族传统造成了各村民俗节日仪式的差异。总的来看云霄县2镇6村俗节日的仪式保存着在其演变过程中所积淀中原社会文化内容,主要有三种:一是天公、佛祖、祖先和鬼神等信仰内容的节日仪式;其次是大庙祭祀日、年度祭祀日和生命内容等固定周期的节日仪式;三是血缘性的家族宗祠构建起来姓氏族群的节日仪式,闽南乡村节日民俗是各村村民的世界观(worldview)和宇宙观(cosmology)的象征系统,借此可探究乡村传统民俗文化与社会现象之间的关系。

从云霄历史习俗溯闽南文化之源
——以开漳之地云霄历史民俗资源调查为例

蔡清毅　徐　辉

漳州云霄县历史以来就是"地极七闽,境连百粤"①,是陈政、陈元光父子率中原府兵开发闽南设立州府之地,史称"开漳之地"②。作为开漳文化的肇始之地,城乡民众在时代相承的社会生活中,这里普遍地沿袭着1300年前随着开漳将士而来的中原文化(包括生活习惯、文化教育、语言音韵、生产习俗等内容)以及千百年来本土土著行为传承下来的民风民俗并存或相互影响与渗透的特殊文化现象。两者交融衍变,形成颇具地域特色、深富内涵的悠

---

① 陈元光:《请建州县表》,《云霄厅志》。
② 陈元光父子的历史事迹学术界已经有比较深入的讨论。《陈元光国际学术研讨论文集》,厦门大学出版社1993版;谢重光《陈元光与漳州早期开发时研究》,台湾文史哲出版社1994版等。

久而多元的历史民俗文化现象,即我们现在所看到的闽南历史民俗文化特色"开漳文化",且奕代沿袭。这里作为"泛闽南文化圈"①的中心区②,"开漳文化"又是闽南文化形成重要节点,可作为泛闽南文化的典型样本。

一、中原古风异俗举证

云霄完好保存着陈元光及先期来到云霄的先民们传播而来的中原文化。调查发现很多有趣独特的活动,其中的古风,彰显云霄文化底蕴,让古典气韵长流。

(一)时令节时

1.天穿节和五味粥

正月二十日,云霄古俗叫天穿节。该节日源于远古先民们对"女娲氏"的崇拜。《淮南子·览冥训》写道:女娲炼五色石以补苍天,断鳌足以立四极,杀黑龙以济冀州,积芦灰以止淫水。为此,古代有"俗以煎饼置屋上,名曰补天穿",或"是日仍不得食米"的习俗。清人俞正燮说"今其俗废久矣"③,不过在云霄农村多有因循举办此节。其俗却有所不同:用多种菜肴和大米等食物,熬煮成五色稀糊状的杂烩稀饭,以祭祀女娲娘娘。此俗可能受到汉代以后佛教的影响,且雅称杂烩粥为"五味粥"④。五味粥必须是稀糊粥,切忌煮成干饭。此大概乃农业社会国民最惧旱涝所致。因五味粥香鲜可口,"天穿"音谐于"添餐",又曰"添餐日"。

2.花朝节和"牵出花园"成人礼

在云霄,小孩长到15虚岁于农历3月15日要行"出花园"仪式,俗称"出婆姐宫"。民间传说,小孩幼时是在花园里由花公、花婆照管,要择吉日

---

① 李衍平在2008年"闽南文化与潮汕文化比较研讨会"会上提出这样的概念,受到普遍的关注。认为"泛闽南文化圈"范围包括福建省的厦门、泉州、漳州3市,广东的汕头、潮州、揭阳、汕尾4市和雷州半岛,海南省的汉族地区,台湾地区等。

② 云霄历史上活动民族成分极其复杂。秦朝以前,是古代闽粤之交少数民族的聚居地之一。秦到东晋末,虽有隶属,但从未建立地方一级政权,以梁山盘陀岭南北先后分属于广东南海郡、南越国、南越国、揭阳县岭;以北则分属闽中郡、闽越国、会稽郡、建安郡。东晋到南北朝则先后建立三个县,到隋朝隶属泉州(今福州)。

③ (清)俞正燮:《天穿节》,癸巳存稿(十一)。

④ 陆游诗云:"今朝佛粥更相馈,反觉江村节物新。"可见佛家影响之巨大。

出花园。是日,孩子沐浴后换上外婆送来的新衣服,①备糯米糖饭和纸扎的"花亭",男孩加一只公鸡,女孩加一只母鸡,到寺庙里祭拜"注生娘娘"。拜毕,孩子穿草鞋、背包袱、拿雨伞,由长辈或寺庙的住持执雨伞的另一端,牵着孩子自左向右绕神案12周,然后焚化花亭和纸锭。孩子出寺庙后要独自在街上或田野间绕一大圈子再回家。家长还要宴请亲族,让出花园者坐尊位。从此孩子就算跳出花园,成了大人。据考,此俗源于传自唐代洛阳的风俗——"花朝节"。"花朝节"是百花的节日,开漳将士将这种风俗传播到云霄。目前台湾有一些地方仍在举行,2009年央视4套《走遍中国》就对此做了专集。

牵出花园仪式

3. 冬节与祭冬

在云霄冬至俗称"冬节",这俗称大有来头。据《后汉书》云:"冬至前后,君子安身静体,百官绝事,不听政,择吉辰而后省事。"有类似于现代社会的官方例假过节。云霄人称冬至为冬节,或本于此。习俗上更保留周礼"祀年八节"的风俗。节前一天,各家各户磨糯米吊浆,当晚搓成团圆(叫搓圆)。

---

① 男孩还要新做一套蓝布衣裤,穿过要珍藏。有的是女孩在16岁举办。

节日清早,煮糖圆祭天公、先祖,合家食之,谓之"添新岁。"所以冬节又称"过小年"。值得注意的是,冬节的糖糯米圆区别于六月初六半年节的咸粳米圆。① 直至今日农村还完好保留这样的风俗:人们把甜糯米圆各放置门环、谷砻、石磨、风柜、谷仓等器械上,甚至为了感谢耕牛劳作之苦,还把汤圆拿一碗包在芥菜叶里喂牛,在牛头额、双角上粘上三粒,有的还贴在牛尾巴上。这些都充分地体现了农耕稻作文化下对于生产工具的尊重和关怀。

4. 太阳公生

农历三月十九日,云霄民间有用面条和红糖等祭品祭拜太阳公之习俗。太阳公生日实际是古代祭拜日神生日的中和节,而据《唐书》记载,中和节是在唐德宗亲自提倡下兴起的一个节日,说明这一习俗创自唐代,随后传至闽南。另有一说,太阳公生乃是纪念"日光天子"明庄烈帝——崇祯殉难,云霄有此民俗,乃是因为国姓爷郑成功两次率部进驻云霄,带进来的。

(二)民间信仰

1. 天地公生

正月初九是道教最高神灵玉皇上帝诞辰日。耐人寻味的是,云霄人至今沿用古代中原所谓皇天为"天公",称谓后土为"地公",并谨遵古理将玉皇上帝和后土两神合称为"天地公"。这个节日也冠名为"天地公生",确实属于极为原始的名号。据左传记载,皇天为玉皇上帝,后土是皇地祇。道教中皇天后土均为"四御"之一。土地崇拜乃源于远古时代中国先民的原始土地崇拜,又为天阳地阴,两者就成为了至高无上的神。在云霄,每每有重大无助与冤枉发生时,老百姓念念有词"天地啊"、"天地公啊"、"天地公伯啊"。这与云霄民众自唐代迄今较少受到外沿文化的影响,深怀祖先从中原而来的古俗情怀不无关系。

---

① 农历六月十五日,闽南农村都要吃"半年圆"。这种圆丸只有"冬至圆"的一半大,不带汤,多染成朱红色。这一天,家家户户还要添上丰盛菜肴,合家进行半年"小围炉"。这"半年节"风俗始自明代。明朝中叶,漳州月港成为中国对外贸易的一个港口,市镇繁华,倭寇海贼常伺机骚扰,尤其是夏粮收成后,贼船常偷偷靠岸,突然袭击,见人便杀,见物便抢。于是,人们就安排在农历六月十五日,提前过个"小年"蒸些小圆丸祈求神明保佑平安。有些家庭主妇在盘蝶上将圆丸叠成小山状,并在顶端放上一颗带壳的龙眼干。这"桂圆"寄托着主人"富贵"、"团圆"的愿望。

2. 周亚夫神诞

很多地区将"广平尊王庙"①与开漳圣王"王爹庙"相混淆,其实前者祭祀的是汉代名将周亚夫。乃陈元光父子率兵入闽,将其神灵随祀军中,开漳后,建庙以祀,故被称为"开漳将士的保护神"。目前在云霄的下坂、西林、内龙坑、后汤、霞河村等地均有。其中以西林村"五通庙"为最早。据《云霄厅志》载:"建庙必在开屯之先,云霄宫庙唯此最古。"②

3. 梁山尊王庙

尊王庙祖庙在梁山下,又称梁山明王庙。现在云霄在上窖、东坑、霞美与河塘等村都有此庙。《云霄县志》中写着"属何神无考,自古受崇奉"③。其实不然,此神应为南朝齐武帝(479—502)。据康熙版《漳浦县志》载:"其中峰曰莲花。相传为齐武帝所赏,名齐帝石。考《南齐书》,武帝初举兵,避屯揭阳山。……梁山固揭阳境,其为武帝所登眺无疑也。"虽仅寥寥几行字,专家称,萧赜可能是目前有"志"可据的第一个避难漳州的"皇室人"。④

如今云霄梁山莲花峰上有一巨石,称为"齐帝石",即源于这典故。后人营造梁明王庙与莲花水晶场。在云霄还流传有这段举兵反叛的神奇传说,还有讹传为洪武君朱元璋。又有志载"宋帝昺时,文丞相过此尝祈于庙,夜梦神授方略,翌日军容大振"。⑤ 后宋帝昺追封为"梁山尊王"。

4. 五谷王生

农历四月二十六,是云霄城乡各地做"五谷王生"的日子,即炎帝诞辰纪念。这种中州传统习俗,在闽南区域外已经日渐稀见。祭祀形式也很简朴,在家中将谷粒盛入壶中,插上香烛权当香炉,并摆上酒、饭、牲醴等供品,望

---

① 从下坂村王爹庙的楹联"细柳营中严戎胄,古樟庙里显威灵"可以印证这是祭祀汉代治军典范周亚夫。不过民间皆称周亚夫为广平尊王,究竟出何典故或有否讹误,有待进一步考证。史籍未见周亚夫曾受封,倒是在东汉光武帝有名将吴汉受封广平侯,但漳州及其他地区把广平尊王认为是吴汉则有附会揣测之意。

② 薛凝度:《云霄厅志》,清嘉庆二十一年修。

③ 《云霄县志》卷三十二,方志出版社 1989 年版,第 1094 页。

④ 据历史考证,齐武帝姓萧名赜,乃南朝齐国的第二任皇帝,年号永明,帝位十一年。据"梁山明王庙碑记"记载:齐武帝在位时因改革朝纲,遭到江州刺史王子勋谋反,齐武帝被捕。族人肖兴祖等破郡迎出之,遂带部曲百余名起义,避屯广东揭阳山中(时梁山属于揭阳辖地)聚三千多人。有一天,萧赜登上时属揭阳县的梁山主峰莲花峰游赏风景,随后在山中隐居练兵,直到后来举兵平叛取胜而嗣位,由此证明了梁山乃是齐武帝崛起中兴地也。

⑤ 薛凝度:《云霄厅志》,清嘉庆二十一年修。

空礼拜。在庙中神像的献供形式,就没什么区别。历来云霄农户多在此日暴晒农作物种子,认为经过此日暴晒的种子不仅防霉变,而且提高发芽率。

5. 古神介子推的崇拜

我国民俗文化中,因纪念历史人物的国家性节日只有两个:一个是端午节(纪念屈原),一个是清明寒食节(纪念介子推)。如今,寒食节禁火、头上戴柳、门楣插柳的习俗已经基本没有,甚至整个寒食节也不为人所知了。但云霄人纪念介子推的风俗依旧,称其人为"烈圣尊王",亦称"大伯爷公"。下河、上河、阳霞、中柱、官田、上坑、下径、船场、东坑等几十个村尚有奉祀庙宇。每年寒食日与农历七月二十五日,百姓依古例进庙隆祀。此习俗是陈元光父子传播入闽。据传陈元光对介子推非常敬仰,尽管行军万里,亦不忘奉其香火以其风范来勉励军民。又有一说认为:这是西汉"南越王"赵佗治粤(时云霄境域属之)时所传下的燕赵遗风。不管如何,这一民间信仰古风依存,足以证明开漳文化的渊源之深远。

二、闽越人及前闽越族对开漳文化的影响举证

考古发掘表明,早在距今约八至四万年前的旧石器时代,就有古人类生活在闽南漳州一带。到上古三代时,福建境内至少居住着 7 支土著部族,古文献称之为"七闽"。春秋末,楚灭越国,于越民遁入福建,二者融合为"闽越"。公元前 110 年,汉武帝灭亡闽越国,"诏军吏皆将其民徙处江淮间,东越地遂虚"①。显然在前闽越时代和后闽越时代,闽地文化本身就受到多种文化因素的渗透、影响。开漳文化势必深深的烙上底层闽地土著文化的印记。后世依古籍记载,将闽越的文化特征归纳为:崇拜蛇图腾,断发文身,习于水斗,便于用舟,山处水行,好食腥味,种植水稻,行悬棺葬,拔牙,行巫术等等,多达 20 多种。② 依此,举其要者以证之。

(一)农业生产习俗及食俗

1. 稻作文化

---

① 司马迁:《史记》卷一一四,《东越列传》。

② 汪征鲁、薛菁:《关于闽越文化若干问题的探讨》,《福建师范大学学报(哲学社会科学版)》2007 年 第 2 期。

早在六朝,沈怀远《次绥安》诗中有"阻海粳稻熟"之句。① 唐代丁儒在《归闲诗二十韵》诗中就说:"杂卉三冬绿,嘉禾两度新"②可见稻作文化在云霄存在已早。土砻、石臼、石椎、风柜等长期是我国南方水稻地区最主要的粮食加工工具。沿用至今。中州人南迁后,不得不改变其祖习惯而改从越俗——"饭稻羹鱼"。③ 这是经济生活中的一个最大的变化。

2. 南方花果

丁儒在其《归闲诗二十韵》和《冬日到泉郡次九龙江与诸公唱和十三韵》④诗中共记载了20余种漳州盛产的花果:荔枝、芭蕉、龙眼、柑橘、甘蔗等,可见,当时漳州云霄已是一块富庶的水果鱼米之乡。而今天云霄人经济花果的品种和栽培技术当系从原住的越人及其传人输入。

3. 祭牛

在云霄,四月初八浴佛节这一天,就是农事再忙再紧农户们也不得役使耕牛,而是煮米甜粥或白米粥喂牛,并趁早放牛出栏,去啃食带露水之草。因此云霄俗语有云:"人闲五月节,牛闲四月八。"民间特煮酒蒸粿拜祭"牛神",谓之"牛诞"。中原地区罕有此节。百越民族流行此俗,其传人壮族、布依族即属此例。

4. 斗圩

云霄人将赶集叫"斗圩",将市场叫做"圩市"或"圩场"。"圩",古作"虚"字。早见柳宗元在《柳河东集·童区寄传》:"越人少恩⋯⋯之虚所卖之。"⑤可证虚来自于越人无疑。云霄人保持此俗,在农村乡镇广泛存有圩日。

5. 喜食蛇蛤

《逸周书·王会解》云:"东越海蛤,越人蝉蛇,蝉顺食之美"。《淮南于·精神训》说:"越人得蛇以为上肴,中国得而弃之,无用。"晋张华《博物志》则

---

① 陈梦雷等:《古今图书集成》,中华书局1985年版。

② 丁儒:《归闲二十韵》,《云霄县志》卷十七。

③ 司马迁:《史记》,中华书局1982年版,第3270页。

④ 第一首诗说道:"天开一岁暖,花发四时春。杂卉三冬绿,嘉禾两度新,俚歌声靡曼,秫酒味温醇。锦苑来丹荔,清波出素鳞。芭蕉金剖润,龙眼玉生津。蜜取花间露,柑藏树上珍。醉宜薯蓣沥,睡稳林棉茵。茉莉香篱落,榕荫浃里堙。雪霜偏僻地,风景独推闽⋯⋯"第二首写道:"天涯寒不至,地角气偏融。橘列丹青树,槿抽绵绣丛。秋余甘菊艳,岁迫丽春红。麦垅披蓝远,榕庄拔翠雄⋯⋯"

⑤ 对此,南朝宋人沈怀远《南越志》中云:越之市名曰虚。乃是现今始记"圩"名者。

说"东南食水产……水产者、鱼、蛤、螺、蛙,以为珍味,不觉其腥臊也。"①这些记载都是说明越人喜食蛇蛤。② 云霄人一向好食水产,各种水中之物,无所不食,云霄泥蚶名扬天下,仅以热水烫之。显然是受到蛮越土著的饮食习尚影响的结果。清乾隆《潮州府志·风俗》也称"所食大半取于海族……尚承蛮徼遗俗"。

(二)岁时节庆与民间信仰

1. 乞巧节拜东施娘

七月初七,俗称"乞巧节"。在云霄此俗却甚是少见,而是流行拜床公床婆和女子祭祀"厕神东施娘"。后者尽管湮息了百年之久,却可追溯到春秋末年越国灭亡后的宗室逸隐入闽,与当地土著相融所形成的"闽越族"异俗。传说东施效颦事后知羞,愧而投厕,阴司怜之,封为厕神,③又说东施生精于女红手艺。因此少女如果想要学好一手人人夸赞的女红手艺,需要准备糖果、甜粿及一只绣花鞋,在厕所前"祭东施娘",并引领女童唱童谣。④ 此俗在台湾有些地方依然存在。而在闽粤交界处还有民众把"上厕所"雅言为"上东施",是为此俗传播的残存影迹。

2. 水神崇拜

云霄人历来有航运营商传统,民间不但纪念妈祖林默、三娘(即观世音菩萨),还有多个庙宇祭拜水仙(即项羽、屈原、伍子胥等);在云霄海边村庄还见到拜南海菩萨大娘、二娘(传说是观世音妙善的两个姐姐)。大坑等村则在五月初二是太保公生,并有庙宇祭祀。此乃纪念航海家郑和,因其当年下西洋时曾两次到达云霄。另在 1955 年,福建省政府公布的全省分级文物保护单位名单中,列有"郑和碑,在云霄马山"(可惜该碑目前湮失)。归根到底,海神崇拜当起源于古越人。

3. 做米龟

数千年来,人们常把龟类视为吉祥、长寿的象征。前闽越族奉龟为神话中的水母而加以崇拜。在元宵节时均制作"龟"这种长寿、灵性的水生动物供人祭拜,借以祈求来年平安顺利而福寿绵延。目前,只有闽南和台

---

① 张华:《博物志》,《五方人民》卷一。
② 冯顺志:《探究古闽越族的民俗文化》,《中财论坛》,2006 年 11 月 16 日。
③ 这显然别于北方的厕神为三霄娘娘或紫姑娘。
④ 在云霄文史资料中,收录一首当年唱的童谣。

湾一带仍保存这项传统民俗活动。云霄人则把做米龟发挥到了极致,重大
节日祭祀、生日诞辰、"做丁贺喜"、许愿祀神等几乎无所不做米龟祈求
平安。

米龟

（三）生命礼俗

1. 槟榔为聘

在云霄婚俗中,双方同意后,男家按议定聘礼行聘定亲,完整的聘礼 12
色:聘金、布料、金银首饰、红烛、顺盒、豆苏饼、莲子、香蕉、橘饼、柿饼、槟榔、
栳叶①,女家回以糕排、花生果和红烛、顺盒等。直至民国,云霄还盛行此风。
据《九真蛮僚俗》载:"九真僚欲婚,先以槟榔子一函诣女,女食即婚。"②可见
旧时云霄在聘礼中送槟榔的习俗源自古代岭南"蛮僚"遗习。

同时直至民国,云霄都有嚼槟榔的习俗。吃槟榔法,取芙留藤叶（明崇
祯间起称为苦叶）卷槟榔和蚶壳灰含食之。昔日槟榔的作用不亚于今日的
香烟。清时,凡遇口角,理亏者,带着槟榔上门谢罪。民国,邑俗凡乡里间,
细故口角理短者,则家长判令以冬瓜、苦叶置红篮中,往对方登门谢罪,事

---

① 栳叶用以裹槟榔片嚼食,可待客。民国初尚有,后槟榔栳叶改以糖果代替。

② 见《太平御览》果部卷九七一引《九真蛮僚俗》,中华书局 2010 年版。

乃已。

2. 婚俗

目前在云霄婚礼上还有"跨火炉"、"穿白衣"、"佩黑头巾"等习俗,这也与闽越族有若干关联。盖因当初汉人将闽越子杀死,强娶闽越女子当老婆,这些女子因为亲人刚刚被杀,自然不情愿外嫁,但在被逼无奈之下,向男方约法三章:一是新娘装里面穿一套白衣,象征为死去的亲人披麻戴孝;二是"跨火炉",象征房子被烧,现在则演变成红红火火、吉祥之意;三是红盖头的另一面是黑色,象征是被强行抢去的,自己并非自愿。①

3. 乞水淋浴

云霄人治丧有乞水淋浴之俗。在分孝服后,遗族穿好孝服,以钱币掷笺向河公河婆乞水,意指向河神买水为亡者净身淋浴用。乞水后,请道士或家属以竹子夹白布浸乞回的水,象征为亡者洗澡净身,并念吉祥话,此为"淋浴"。查《中国丧葬史》,中原地区并无此俗,这种习俗乃源于古代越人。据宋范成大《桂海虞衡志》说道:"亲始死,披发持瓶瓮、恸哭水滨,掷铜钱纸钱于水、汲归浴尸,谓之买水。否则邻里以为不孝。"②

三、畲瑶土著对开漳文化的影响举证

在研究中常把唐朝之前漳潮地区的少数民族统称为百越族的后代或闽越族的后代,或者是主张畲族是越族后裔。③ 从现有文献和习俗考察看来,当年蛮獠主要是畲族的前身,而且他们也与越人大不同:从图腾看,畲人拜狗;从生活习俗看,畲人刀耕火种、以狩猎为食、巢居崖处;从发饰而言,畲人跣足椎髻等。

尽管畲族来源学术界尚存在较大分歧④,但一般认为,至迟在公元 7 世纪初(即隋唐之际)畲人已经积聚在闽、粤、赣三省交界地区。陈元光父子南下平叛"蛮獠"乃是畲瑶民系。随着汉畲交错杂居,"相访朝和夕",也就"浑

---

① 当然,也可能跟当时畲族的习俗也有关系。
② 范成大:《西原蛮》,《桂海虞衡志·志蛮》,广西民族出版社 1984 年版
③ 蒋炳钊:《畲族史稿》,厦门大学出版社 1988 年版。
④ 施联朱主编《畲族研究论文集》;又如卢美松、欧潭生《试论陈元光开漳前后的闽南土著民族》;张辉煌《初唐闽南少数民族族源泉钩沉》均比较认可当时陈元光平叛蛮獠之乱的蛮獠就是畲瑶族或者是畲瑶的前身。

忘越与秦"①,正如著名史学家饶宗颐教授所述:陈元光开辟漳州,筚路蓝缕,以启山林,即与畲民结不解缘。② 其对开漳文化的影响是显而易见的,主要表现:

(一)生产习俗、食俗和用物

1. 种畲

早在东汉《说文解字》解释:"畲,三岁织田也。"南宋范成大《劳畲耕》诗序:"畲田,峡中刀耕火种之地也。春初斫山,众木尽蹶。至当种时,伺有雨候,则前一夕灰之,借其灰以粪。"③这种农耕技术的特点是"畲族"得名的主要原因。至今云霄仍称开山种作物为开畲(如凤梨畲、姜畲),放火烧山种出来的地瓜称为畲番薯。种植旱作物的"同风",非常确切反映了不同族群经济生活的互动。

2. 石粪

云霄多山田,山阴水冷,稻谷产量很低,为提高产量,就用"石粪"改良土壤。"居民燔灰以粪田,名曰石粪。"即将石灰岩石料烧成灰,将富有热力的石灰肥田,可以提高水温,增强地力。此法首先来自山居畲民。清朝屈大均《畲民诗》中云:"畲客石为田,田肥宜石粪;英州石大多,燔石无人问。"④

3. "茶尤善"

云霄人把茶叫"茶米",足以看到云霄人嗜茶如命,茶与米都不可分了。云霄人爱喝茶,还喝出名堂来,有一套饮誉海外的"工夫茶"。至清朝黄钊诗写到功夫茶"潮与闽南好尚符"。云霄工夫茶所用的茶都是乌龙茶,而乌龙茶源于潮州畲民,是经他们种植,并推广的。⑤ 畲族茶史溯源应早于陆羽《茶经》问世以前,当时已经形成"畲山无园不种茶"、"园里无茶不成寮(屋),山上无茶不成村"。⑥ 云霄人当从畲人中吸收了高超的培茶与焙茶的技术方

① 丁儒:《归闲二十韵》,《白石丁氏古谱》。

② 饶宗颐:《潮州学在中国文化史上的重要性——何以要建立"潮州学"》,《潮州学研究》1993 年第 1 期。

③ 范成大:《石湖集·劳畲耕》,《诗序》,上海古籍出版社 2006 年版。

④ (清)屈大均:《畲民诗》,《广东新语·石语》。

⑤ 黄柏梓在其著作《中国凤凰》中就认为:中国乌龙茶的起源就是石鼓坪乌龙,是随畲族人向外迁徙而移植到外地,其中一支就移到福建的安溪,安溪铁观音的祖先就是凤凰乌龙茶,就是石鼓坪乌龙。

⑥ 林更生:《畲族茶文化》,《福建茶叶》2007 年第 1 期 。

法,并吸收大量畲族的茶俗。①

4. 粿品咸菜

畲人的饮食习俗流传于云霄居民中,如:(1)粿桃。即捣米为粉,冲水混合,揉成粿皮,用各种香料或豆沙为馅,作成粿桃。这种粿桃,其与古中原地区的"糍粑"完全不同。(2)腌制品。例如用芥菜拌盐腌制,或拌以鸡肉共煮,称"酸咸菜"和"咸菜鸡"。今贵州苗族地区也保留了这种食俗。

5. 日常用物

在云霄各种日常用物中,与其他地方明显不同的有:短笠、花篮、菜篮和火簏(烤火用)。这四种精编竹篾用品应该是继承畲胞的。短笠,云霄人称之为"粿笠仔",尖头圆沿,轻便灵巧。花篮是一种有盖的竹篮,外面画有红花绿草等图案,还涂上桐油以防雨水,通常为妇女所用。云霄俗语称其为"篮饭",应是畲语"饭篮"的倒装。菜篮是一种简形的有盏竹篮,但提把比花篮的长得多,所以可挂在肩上,先前乡间每户都有一个。火簏是一个网状篮子,中间置有一个陶盆可装火炭,以前云霄人每家每户都备有,在寒冷的冬天给老人烤火取暖。

日用品中还有"瓠靴"和木屐。"瓠靴"半圆形,木制或者用瓠瓜切半晒干即成(这是其得名原因),用于舀水,舀水时恰与鼎锅的底部吻合。木屐则如同日本之制。这些跟畲人的关系就不得而知了。

(三)历史遗迹、日常习俗与禁忌

1. 以畲、瑶名地

在云霄存在很多畲族有关的地名。首先有"火田村","火田镇",此乃来源于畲族"可耕乃火田之余"②、"凡畲唯种黍、稷,皆火褥"③。同时还有大量的畲、斜④、洞(峒)、寨、寮命名。以畲(斜)命名的有:桃畲、顶梨畲、下梨畲、白凤畲、畲园、畲狗山等村名。以洞为村名:如大洞、树洞、内洞、口洞、罗婆洞、白狗洞等。娘子寨更是当年陈元光击败蛮獠,越岭入镇云霄之所在。云霄至今有个地名叫"番人墓",番人乃陈元光等汉民对畲人的称呼。

---

　① 云霄日常生活、劳动、会客、婚嫁、祭祀及一些休闲场合,都有很多与茶有关的各种习俗。对此,超过本文的研究。

　② 陈元光:《请建州县表》,《云霄厅志》卷一七,成文出版社1935年版。

　③ 薛凝度:《火田》,《云霄厅志》卷一六,成文出版社1935年版。

　④ 在闽南话中"畲"和"斜"是同个发音,故可认为是一致的。

2.死狗逐水流

云霄人对于家狗死后,是不会吃的,在狗脖子上套上"银子纸",投入河中,顺水流走。而且在云霄地区吃狗肉并不是很盛行。渔猎时代的狗和农耕时代的牛,都是重要的家畜。特别是狗,对于"所事者菟狩为生"的畲人来说更是不可多得的。畲族人又以传说中盘瓠——狗作为自己民族始祖。因而畲民不宰牛不屠狗是畲民的传统习惯。在云霄下河乡陂兜村,古时祭祖时常挂狗头王图,甚至畲民死亡,也必须挂出朝拜。与此相关的,云霄办喜事的忌在9月,因为九与狗同音。应该也是畲人狗崇拜的一个佐证。出行有"七不出九不归"之说,也是同理。

3."卜杯"与"抽签"

云霄人到神庙拜神时"卜杯",以预知是否如愿。这种以两片蚌壳或两片术片掷到地上,如果是一阴一阳的,就是"胜杯",有胜利的希望;两阳的为"笑杯",是神明在笑问的人异想天开,意为不可行;两阴的为"稳杯"。与畲胞祭神时的占卜一样,云霄人同样以胜杯为佳,稳杯为次,笑杯为差的。这种占卜方法在其他区域少见,而且又有畲族的"抛蚌壳钱在先",两者内涵相同,还有"签筒",云霄人拜神有"辂"签,即摇晃签筒,至最后其中有一根签跳出才是神灵所赐的,与其他地方"抽签"不同。从文化传播理论的角度,应该是从畲胞所继承。

4.其他

又如"椎髻跣足""械斗纠党"等风俗跟畲族先民有着紧密的联系。这些习俗多有研究报道。"左衽居椎髻之半"当年陈元光来到云霄时,就发下如此的感慨。直至明朝明中叶谢肇淛曰:"今世吾闽兴化、泉、漳三郡,以屦当靸,洗足竟,即跣而着之,不论贵贱男女皆然。"平日,畲族"聚族而居",在平时属于松散型的居民群众,在反抗异族或对外作战是,则以畲领纠党的形式出现。这样的性格对于闽南人的性格影响是显而易见的。

(三)生命习俗及宗族观念

1.千年婚礼。

为表生死不渝的决心,双方议定举行婚礼时必不可少的几件事:(1)床头要垫铺一条死人的草菅榛席(芦席),属死人入殓才用用品。(2)新郎和新娘都穿白色孝服(俗称相头衫裤),婚后三朝洗净珍藏,至逝世再贴身穿上。(3)新娘迎娶到家,新郎新娘在房内吃的十二碗:有鸡、肉、鱼等12样菜色,其中一定要有糖豆、麻糍粿和 5 种猪内脏,俗称"五腹(福)"(均为死人祭品),称为"新娘桌"。此风俗已逐渐流失,但还在惠安县山腰村、钟厝两个村庄中保存。

2. 吊丧用鼓乐

在云霄丧礼,祭毕,儿孙"围(绕)棺"后出殡。出殡行列,由小鼓队开道。奏乐的喧闹场面,与哀痛悼念的情绪形成强烈反差。其实云霄人在祭奠、做斋、送葬时,多用乐。故当年苏东坡对闽粤区有"钟鼓不分哀乐事"之讥。此俗,显系受南方民族风俗影响所致。如瑶族有"暖丧"之习。据清·顾炎武《天下郡国利病书·广东下》记明代瑶俗:"丧葬,则作乐歌唱,谓之暖丧。"

3. 强烈的宗族观念

云霄村村有族谱,重宗族观念。历史以来外界多有报道的宗族械斗也往往是以宗族为单位形成的。无独有偶,畲家重修谱,有"五世不修谱,乃祖宗之罪人"的提法。这跟些历史上畲民"结庐深山,聚族而居"、"自安化外"①、"一人讼则众人随之,一山讼则众山随之"②的特性有着很深的关系。

四、多族复合文化对开漳文化的影响举证

生活在多族多民系环境中的闽南人,受到其他民族和民系的影响是顺理成章之事。不过,从文化调整的角度来看,这是先进生产方式与落后生产方式的斗争,其结果是优势的汉族文化逐渐的同化与融合了原来的土著文化。诚如陈元光在《谢准请表》中所称"庶荒陬蛮獠尽沐皇风"。风俗习惯也逐渐汉化,"蛮獠之俗为冠带之伦","变椎髻而复伦序"。在长期文化演化和社会变迁中,开漳文化正反映了中原汉文化对原土著文化全面覆盖的一个完整过程。对这些文化的正本溯源更成为今日的难点。而三山国王崇拜、潮剧、五谷王(母)崇拜等,就是其中典型。

1. 端午与拍蒲船

端午的由来,一直以来众说纷纭,诸如:纪念屈原说、纪念伍子胥说、纪念曹娥说、起于三代夏至节说、恶月恶日驱避说、吴月民族图腾祭说等。以上各说,各本其源。

---

① 见《侯官乡土志》。
② 康熙《平和县志》卷十二《杂览·猫獞》。

云霄盛行龙舟竞赛。民间称为"扒龙船"。古代此活动,船的体式和名称从不讲究。至于后来称为"龙舟"或"龙船",乃因古闽越人信奉蛟龙为他们的保护神,所以凡建造船舶,都在船身上画龙的形象。① 时至今日,云霄沿海各地船头的眼睛仍然叫做"龙目"。而云霄通常要举行"呼龙仔"、"龙舟上水"、"开斧"、"献江"、"收船请酒"、"拍蒲船"等民俗活动,这些活动从名称到活动本身,较好的保存了古代闽越人"龙仔节"的遗风。

这天云霄乡民除了食粽子,还取榕枝、艾枞、稻禾三物合插在门首,全家象征性地喝点"雄黄酒",以祈避邪气入侵。个别地方还保留女儿回娘家,挂钟馗像,荡秋千等风俗。使得端午由来的个说法在群众自身生活中得到了和谐完美的统一。

2. 云霄潮剧

潮剧,因潮字命名,一直被认为是广东潮州的特色剧种。实质上,潮剧是闽南、粤东共同发源的民间地方剧种,也是云霄的土特产,并非外来产物。陈元光父子皆精通音乐,陈政还曾任宫廷最高乐官太常侍,他们开漳入闽时,把大唐宫廷乐曲和百戏艺术带到云霄,使河洛古乐与百越俚戏交汇融合。受唐朝遗韵影响,云霄一带民间戏风活动至南宋时已十分炽热,民间搭棚演剧酬神已蔚然成风。宋室南渡后,早期南戏温州杂剧流入闽南,形成以闽南官话演唱的"正字戏"。"正字戏"正是潮剧的雏形。正字戏随着闽南人移民粤东,又吸收了当地民间说唱特点,同时融合畲歌疍舞。闽南、粤东古为畲汉杂处地,在山为畲,在水为疍。山畲斗歌,疍船妙舞。舞台上三步踏前,三步踏后,摇曳晃荡的表演台步,便是疍民船上的歌舞遗迹。而到清朝"按本邑今唯潮音剧盛行……每一唱演,则通宵达旦,举国若狂。"②2011 年 5 月 23 日,在国务院批准的第三批国家级非物质文化遗产名录里面,云霄潮剧名列其中。

---

① 《越地传》云:"竞渡之事起于越王勾践",同时闻一多先生在其《端午考》及《端午节的历史教育》(见《闻一多全集》)认为端午节是吴越民族举行龙图腾崇拜活动的节日。

② 云霄县志编委会:《云霄县志》,1956 年编修。

潮剧

3. 三山国王崇拜

所谓三山国王者,实际是巾山、明山、独山的镇山之神。此三山神"肇于隋、显灵于唐、封于宋",不少人认为这是客家人独有的神明。但其实粤东闽南的福老人、畲人民以及台湾、海南岛、东南亚各国的粤东移民都信仰三山国王。

迄今仍保存在云霄境内的三山国王庙有马铺乡枧河水尾庵、下河乡龙坑、陈埭乡礁美、蒲美镇浦东村等数处。云霄的三山国王崇拜习俗由来久远。据陈元光(686 年于云霄创建漳州郡,被称开漳圣王)在其留传于世《祀湖州三山神题壁》中提到:"孤隋不尊士,幽谷多豪英,三山亦隐士……"由此可知当时他曾经亲见"三山神庙",而且这庙极可能为当时的三苗所建。盖因云霄自秦汉之后迄于唐初,长期隶属于岭南道,域为粤东北部边沿,民俗文化类似于潮州、揭阳。这样三种文化相互交融,成了云霄此地民间信仰中的一大特色。①

4. 五通庙

即是前面所说的广平尊王庙,相传唐朝以前"原住民"所建。该庙原来

---

① 从时代特点来看,三山神信仰最初是隋代以但族为主的粤东土著民族的信仰。而当时粤东的土著民族,应是后来畲族与黎族的共同的先民之一。因此,三山国王信仰也是由畲族传给客家的。(见《客家闽南潮州与畲族文化的关系》)陈元光的诗作及云霄三山国王崇拜也提供了一个佐证。很多学者对其进行研究并支持这个观点:如陈训先:《论"三山国王"》,潮州日报,2011 年 5 月 19 日—2011 年 6 月 2 日。

五通庙内的石柱有盘、蓝、雷氏捐舍字样,考为土著"蛮獠"所建。可见陈将军入闽时,此地已形成畲族村落。一个多文化融合的形态在一庙之间得到完好的呈现。明末清初有香火传至台湾,称五通宫等。

此外,在云霄至今保持把观音菩萨叫大士爷的称呼,这保持了唐代中原人对观音菩萨的旧称。同时中元节的"抢孤"习俗,显然是台湾同样习俗的开源地。

五、结论及余论

1.历史证明,各地的民俗,无一不是在特定的历史条件下和文化环境中产生。开漳文化包容了不同文化的多元交汇,相互碰撞、渗透、融合而成的,其正负值具存地赋予了开漳文化特殊的形态。其存在着三种主要文化:底层为土著的闽、闽越及其传人的文化;次为早于闽南人前来的"南溪蛮"及其后裔畲瑶文化;最后是闽南先民以河洛为主的中原文化。且长期文化演化和社会变迁中,开漳文化反映了中原汉文化对原土著文化全面覆盖的一个完整过程。这样一种形态独特而包蕴丰富的文化景象,正是源于这样的一个事实:无论在中华文化的内部还是外部,闽南特殊的地理环境和文化区位,都犹如泥沙俱下、龙虫并存的海口。因此陈支平教授指出:"当我们在探讨闽南文化的时候,闽南文化所体现的有别于中国北方以及南方其他地区的多源复合(多源复合的血缘和文化认同),并且由此而来的闽南人文特征,是不容我们予以忽视的。这点在宋元以后就更为明显。"①云霄的历史民俗文化也充分体现在唐朝以前的开漳文化形成的多元倾向。

2.开漳文化多元性考察和辨析,提醒我们:在对待传统历史民俗文化时,不管从政治、经济、文化等不同范畴来思考,一定不能忽略民俗文化的内涵和作用,而且首先必须探究各种民俗的起源、内涵、传播和影响。本文列举的"开漳文化"的种种古风遗俗,迄今虽然很多已经较为寡闻甚至湮息,但凡早期从云霄迁徙外地者,其后裔们未尝忘怀故土旧习。尤其注意的,明清以来从云霄、闽南搬迁台湾或东南亚各地的开漳将士后裔,又把家乡的风俗习惯带到新驻地继续传播,不但影响深远,而且都折射出民族文化特色的光辉。这对于两岸、世界华人同根同源的民族情感和文化认同,对于民族文化的元素归原的价值就不言而喻了。

---

① 陈支平:《闽南文化三论》,福建省炎黄文化研究会等:《闽南文化研究》,海峡文艺出版社 2004 年版,第 12 页

3.闽南文化多元性的现象,告诉我们:作为界定族群重要标准之一的文化认同,其实并不存在一个固定不变的模式。为了生存的需要,族群文化也许不得不变更自己原有的文化形态,实质部分吸收其他族群的文化因子,又部分的放弃自己的原有的文化因子,由此造成文化的多元取向。在寻根中,不同民族(系、群)通过操弄族群的历史记忆,借以确立民族(系、群)的主体性,更有意识地结合其他文化形式,发表场域和空间知识,重新架构民族、族群的文化内涵。对于如此复杂的脉络,我们采取如何的立场、如何正本溯源,实在是关系民族、族群的关系选择的重大历史课题。

4.任何社会文化变迁必然是不同国家、不同民族、不同族群之间文化碰撞后带来文化调整的结果。而文化调整从来就不是也不会是单一方向,而是文化同化和文化融合同时并存的。特别是在优势文化和劣势文化的相互碰撞的过程中。云霄乃至闽南文化的多元性和多样性的特征,正是因为生活在多族多民系环境中,对其他民族文化兼收并蓄的历史产物。这对于现今纷扰和迷失的现代人而言如何辨析社会变迁与文化变迁的历史途径和融合历程,摒弃任何狭隘的民族和族群主义的藩篱,为可持续和谐的民族融合提供深层次的依据。

5.延续持久的地方民俗文化,必然依托着宗教与民间信仰活动为载体。以现在的观点来看,过去的延续持久的地方民俗文化形成过程中,先人们在祭祖、祀神、礼佛、禁忌、仪式、节庆习俗等不同形式的活动及其多样性的表现,大多保持朴素、古雅的文化情怀,保护了生物、文化的多样性。站在这样的高度,要做好民族文化形成产业到产业持续文化,需要我们专家学者从理论上找到依据,厘清文脉。

台湾民族节俗与汉人节俗中的政府行为比较
——以台湾少数民族丰年祭节俗与汉人祭神民俗节庆为例

刘芝凤

一、台湾少数民族收获祭的历史渊源与主要内容

被台湾称之为"原住民"的少数民族现确定身份的有阿美人、泰雅人、排湾人、布农人、鲁凯人、卑南人、邹人（曹人）、赛夏人、雅美人、邵人、撒奇莱雅人、噶玛兰人、太鲁阁人、赛德克人等 14 个族群。这些少数民族是台湾最早的住民，虽然从现有生产形态看，这些少数民族历史上以狩猎、粟作杂粮为主，以社为单位，大大小小数百个社群，坚守着万物有灵的原始宗教信仰。但从许多当地的县志、镇志等历史文献看，其中许多少数民族是台湾最早开垦稻作和粟作的民族。

（一）台湾少数民族收获祭的节庆形式与内容

丰年祭，原名收获祭，是台湾 14 个少数民族年节中最隆重、最盛大的全民节日，有着慎终追远、传承薪火的重要意涵。近十年，由于各地政府为了发展原住民的经济，提高原住民生活质量，积极参与并资助原住民办节会以开发旅游文化产业，将原本不同节期的收获祭统一命名为丰年祭，节庆日期也由传统的以收获当月的月圆日为节庆日期，改为按当地旅游旺季 9 月至 10 月择日举行。因此收获祭变成为当下大陆人知道的"丰年祭"。

台湾少数民族的收获祭（丰年祭）是台湾少数民族旧时因生产需要而产生的农业节庆民俗。具体而言，是农作物栽种或收割前后各民族为预祝或庆祝丰收，感谢祖先神灵，祈愿和禳祓而举行的祭祀节日。时间也没有固定的日期，根据不同社区播种和收获的日子，按月亮盈日或在当地认为的吉日举行。

台湾少数民族与大陆少数民族一样，传统节庆日跟汉人不同，没有春节、正月十五、端午、中秋之说，本族的节日为祭祀日。如排湾人全社共同举行的祭祀日有五年祭前祭、五年祭后祭、粟收获后祭、稗收获祭、地神祭、社神祭、猎神祭、首级收藏祭等。具体来说：五年祭，即第五年举行一次社祭，

社众共同祭祀祖灵及各自父祖代代之灵,分前后两祭;天候祭祀,包括地神祭、社神祭、水源祭、疫疬祭等;农耕祭祀,粟之祭共有四种:播种前祭、播种后祭、收获前祭、收获后祭。① 这些祭祀之日就是一年中的各个节庆日。

台湾"原住民"对收获祭的时间要求,历史上就有具体要求:"祭祀分为在特定时期举行(定期祭)和临时举行(临时祭)二种。前者如五年祭、粟、稗、芋等与农耕有关之祭祀及猎神祭;后者如土地祭、社神祭和疫疬祭等,在不吉之事发生时举行。……凡定期祭均依古例,必到定期方可举行,如有违背必受神灵谴怒。在大祭时番祝招呼祖灵说'汝所家之时已到',在五年祭时说'年来,月来',即表明此意。这说明排湾人并无日历之观念。因而虽说定期举行,并非像邦(汉)人所订某月某日,而只是以粟、稗等之播种、收获等为准,依月亮之盈虚订定日期而已。"②

台湾排湾人、泰雅人和阿美人,收获祭有三道隆重的程序:一是确定祭祀场所。收获祭为社祭大祭,仅次于五年祭,一律于祖先居住过的房屋内举行,不另建祭屋;大头目家往往把祖先居住过的房屋作为禁地,平常不净之物不可接近,祭祀时在此地供祀,行祈祷之仪,自己则另建家屋居住;二是祭祀时日的选择有一定的程序。收获祭为社祭,在族内是定期祭。阿美人的社祭非粟收当月的月圆日不祭。排湾人的大祭有五年祭、粟收获后祭、地神祭、社神祭和首级收藏祭等。祭日确定也不尽相同,在确定祭日时还有一个预告祭,即在大祭之前要预先奉告祖先之灵。五年祭一般在本祭之前五、六个月进行,粟之播种祭及收获后祭则在本祭之前夜,对大头目家前庭的立石祝呼太祖之灵后,奉告祭期已到,即将举行某祭。不同的社所行的方式虽然有所不同,但都有预告仪式。③ 可一日祭也可连续数日祭。三是祭祀程序不变。

泰雅人旧时的粟祭,大多社组织把传统的狩猎祭与收割祭结合举办,一般放在农历八月下旬农闲时举行。据乌来乡高江孝怀的母亲介绍,泰雅人收获祭之前,男人进山打猎,女人在家织布、备制小米酒以备节日的到来。

---

① 台湾总督府临时台湾习惯调查会:《番族习惯调查报告书[第五卷]排湾族.第三册》,"中央研究院"民族研究所 2004 年版,第 44~48 页。

② 台湾总督府临时台湾习惯调查会:《番族习惯调查报告书[第五卷]排湾族.第三册》,"中央研究院"民族研究所 2004 年版,第 45 页。

③ 台湾总督府临时台湾习惯调查会:《番族习惯调查报告书[第五卷]排湾族.第三册》,"中央研究院"民族研究所 2004 年版,第 53 页。

收获祭当天,全族人歌舞狂欢,以猎获的兽肉聚餐,由大头目念祭词,感谢上天神灵和祖先的保佑,期盼明年有更大的丰收。在其他文献资料中,对其他少数民族的农耕祭祀习俗记载是一致的。

在阿美人部落,传统的粟祭中,族人们穿着传统服装,载歌载舞祈祷来年五谷丰登。在卑南族群中,族人们则聚集在各社的会所,接受长老训勉,祭师将新割小米送进仓房,随后进行筛米、捣米、制糕等程序,最后全族人共同享受美食,祈求一年衣食无缺。"收获祭"还有一项职能,就是长老通过丰年祭每个人的表现,考察下一个部落的首领人选。

新北市三枝乡的阿美人传统粟祭在秋季丰收后的月圆日举行。过去是为了欢庆小米丰收祭祀神灵、祖先,祭典在小米收获时举行。日据时期,日本政府强制原住民学习耕种水稻,使得稻作技术得以在台湾"原住民"农作业展开,并形成规模。① 后来的丰年祭便改在稻米收割时节进行。台东地区的阿美人在农历七月,花莲地区的阿美人在农历八月举行粟祭,又称收获祭。各社举办的收获祭又各有特色,有的办一天,有的长到七天。

（二）台湾少数民族收获祭的历史背景与渊源

台湾少数民族收获祭之所以有如此隆重和严格的程序方式,其主要背景是源于他们苦难的历史。从台湾诸多的文献资料和《民族地理学》②等民族地理资料以及台湾少数民族的民俗传承分析,当地学界称之为"原住民"的台湾少数民族,可能是新石器时期南方的稻作民族,五六千年前,最后一次冰河纪末期从福建东山陆桥迁徙到台湾。或更接近地说,有可能是大陆商周至春秋时期的"濮人"后裔。从民俗传承的文化共性分析,这一点更接近现实。如果他们是春秋战国时期因濮被楚灭而逃难迁徙到台湾的濮人的话,则应该与古濮人有着某种血缘关系。如台湾少数民族中几个大族群民族如泰雅人族、阿美族人、卑南人族、赛夏人族、排湾人族及后来分化形成的撒奇莱雅人族、噶玛兰人族、太鲁阁人族、赛德克人族等,历史上都有猎头祭祀、凿齿、纹身、开秧门祭、好食腌鱼腌肉、喜欢色彩鲜艳等习惯。台湾少数民族传袭下来的这些历史民俗现象与云南佤族、德昂族、布朗族、彝族倮支

① 松岗格:《日本稻作文化对台湾的影响——论日治时代台湾殖民地政府的相关稻米政策——Influences of Japanese Rice - Cropping Culture in Taiwan》,2009 国际人类学民族学第 16 届世界联合大会论文。

② 管彦波:《民族地理学》,社会科学文献出版社 2011 年版,第 526 ~ 529 页。

(猎头祭祀)以及有着上万年历史、最早学会人工栽培稻的湘黔桂地区稻作民族壮族、侗族、水族等少数民族稻作习俗(凿齿、食酸、粑祭、崇蛇、蛙等生活习俗)一样,有着太多的共同文化特征。

"濮"一度称国,曾在商代末期武王伐纣时,周武王集约诸侯国中排第一,为建立周朝立下汗马功劳。但因诸多原因,也是最早灭亡的小诸侯国之一。因此,国破家亡的悲痛促使远迁外乡的后人更加珍惜和保护本族历史习俗,以此承继香脉,传承历史。如云南的佤族、德昂族、布朗族等,不论居住条件多么险恶,即使没有条件种水稻,也要坚持种旱稻。在民间信仰和节庆习俗中仍然保持着祖传的仪式。而台湾的少数民族也是一样,虽然在唐宋以后,尤其是明代以后陆续入台的汉人用种种手段,迫使他们失去田地,被迫迁到台湾高山居住,但仍然种植旱稻和粟。日据时期,虽然又被日本统治者强制迁下山或半山区,强迫包括汉人在内的台湾人信奉日本的神教和习从日本的民间节日,但台湾的民间节俗仍然延续着中国古老的传统节庆习俗。台湾少数民族也是一样,传统的节庆日仍然围绕各种农业祭祀进行。以台中漳化县北斗镇为例,如今繁华的汉人聚居地北斗,历史上就是少数民族的家园。据《北斗镇志》载,北斗镇旧称"东螺街",原为平埔族东螺社社域,后因洪水兵燹之祸迁居宝斗并改称"北斗街"。

北斗位于彰化县平原的东南隅,台湾古商城鹿港溪南岸,旧浊水溪北岸。清朝以前,原住民以原始的渔猎粗耕为主要经济形态。据《番社采风图》之"刈禾图"载:"漳邑各番社男妇耕种收获小米禾稻,至七月间定期男妇以手摘取不用镰、铚,淡防各社亦如此。"[①]在北斗镇志中,荷兰据台时期的"原住民"采取渔、猎、稻、粟的原始农耕渔猎生产方式,居住方面则是:"填土为基,编竹为壁,茅草为屋罩,为防潮及雨水,土基架高,须架梯才能进屋。粟和稻谷置放在屋外数米远的粮仓,可防潮防腐。屋舍外围是圈围,四周种植果木,茂密的刺竹层层环绕。"吃的是糯米和占米。出工时糯米捏成饭团带在腰间,或把米浸在竹筒内,以薪柴煮成竹筒饭。社民亦懂酿酒。一般而言不吃狗肉,其他肉类连毛带皮烧烤,肝生吃,肠熟食,小鱼腌食。服饰上,男子冬以鹿皮为衣,夏以缕缕麻片围绕下身,后受汉人影响,渐改为布衣。妇女盘发用青布包起,上衣短至脐上,下身以布围起,膝下到足踝用青布打绑腿。幼童剃发,到十余岁才留发,婚后四周又剃去。东螺社男女都喜欢穿

---

① 周玺:《漳化县志》,第300页,转引自张哲郎总编:《北斗镇志》,北斗镇公所1997年版,第112～113页。

大耳洞,有人甚至因此而断耳。每年九、十月收获以后,社民赛戏过年。男女老幼穿上最漂亮的服饰,青壮年头上插着五彩鸟羽,一起欢度节庆。社民把最丰盛的酒菜摆出来,大家开怀畅饮,唱歌跳舞。①

以上历史文献和台湾当地史志文献资料足以说明,台中平原一带的原住民是少数民族,而这些少数民族的原始生产方式以及节庆祭祀形式和时间的选择与大陆西南、中南地区的苗族、侗族、壮族、水族等古代稻作民族的生产方式、生活方式基本一致。壮侗苗瑶水等民族最早种植的都是以糯稻为主,吃团粑饭;从江县岜沙苗族男人头发至今仍然是四周剪去,留头顶的一撮长发,男女穿耳吊大环,节庆日身穿五彩鸟羽;每年最热闹的不是汉人的春节,而是每年的半年祭或收获祭。即尝新节或收获祭。云南的佤族、基诺族、彝族倮支、景颇族等,古时为了收获祭和男性成人礼,要用头发或胡子茂密的人头做祭奠,在台湾泰雅人中称"锄草"。古百越后裔的傣族、黎族以纹脸、文身为魂归宗族的标志,且传承至今。②

在荷兰人占领台湾后,为了大量的出口鹿皮,以汉人为"社商",和平埔族交易。从此,平埔人打破原有的自给自足、丰衣足食的生活模式,与外界接触频繁起来。明末至清朝,随郑成功攻占台湾,大量的闽南子弟兵入台转民定居,为生存而想方设法甚至不惜流血械斗开拓家园田产。种种原因,平川丘陵地区的少数民族几乎都被迫迁徙深山。

这些少数民族丢失田产家园的主要原因有:(1)在泉漳人争夺战中因帮一方而被另一方追杀,被迫弃田产逃离家园者;(2)因不满政府苛捐杂税起义反抗失败,背井离乡逃生者;(3)因汉人与之结为兄弟分田地者;汉人娶其女分田产者;(4)租赁不当失田产等种种原因,古朴憨厚的平埔人最终计谋不过朝政者和奸诈的汉人,被赶进深山形成时今的居住生产生活方式。原来的稻(粟)作生产方式和因稻(粟)作生产约定俗成的民俗文化也因生产方式的改变而发生演变,因高山寒冷和缺水,没有了水稻耕作的条件而只能旱(粟)作;因失去田园落荒而逃进深山而只能以狩猎为生。只有传统的祭祀不论时事如何艰难,仍然继续进行。只是稻(粟)作祭祀节日,因生产方式的改变而演变成单一的狩猎祭、粟祭节日。

这个族群也因几百年来的时代变迁,原本在明永历四年、清顺治七年

① 张哲郎总编:《北斗镇志》,北斗镇公所1997年1版,第113～115页。

② 笔者从事西南地区和古百越稻作文化研究三十多年,所述民族均做过田野调查。

（1650 年）调查时还有 92 户 386 人的北斗人，已在现今的少数民族族籍中消失。据传，一些人改为汉族，一些人因通婚融入其他族群。据《北斗镇志》载，台湾光复以后，原迁居到林仔城（后改为蓝城）的平埔后人，只能从姓氏中寻找到东螺社的丝丝踪影。现在村中的豹、宇、茆、乃、坠诸姓都是东螺社的姓，而村民们大都兼有平埔人与汉人的血统。至于东螺社的祖居地北半地区，据镇志编纂人员调查，早在日据时期的昭和五年人口统计中，北半街只有女 2 人；西北半，女 1 人；北势寮女 1 人，无一男性。①

由此可见，台湾少数民族现今传承的节日习俗有着复杂的历史背景与灾难的历史渊源。

二、台湾汉人神灵巡境的内容与背景分析

绕境（菩萨巡城）习俗，在福建、台湾地区乃至马来西亚、缅甸、新加坡、印度尼西亚、泰国等东南亚地区都十分盛行。绕境，即抬着信仰对象（如妈祖、关帝等神灵）绕城内各大街小巷巡城一遍，有拜托神灵巡视全城，镇宅（城）保护人畜平安、驱邪逐疫之功能。

（一）台湾神灵巡境的主要内容与形式

台湾地区一年中最隆重和热闹的节庆日与福建一样，承续的是古越以神灵祭日及原始农耕重大节气为节期的节庆习俗。一般节日如春节、清明、端午、中秋节等只是通常自家过，家家户户团圆、宴餐。全民自发参与、热闹隆重的公共节庆活动的节庆日多是神灵祭日和与原始农耕节气相关的祭日。如正月初九清水祖师祭、农历二月初二玄天大帝祭、三月二十三妈祖祭、五月初五水仙祭（屈原、伍子胥、临水夫人陈静姑等死时与水相关的古代名人）、六月十九观音祭以及关帝祭等民间民俗神灵祭日。

妈祖祭是台湾全岛每个县都有的庙祭。每年农历三月二十三妈祖诞辰和九月初九妈祖化羽升天，各地都会举行盛大的妈祖巡境祭典活动。2011 年 12 月 14—18 日，笔者巧遇台中大甲妈祖庙组织的回大陆泉州恭迎翡翠妈祖上台湾岛的盛大仪式，从大甲区开始跟踪，一路观察到大肚区。每到一集镇，万人空巷，商铺关门，家家户户、男女老少都上街跟队巡境。家家门前摆着供桌和祭品，这支由 600 人组成的回大陆迎玉妈祖的队伍，回到台湾岛上，

---

① 台湾总督府关房临时国势调查部：《国势调查结果中间报》，昭和五年（1930 年），转引自张哲郎总编：《北斗镇志》，北斗镇公所 1997 年版，第 129 页。

就与恭候多时的信民汇成浩浩荡荡上万人的祭典队伍。玉妈祖巡境队逢庙必进,迎神的对方早已经摆开阵势,由大师(法师)舞动香炉在门前与开路先锋对舞七星步法阵舞,然后进庙坪参拜。围观的信民,不论是怀抱婴儿还是由人搀扶的老人,都伺机等候妈祖轿路过身边时,钻到轿底,虔诚地全身卧地,恭迎妈祖轿从自己身体上方越过,能挤到轿底恭迎的人们感到无上荣光与幸福,心情无比激动,仿佛已经获得神灵的保佑。据当地信民说,妈祖诞辰祭时更加热闹,巡境几个县,来去半个月,数十万信民随队参与,一路上都有捐水捐食之人。

　　漳化县鹿港镇老街上有一座天后宫,里面供奉的是黑面妈祖神像,传说是300多年前施琅将军平台的时候请过去的六尊妈祖祖像中的第二尊,又称"二妈"。当年施琅将军海战时恭请妈祖随船行至台湾,妈祖保佑施琅军队顺利地跨过海峡平定台湾。因为施琅带到鹿港的施姓人比较多,后来,施琅将军就把这尊"二妈"妈祖留在了鹿港天后宫供奉着,以保大家平安。至今,每逢农历三月二十三日妈祖诞辰前一个月左右,全台70多座由鹿港天后宫分出香火的妈祖庙主奉神像,由各地香火社团组织銮驾抬着,陆续前来鹿港朝谒祖庙。而大庙的妈祖之前要回大陆上莆田的湄州岛妈祖祖庙进香。回台湾岛时,全镇所有庙宇的神灵都将出来参加巡城绕境,人山人海,盛况非凡。

　　漳化县鹿港镇关帝祭的关帝巡境民俗节庆习俗时间不定,一般一年至少一次,或在关帝诞辰或在关帝回山西拜祖庙回岛日进行。笔者遇到的这次是关帝回岛的庆典活动。鹿港镇上热闹非凡,散落在各街巷的所有庙宇神灵,上百座神像轿和大小傩面鬼神,在人们的拱抬和戴扮下,纷涌街市,参加关帝巡境。在鹿港通过问卷和采访,得知这种习俗传承了数百年,所有参加绕境的社会居民全部是义务参与,各庙会组织的统一服饰则由庙会提供。

　　2012年农历七月十五日,新竹和竹北有两个全民参与的大祭祀。一个是新竹县城隍祭,一个是竹北义民庙客家人一年一次的盛大祭。都是先后几日进行的大祭,所在地无家不动。庙里的神灵全部抬出来参与巡境活动,课题组分成两组,全程跟踪观察。

　　城隍爷巡境是新竹一年中最隆重和热闹的节庆日。城隍庙提前一月开始请戏班子在庙前戏台上唱大戏,七月十五日当天,从中午开始直到深夜。夜里12点多,各庙参加巡境的车队、神灵队、法技表演队、狮舞、北管等表演队才陆续散去。竹北义民节由15个分香大庄一年一轮到义民庙办祭祀,十五年轮一轮,2012年正是15年轮到的竹北办大祭,前后一周就开始进行祭祀程序。正式祭祀的前一天,要赛大猪。一、二、三等奖的大猪才能作为祭品摆上义民庙正殿供神。当天凌晨 4 点,伐竹杆的工人进山伐大竹,做义民庙一年一度的旗杆。五六万客家人从全台湾各地聚集在义民庙,为几百年前战死的孤魂野鬼办祭典、放河灯,场面壮观。

台湾街头的电音三太子

台湾城隍爷巡境

在台湾民间祭祀蔚然成风

台湾的阵头文化

在台湾,本是中国传统的神灵祭,也影响到外来宗教。2011 年 12 月 13 日,为庆祝佛陀纪念馆隆重落成,新竹市佛光山寺、国际佛光会中华总会组织了盛大的"佛祖巡境、行脚托钵"的活动。全台湾的和尚与佛陀真身舍利、护法法师数百人,从中午 1 点到晚上 9 点,进行为期二段的巡境化缘活动。笔者全程跟踪了第一段中午 1 点到下午 5 点新竹市的启程仪式,对全程 4 公里的活动进行实况录像采访,沿路围观和跟行的民众上千人,祭拜的方式与神灵巡境一样,沿街的居民在门前置放小方桌,摆上供品。不同的是,供品多为水果和鲜花,没有米粑、糖果及牺牲祀奉。许多小店都关门参与。人们争抢着、虔诚地把百元纸币、十元硬币投到行脚的和尚钵中,换得和尚们声声祝福。人们把这种投币看作行善积德,消灾化险之举。

(二)台湾汉人神灵巡境的行为传承与背景分析

民间信仰因需要而产生。以漳化县鹿港镇为例,鹿港是清康熙二十三年(1684 年)台湾设府之前由少数民族自治,清乾隆四十九年(1784 年)开放福建蚶江与鹿港通商后开始繁荣发达。从道光年间到五口通商为止,前后 150 余年被称之为台湾文化的"鹿港期"。

鹿港又是历代兵家必争之地,镇上很多居民的祖先是跟着施琅攻打台湾时过来的,当时因条件有限,渡海充满了危险因素。因官兵多来自闽南,该地渔民自宋以来就有信仰妈祖的习俗,施琅为了安定军心,精心备制了多尊妈祖神像置于战船,以保佑其军队渡海顺利,平安无事。施琅军队成功渡海入台之后,见台湾沿海百姓也信仰妈祖,于是,施琅将一尊黑脸妈祖神像留在鹿港,作为保佑留在鹿港官兵和地方百姓的保护神。为提高自己在军队和民众亲民形象与地位,施琅上奏朝廷,建议将宋徽宗时期颁赐"正妃"称号、元朝时皇帝又赐封为"天妃"的福建湄洲妈祖神,再次赐封,以示皇恩浩荡,爱民如子。康熙二十三年(1684 年),康熙准奏,颁赐福建湄洲的妈祖神为"护国庇民妙灵昭应仁慈天后",将台南的宁靖王府改为大天后宫,并派礼部侍郎(三品)致祭,引得更多的民众信仰,妈祖祭最终演变为官祭。① 妈祖巡境保平安的习俗也逐渐传承至今。

迁居鹿港的福建人除了妈祖信仰,还有关帝信仰,并将闽南神灵巡境保平安的传统民俗带到鹿港并传承下来。只是随着战争的远去、经济的高速

---

① 湄州岛上妈祖庙前碑记。笔者调查组成员摘抄整理。

发展,鹿港将士后人和平民百姓,对关帝的崇拜由保人生平安转为求财,对妈祖的崇拜由保海上平安转为保家宅平安。但不论妈祖庙还是关帝庙,有巡境或回大陆进香返台时,都必有绕城巡境庆贺礼仪。鹿港镇上约五六十座庙宇的各路神灵,都有以庙会为单位的社团加迎神绕城巡境活动。参加者分轿夫队、神扮队、后勤队等,有组织有秩序地巡城绕境,见庙神就拜,见接庆者就舞,万人空巷。

在鹿港中山路一家有着百年经营历史的老布店里,店主告诉笔者,平时居民都是个体自营的生活模式,需要互助友爱和团结合作。所以虽然没有政府资助,居民们会自发地通过这种绕城巡境活动加强交流、拉近关系。店主说,这次关帝绕城巡境只是本港人的一次自娱自乐活动,如果是遇到妈祖生日,鹿港更是热闹非凡。届时,全台湾从鹿港天后宫分香出去的各分支都会回祖庙拜神仿古进香,人数多时达到十万人以上。

三、台湾民俗节庆文化演变过程中的政府行为分析

(一)台湾少数民族节庆习俗演变过程中的政府行为

就台湾少数民族的丰年祭而言,近几年世界各地游客赴台看到的台湾丰年祭主要在每年的7—9月举行,综合台湾各媒体的相关报道,其主要内容是,台湾各民族在粮食(原为小米,日据时期后期又改为稻谷)收割、尝新、入仓等收获的各个环节开始或结束时,举行向祖先神灵祷告,祈求保佑农作物顺利收获,并预祝来年五谷丰收、人畜两旺的全民祭祀仪式,祭典一般在1—7天左右。由于居住环境及种植作物的成熟期、收获期不同,各地的节期也不尽相同。近几年在政府的主持下,收获祭与台湾各地少数民族的收获祭一样,改称"丰年祭",时间也由粟谷收获的月圆择日改由主持单位决定节庆日。

2011年9月23日(农历八月二十六日,秋分),台湾新北市三枝乡阿美人的丰年祭在临时租的一处场所(空坪)进行,由乡公所组织的会务组现场办公。除了政府支付活动的费用外,还现场收取参加者的捐款,凡交了钱的人可得一套"民族衣服"并可参加祭典结束后的聚餐。乌来乡泰雅人2011年因为资金不到位,推迟到年底前才草草做了一个小规模的丰年祭(因全台

大选日在即),在外工作的乌来人没几人回去参加。① 据笔者多次实地考察,并研究了大量的台湾少数民族文献资料后得出的结论是,现今被网络和媒体炒得人尽皆知的台湾丰年祭(节),并非是台湾(14个)少数民族本民族按照传承规律自然、自觉举办的旧俗节庆。准确地说,是当地相关部门为了开发旅游文化产业而在原有的历史民俗基础上进行加工、补充、丰富、综合后的新兴节庆活动。

(二)台湾丰年祭的政府行为与神灵巡境民间行为的比较

台湾少数民族和汉族两个不同族群的民间信仰习俗活动,由于出发点不同,政府投入的力度和组织的形式不同,产生的社会影响、经济效益、文化传承的结果都出现很大的反差。

从目的性和社会意义上看,台湾地方政府出面组织、主持、出资、归纳、提炼、创新、丰富少数民族的收获祭节,应该是为了少数民族地区的经济产业开发,提高少数民族的生活质量,保护民族文化遗产,推动民俗传承的行政行为,目的和动机都是无可置疑的。然而,笔者所到之处看到和追踪的"丰收祭"节,却远没有想象中的效果和场景。如同一处旅游景点的表演秀,没能产生感情上的震撼与共鸣。笔者经过实地考察与比较研究,认为在大型民俗节庆活动中,政府行为的介入应该注意以下几个问题:

1.对民俗信仰节庆需要因势利导,而不是以权强俗。一则政坛逸闻,说的是一位市长在新建的市政府大楼前建造了一片清草坪,诸贤达人士建议,为方便行人路行又不破坏草质,在草坪上修几条小径。于是有建议横走,有建议斜径,有建议竖直僻路,有建议弯曲幽径等等。市长淡然一笑说,先不忙修路,一年后待人们自然走出一条或几条路来后,再按走出来的自然途径修建草坪小径。一年后,草坪上出现了几条人们自然走出来的小径,市长安排人从河边运来的漂亮卵石铺嵌成亮丽的草坪小径,得到广大民众的赞赏,草坪的青草也再无人随意踩躏,长得郁郁葱葱。

这则政坛逸闻的立意在于,在某些事情的处理上,政府行为要尊重民间约定俗成的习惯,因势利导。劳动需要技术与技巧,政治也同样需要技术与技巧。面对根深蒂固的民间民俗节庆,尤其是民间信仰节俗,是主观能动地

---

① 2011年5月,笔者承接厦门市重大课题"闽台历史民俗文化遗产资源调查",2011年9月20日,组织了10个专题组长赴台调研,23日在台时遇到新北市三枝乡阿美人的丰年祭节,现场观察和采访。

强制开发还是因势利导,正是我们现在面临的全球性少数民族文化产业开发的问题。尊重民俗传承的原动力、规律性和采取行政命令的效果是完全不一样的。政府行为的不科学性,可直接导致民俗节庆失去原真性和破坏千百年来人们自成体系的思想道德意识,掌控不住或无后继意识形态的精神依托,则会出现诸多社会问题,轻者民心躁动不安,重则影响国之根本。

台北县新北市三枝乡"原住民"百年庆典丰年祭,按理参加的乡民和来宾应该是人声鼎沸,车水马龙。所以笔者在台时得到信息后,认为这个调查机会可遇不可求,遂临时改变行动计划,安排了一半人力和全部摄像器材,全力以赴地赶到三枝乡参与阿美人的百年庆典丰年祭。然而,祭典既没有按传统习俗在祖屋举行,也没有想象中的激动人心的场面。

在租来的草坪上,新北市三枝区公所作为主办单位,负责整个活动的资金和会务接待,在太阳伞罩下,衣着统一服装的工作人员在闲散中接待着零星赶来的人的签名、捐钱,安排活动事务。主席台上,来自台北县各地的阿美人社区头目或副手十余人观看着草坪上十来位衣着民族服饰的中年妇女进行歌舞表演。主席台的左边是观众席,约有四五十位阿美人和衣着汉服的观众在观摩,右边是工作人员的工作棚。主席台对面的空坪上,设有祭祀神龛。整个丰年祭活动没有多少外来观众,本族人参与的也不多,参加表演的除了十余位中老年妇女,还有几位青年男女和衣着民族表演服饰的几个小姑娘。

在新北县乌来乡泰雅人社区,笔者没有赶上丰年祭活动。原定七八月举办的丰年祭,因资金不到位,一直拖延到 11 月才举办。第一次赴台到乌来考察时,曾问及几位乌来的泰雅人居民,他们对政府主持的丰年祭并不是很热衷。我们问他们:"今年的时间过了还没举办丰年祭,你们不急吗?"对方回答:"政府不出钱,谁来办呢?"①再次赴台后得知乌来的丰年祭在 11 月已举办,我们向乌来乡的老人问至此事,表现出的也是淡然态度。

在台湾被称为"原住民"的少数民族,历史上的收获祭是一年中最隆重热闹的节庆日,收获祭办节日期自古就有严格的规定。节庆期间,所有在外地的族人都会赶回家参加收获祭,全族(社)人会聚集在大头目的屋里或专门祭祖的祖屋里举行祭祀仪式,然后开怀狂饮,载歌载舞共度节日。聚餐也是人人有份,不用凑份子。这个习俗在大陆的西南地区侗族、壮族、苗族和

---

① 2011 年 9 月 22 日,厦门市社科重大课题《闽台历史民俗文化遗产资源调查》在台湾新北市乌来乡问卷和采访。

哈尼族等民族中传承至今。

综合台湾媒体报道,2010 年,在台东,阿美、鲁凯、排湾、卑南、噶玛兰等 5 个族群的 146 场"丰年祭"从 7 月 2 日开始举办,至 8 月 22 日结束。在花莲,阿美部落的庆丰收歌舞、布农部落的八部合音、赛德克部落的木口琴表演,以及噶玛兰部落的织造、撒奇莱雅部落的美酒,都将一一呈现在"丰年祭"的舞台上。当地还不惜花巨资在"丰年祭"期间举办"夏恋嘉年华"活动,邀请众多知名艺人参演,以期吸引观光客造访。① 然而收获没有达到举办方的设想。

据笔者在台湾新北市乌来乡泰雅人采访和从乌来乡原住民博物馆得到的资料显示,台湾少数民族的收获祭近十来年一直是各地政府在资助举办。开始时,各民族民众非常感谢政府对本民族的历史民俗的重视和资助,在外地工作、生活的原部落成员也会回到部落,参加祭祀和节庆活动。然而,有的地方由于政府组织、资助的丰年祭节庆活动受市场因素和资金的限制,办了几届仍然开发不动旅游产业,加之每年的丰年祭并不是本民族传统意义的收获祭,族人不认同,故而对丰年祭的投入和热情有些松懈。笔者分析,2011 年乌来乡原本计划在 7—8 月进行的丰年祭,拖至 11 月才草草完成,原因就在于此。

2. 尊重民俗自然规律,坚持民间事民间办、政府引导的指导方针。与政府利用原住民历史民俗办节会以进行文化遗产保护的效果截然不同的是,在台中或台北、台南,没有政府资助、主持,完全由汉人乡民自发组织的"神灵巡境",却数百年长兴不衰。他们一代又一代,按着传统自然自觉地进行着历史民俗文化遗产的传承与保护。

据台湾《安平县杂记》②载:"三月,北港进香,市街里保民人沿途往来数万人,日夜络绎不绝,各持一小旗,挂一小灯(灯旗写'天上圣母'、'北港进香'八字)。迨三月十四日,北港妈来郡乞火,乡庄民人随行者数万人。入城,市街民人款留三天。其北港妈驻大妈祖宫,为合郡民进香。至十五、十六日出庙绕境,沿途回港护送者蜂拥,随行者亦同返。此系俗例,一年一次

---

① 产业网报:《台湾少数民族"丰年祭"热闹登场 8 月 22 日结束》,2010 年 07 月 13 日。

② 《安平县杂记》系台湾文献丛刊第五十二种,由台湾银行经济研究室编印,原抄本收藏在台北图书馆。其成书时间、作者均无记录可寻,据编印者推测,可能为日据时代台湾的上层知识分子所著。

也。三月二十日,安平迎妈祖。是日,妈祖到鹿耳门庙进香,回时庄民多备八管鼓乐诗意故事迎入绕境,喧闹一天。是夜,禳醮踏火演戏闹热,以祈海道平安之意。一年一次。郡民往观者几万。男妇老少或乘舟、或坐车、或骑马、或坐轿、或步行,乐游不绝也。"①

从台湾历史文献记载的安平妈祖祭时况来看,台湾早在清代至日据时期以前,神灵巡境的习俗就风靡一时,人们是如此虔诚地信仰原始宗教,把宋代莆田湄洲岛上一位常在海边救人于危难,以至牺牲生命的渔家女视为平安保护神。数百年之后的台湾岛,仍然十分崇拜祖神,笔者前后两次到台中的鹿港妈祖庙和大甲镇南宫妈祖庙、大肚区观摩翡翠妈祖回岛时的妈祖巡境,仍然如《安平杂记》中所描述的一样,盛况空前,万人空巷。从几位抱着褓裸婴儿的年轻母亲钻到妈祖轿下全身伏地虔诚恭迎妈祖轿越过后,起身时的无比幸运、荣光、满意的脸上表情即可读到答案。

针对历史民俗中的民间信仰文化遗产保护问题,笔者曾采访过几位法师、庙祝和民众,回答的意思大体一致。在台湾,婴儿还在母亲的怀里就开始感受拜妈祖的神秘与神圣。用鹿港书屋张先生的话,和大肚区义务为巡境阵队表演进门七星步法术的业余法帅杨先生的话说,神灵巡境更多的是带给人们一种吉祥平安,求福祈祷有门的机会,因为人们在漫长的生活中,需要精神支柱,在市场经济和不同社会制度下的台湾人,更需要心灵的归属和精神支柱,他们把这种寻求心灵归属和保护的愿望寄托到了神灵的身上,所以才会家家户户、世世代代地参与社会举办的这些神灵崇拜活动。

这些活动非常民间化,虽然没有政府资助,但人们会以庙为单位,自发、自费地参与巡境,目的除了寻求神灵的保佑,同时也为了借此机会联络邻里亲朋好友的感情,寻求互助友爱,达到团结合作之目的。因为人人的心里需要帮助也同样乐意帮助别人,需要亲情和友谊,这些需要不会因为社会体制不同,观点不同而改变。台湾的学者告诉我们,神灵巡境与其说是一个民间自发的文化遗产保护行为传承,倒不如说是人们为文化寻根,以历史民俗为线,下意识地将祖先的历史文化代代相传。

台湾学者的话,让我们深刻地感受到民俗学文化波理论在这里得到如此真实的实践。妈祖祭和神灵巡境历史民俗源于闽南地区。这些习俗在闽南地区曾经消失或规模变小,近年国家尊重保护民间文化政策的推行,原本

---

① 范胜雄:《府城的节令与民俗》,台湾建筑与文化资产出版社2000年版,第98页。

消逝此类民间节日习俗正在被恢复,在台湾以泉州人、漳州人为主的汉人完好地保存着,并未中断。

　　3. 台湾丰年祭与神灵巡境带给人们的思考。民俗节庆,之所以成为历史民俗传承至今,是因为民众对它有着广泛的需求。尤其是历史民俗文化遗产中的信仰节俗,是人们千百年来因需要产生的精神寄托,根深蒂固,不是几个文件或行政指令能彻底改变的。因此,不尊重历史节俗的特殊性与传承的必然性是不科学的。如台湾各少数民族的收获祭和大陆少数民族的收获祭,本是件非常严肃认真的大祭,在祭祀地点、时间、程序上有着非常严格的要求和严肃的场所气氛。有的民族在播种之前祭,有的则在收获之后祭,有的民族在开春祭。如果当地政府硬是将其统一在九、十月举行丰年祭,或是根据现在人们节假日的时间空当安排节会日期,办节会的场所早已失去原始的氛围,给人以作秀的感觉,不仅海峡两岸的少数民族感觉不到神灵和祖先的保佑与祝福,把参与之事不当生活中的大事、要事,不感兴趣,观光客人也会因为没有新鲜感和神秘感而放弃观摩。

　　再者,民俗文化遗产一般具有重要的历史认识价值、文化价值、艺术价值、科学价值、政治价值等,但不一定具有显著的经济价值。然而,某些地方政府,为了拉动旅游文化产业,盲目操办文化节庆活动,错误地把经济价值或盈利多少作为文化遗产评估的首要标准。台湾的妈祖祭、关帝祭、佛祖巡境等民间信仰节俗,并没有切实和伸手即得的经济价值,更不能达到赢利之目的,但在台湾却具有重大社会价值,故台湾省长和新竹的市长等政府要员都提前赶到佛祖巡境的启动仪式场地,认真地参加民俗的巡境启动仪式。

　　最后,政府的职能是制定方针政策,督察、落实文化遗产保护的项目和措施到位。引导民间节日民间办,利用历史民俗聚人气的力量和其特殊性与神秘感,吸引外资、吸引人气,拉动第三产业的发展才是硬道理。例如台湾泰雅人、阿美人等多个族群历史上都有收获祭、五年祭、首级收藏祭等历史民俗,如果当地政府利用这些节庆习俗,去糟粕取精华,宣传这些历史节庆习俗的历史渊源与神奇效果,让游客选择原住民原定的时间和场所去真实地观摩,效果就会很不一样。现代社会曾有锄草(首级收藏祭)历史的民族,虽然早已杜绝取人首级的历史,但存放在各乡镇博物馆的民族历史展览也会起到很好的效果。比如乌来乡博物馆、屏东原住民文化园、南投九族文化园等都是成功的例子。台湾的神灵巡境习俗也是一样,政府引导、宣传到位的话,不仅大陆的游客会按时赶去旅游观光,全世界热爱中华传统历史民俗的人也会为了观察中国旧俗中的民间信仰情景而来台湾,弥补在大陆看不到的遗憾。

这两年在台湾不同地方观察历史民俗节庆,感受最深的是依靠政府办节会的少数民族丰年祭的不良变异和汉人节俗的良好传承,在一定程度上说明了政府部门在保护历史民俗文化遗产的政策与措施值得商榷。

台湾地区政府部门对少数民族地区开发旅游文化产业的扶植与定位也是有许多经验值得我们参考的。1987 年台湾"原住民"文化园区设立,1989年台湾"教育部"公布第一届重要民族艺术艺师,1994 年顺益台湾"原住民"博物馆设立,1995 年发生漳化县鹿港老街保存事件,1998 年公布第二届重要民族艺术艺师,同年台湾文建会举办"全国文艺季"①,以及为保护"原住民"的文化遗产,7 年前就采取了中学生升级加分且不封顶的政策,极大地推动了台湾少数民族后代学习母语,了解本民族历史民俗,体验民俗节庆活动等,对一个民族传承性,对推动台湾开发旅游文化产业起到了重要作用。

从上述采访和调查内容所示,不仅台湾面临少数民族历史民俗文化遗产保护过程中的政府行为定位问题,大陆也同样面临类似问题。台湾地区政府对保护少数民族历史民俗文化遗产的种种措施告诉世人的是,面对少数民族民间信仰节俗,是持续全包资贴还是断奶放养存活?台湾少数民族历史民俗由传统自发的行为传承到政府组织参与、带有行政行为的人为传承,从活态传承到静态博物馆陈列,是社会发展不可避免的事实现象还是可以抢救与保护传承下去的文化财富,值得商榷。从表象看,台湾少数民族历史民俗文化遗产尤其是节庆习俗今天的传承模式,将可能成为大陆少数民族历史民俗文化遗产节庆习俗的明天归属。通过观察台湾神灵绕境的民众自发传承行为,我们看到文化自觉与社会需求等因素会使历史民俗文化遗产的传承具有广阔的空间。

---

① 林会承:《台湾文化遗产保存史纲》,远流出版事业股份有限公司 2011 年版,第181~183 页。

附　录

附录一　节日习俗调查报告目录

1.《厦门同安莲花镇道地自然村节日习俗调查报告》

2.《赴台湾6县\市民俗节日田野调查情况手记》

3.《漳州市云霄县开漳圣王巡安活动调查报告》

4.《厦门翔安区新店镇霞浯村节日习俗调查报告》

5.《厦门同安莲花镇小坪村道地自然村节日习俗调查报告》

6.《漳州市漳浦县杜浔镇节庆习俗专题调查报告》

7.《泉州鲤城区节日习俗调查报告》

8.《泉州市安溪县湖头镇湖二村节庆调查报告》

9.《同安区莲花镇小坪村道地自然村节日及饮食习俗调查报告》

10.《莆田市民俗节日"打铁球"调查报告》

11.《南安市梅林镇传统普度与中元节调查报告》

12.《泉州市南安县石井镇淘江村节日习俗调查报告》

13.《泉州市南安县石井镇淘江村民俗活动调查报告》

14.《门市同安区莲花镇道地自然村节日习俗调查报告》

15.《厦门同安莲花镇小坪村庙村踏火节调查报告》

16.《厦门市翔安区马巷镇节日习俗调查报告》

17.《厦门同安清明习俗调查》

18.《翔安区新圩镇古宅村"抢灯"民俗调查报告》

19.《福州市闽侯县鸿尾乡千里洋村元宵节调查报告》

20.《厦门正月初八"天公生"节日习俗调查报告》

21.《泉州市安溪县元口村正月佛事调查报告》

22.《厦门市同安区莲花镇军营村"进香"民俗节日调查报告》

23.《三明市大田板凳龙文化的调查报告》

24.《漳州龙海市角美镇西边村"请王设醮"节日习俗调查报告》

25.《泉州市百崎回族乡里春村"跳火群""烧塔仔"调查报告》

26.《同安区古庄村"热闹"节日习俗调查报告》

27.《莆田市仙游县龙华镇金建村杨氏游神活动调查报告》

28.《厦门同安湖井村闽南李氏始祖、老祖巡安节日习俗调查报告》

29.《泉州市安溪县湖头镇湖二村节庆习俗调查报告》

30.《龙岩市永定县坎市天后宫妈祖诞辰节日习俗调查报告》

31.《南平市蒲城县富岭镇马家庄村节庆习俗调查报告》

32.《南平市蒲城县富岭镇双同村圳边村节庆习俗调查报告黄辉海》

33.《南平武夷山市下梅村节庆习俗调查报告》

34.《宁德屏南县双溪节庆习俗调查报告》

35.《宁德市屏南县棠口乡漈头村节庆习俗调查报告》

36.《莆田仙游县盖尾镇前连村节庆习俗调查报告》

37.《三明市将乐县余家坪、良地村节庆习俗调查报告》

38.《三明市沙县凤岗街道漈硋村节庆习俗调查报告》

39.《永春岵山镇塘溪村节庆习俗调查报告》

40.《永春县岵山镇岭头村节庆调查报告》

41.《永春县岵山镇铺上村和铺下村节庆习俗调查报告》

42.《漳州市石坑村节庆考察报告》

43.《漳浦县杜浔镇"二月社"节日习俗考察报告》

44.《漳州市漳浦县杜浔镇正阳村巡境仪式田野调查》

45.《漳州市漳浦县杜浔镇正阳村选举仪式田野调查》

46.《宁德市福安畲族节庆习俗田野调查报告》

47.《宁德市福安畲族文化节开幕式表演调查报告》

48.《泉州七夕"乞巧"节日习俗调查报告》

49.《永春县岵山镇节日习俗调查报告》

50.《厦门市翔安区五星村封建日节日习俗调查报告》

51.《厦门海沧区海沧镇后井村节日习俗调查报告》

52.《漳州市云霄县列屿镇、东厦镇节日习俗调查报告》

53.《同安"封建日"节日习俗调查报告》

54.《南平市延平区樟湖七月七巡蛇调查报告》

55.《宁德市柘荣县送马仙节日习俗调查报告》

56.《泉州与澎湖"乞龟"元宵民俗活动调查报告》

57.《厦门中秋博饼民俗调查报告》

58.《厦门正月初九"天公生"调查报告》

59.《闽西客家地区"打船灯"民俗活动调查报告》

60.《龙岩市连城县"游大粽"民俗活动调查报告》

61.《龙岩市连城县庙前镇庙前村江氏"红龙缠柱"民俗调查报告》

62.《长汀县濯田镇升平村"保苗节"中的"推轿斗力"》

附录二　《闽台民间节庆传统习俗文化遗产资源调查》调查对象名单列表

调查受访人汇总表（按地区）

地区	采访地点	受访人	性别	年龄	职业／职务	备注
泉州	泉州市安溪县湖头湖二村	李　镇	男	60岁	小卖部老板	小学文化程度
		陈　丽	女	58岁	小卖部老板	小学文化程度
	泉州市鲤城区浮桥街道岐山村	吴红梅	女		居民	
	泉州市安溪县元口村	刘雪芬	女	41岁	村民	
		郑玉英	女	67岁	村民	
		刘甲乙	男	34岁	村民	
		刘宜竹	男	69岁	村民	
		陈　婷	女	67岁	村民	
		郑丽菜	女	31岁	村民	
		傅艺杰	男	13岁	村民	
		刘雪芳	女	38岁	村民	
		郑志艺	男	42岁	村民	
		郑文旭	男	23岁	村民	
厦门	同安区汀溪镇古坑村	叶金沙	男	81岁	村民	文盲
		叶建成	男	54岁	村民	小学文化程度
		叶荣煌	男	52岁	村民	初中文化程度
		叶　胜	男	61岁	村民	文盲

地区	采访地点	受访人	性别	年龄	职业／职务	备注
厦门	同安区莲花镇	洪参议	男	48岁	种茶（制茶和经营茶叶生意）、村委会委员（同安莲花褒歌，省非物质文化遗产传承人）	高中文化程度
	翔安区新店镇	吴沅衍	男	52岁	厦门翔安区新店镇前霞浯村书记	
	翔安区新圩镇东寮村	蔡乌麋	女	67岁		
		蔡碧	女	50岁		小学文化程度
		郑碧霞	女	60岁		
		陈佳添	男	56岁		
漳州	开漳纪念馆	汤毓贤	男	50岁	馆长	本科文化程度
	云霄将军庙	汤三再	男	79岁	云霄将军庙主委	
		谢鹏志	男	66岁	广告公司董事长	高中文化程度
		方群达	男	66岁	退休，长期从事文史研究工作	高中文化程度
	云霄威惠庙	柳共和	男	58岁	云霄威惠庙副主委	初中文化程度
	汤氏祠堂	汤家旺	男	73岁	汤氏祠堂顾问	小学文化程度
		汤文雄	男	44岁	汤氏祠堂族长	
		施振成	男	79岁	农民	小学文化程度
	陈岱镇礁美村	施定规	男	84岁	陈岱镇礁美村老人会会长	小学文化程度
	施氏祠堂旁	陈玉云	女	76岁	做小生意	小学文化程度
	诏安县东沈村	沈耀贞	女	77岁		
		沈菲菲	女	23岁		
		谢淑茶	女	42岁		
		沈木雄	男	42岁		
		沈建和	男	84岁		
		沈宗宝	男	78岁		
		沈金番	男	83岁		
	漳州市龙海市角美镇西边村	黄启全	男	47岁	村民，曾当过香头	高中文化程度
		林亚美	女	70岁	村民	

地区	采访地点	受访人	性别	年龄	职业／职务	备注
莆田	莆田市黄石镇清中村	周梅英	女	52岁	农民	小学文化程度
		翁文洪	男	51岁	农民	初中文化程度
漳浦	文卿村	邱坤元	男		村书记	1396017936
		邱子梅	女	75岁	务农	
		邱木礼	男	84岁	旧镇党委书记	0596-3881990
		邱耀海	男	69岁	关帝君庙住持	历代24-25代住在文卿村
	正阳村	洪永景	男	75岁		小学文化程度
		洪宝贵	女	62岁	务农	
		洪四宗	男		正阳村庙理事	05963883937
		邱东升	男	43岁		
		洪阿嘉	男	44岁	做收藏生意兼职排宵仪式主持	
		洪木才	男	40岁	32届二月社副首事	
		洪艺群	男	42岁	32届二月社正首事	
		洪开明	男	42岁	第一中学政治老师	
		黄永照	男	38岁	正阳村首事会计、经营电焊不锈钢,铝合金加工生意	
		李永福	男	42岁	出纳兼水产养殖	
		胡春华	女	31岁	正阳村第6队	13960105959
		洪办	女	56岁	正阳村第6队	
		邱金	女	69岁	正阳村村民	
		洪川	男	69岁	正阳村第5小组	原杜浔中心小学校长
		洪两全		60岁	正阳村村委书记	任职12年

地区	采访地点	受访人	性别	年龄	职业／职务	备注
漳浦	范阳村	卢永港	男	64 岁	范阳村第 4 队	0596 – 3881423
		卢乌人	男	70 岁	原范阳村村委书记，任职 30 多年	
	杜浔镇	吴站长	男	39 岁	杜浔镇文化站长	
		卢天俊	男	55 岁	工程机械操作	高中文化程度
		邱昆山	男		文卿村支委	13960179361
		邱志权	男	43 岁	雇工	
		洪天友	男	40 岁	从事运输业	高中文化程度
		洪和碧	男	71 岁	在大队时从事会计 22 年	高中文化程度
	近城村	洪俊民	男	67 岁	算命先生	初中文化程度
		陈真治	女	39 岁		
南安	南安市美林镇洋美村	杨梅英	女	68 岁	务农	小学文化程度
	南安市石井镇淘江村	林阿思	男	79 岁	农民	文盲
		陈小桃	女	44 岁	个体商户	小学文化程度
		李学西	男	39 岁	靠海为生	
三明	三明市大田县南山路	郭兆隆	男	51 岁	务农	高中文化程度
台湾新竹	新竹县	黎永钦	男		县长秘书	新竹县义民庙俗交流
	新竹县	刘珈恺	男		刘姓宗亲会竹东分会长	竹东镇宗氏文化采访
	新竹县	谢赐龙	男		民俗学者	台湾客家学研究
	新竹县	魏北沂	男		义民庙总干事	义民庙采访
	新竹县"原住民族"行政处	姜礼仙	男			"原住民"非遗保护交流
	新竹县政府国际产业处大陆科	钱运财	男		平埔族民俗	
	新竹县工业园区	卫政富	男		客家民俗	
	新竹县尖石乡政府	云天宝	男		乡长	泰雅人民俗及非遗保护交流
	新竹县竹东镇长春路	彭永钧	男		海洋文化学者	

地区	采访地点	受访人	性别	年龄	职业 / 职务	备注
台湾新竹	新竹县竹北市中正路219巷20号	廖荣进	男	60岁	祭祀公业总干事	
		钱汉昌	男	70岁	现任七姓公宗亲会长	
	新竹县"原住民"文化艺术永续发展协会	沙云达鲁	男			新竹县少数民族艺术
	新竹县竹北民生街11巷	田文龙	男			田屋八音（北管）
	新竹县湖口新丰詹姓宗亲会	詹桓次	男		客家学者	
	新竹县廖姓宗亲会	廖奇泉	男		汉人入台民俗变迁	
	新竹新丰乡新堂村	陈清合	男		池和宫总干事	
	新竹都城隍庙	柯金助	男		驻庙道长	城隍庙俗采访
		张万泉	男		驻庙道长	
	新竹县湖口乡中势村	张福普	男			湖口联庄祭采访
	新竹县湖口地理师	黄云举	男			民俗采访
	新竹县碾米工会	詹益源	男			新竹农业采访
台湾苗栗县	苗栗县后垄镇外埔里吉兴宫	许素玮	女	58岁	外埔里里长	
	苗栗县赛夏人民俗文物馆（私人）	潘秋荣	男			赛夏人民俗采访
	苗栗县三义乡广盛村	张信裕	男			民间手工技艺采访
	苗栗县后龙镇海埔里	王启仁	男		渔业民俗学者、石沪	
	苗栗县南庄乡东河村	风健福	男			苗栗赛夏人民俗
	苗栗县南庄乡文化路	江醒闻	男			江记花密传统饮食
	苗栗县南庄乡文化路	陈文锟	男			灯熏鳟鱼传统制作
	苗栗县南庄乡东河村	徐年枝	男		"原住民"编织技师	
	苗栗县南庄乡东河村	风德辉	男		赛夏人语言研究中心	

地区	采访地点	受访人	性别	年龄	职业／职务	备注
台湾 南投县	南投县埔里镇清新里	伍约章	男			外来宗教采访
	南投九族文化园	许逸明	男			九族园各民族民俗采访
台湾 台北市	台北市罗斯福路三段81号	王可富	男	80岁	大律师	
	台北市北平东路30号	王建平	男			汉人入台民俗变迁
	台北市新生北路二段	高江孝怀	男		台湾"原住民"权益保护协会	泰雅人民俗
	台北县乌来乡瀑布路	郑美花	女			专长文化歌舞艺术
	台北地理师	易逍遥	男			民间信仰采访
台湾	新北市乌来区公所	王立文	男			泰雅人民俗、交流
	桃园县平镇市环南路	林峰	男		中华宝岛文化经济贸易交流发展协会理事长	汉人入台民俗
		姜建鹏	男			
	台东市中华路2段	张健三	男			"原住民"营造合作社农渔业与手工技艺采访
	台东县东河乡兴昌村	陈心怡	女			夫妻开民宿的市场方向采访
	台东县卑南乡明峰村	郑春喜	男			台东卑南人民俗
	台中市北区北兴	詹明锦	男			手工技艺与击剑采访
	台中市	王健清	男		计程车司机	游客现象采访
	台中县龙井乡大肚区	廖义雄 杨法师	男			巧圣先师庙采访
	台南居士	陈瑞彬	男			民俗采访
	新营市隋唐街	李启明	男		中国口传文学学会	
	漳化县鹿港镇文史工作	陈仕贤	男		文史学者	

地区	采访地点	受访人	性别	年龄	职业／职务	备注
台湾	海峡两岸合作发展基金会董事长	张世良	男			漳化佛学交流
	"中央研究院"民族研究所	黄树明	男		所长、院士	
	交通大学客家文化学院	庄英章	男		院长、专家	
	南开科技大学	张永桢	男		副教授（台湾研究）	
	台东大学	蔡政良	男		博士（民族研究）	
	台湾明新科技大学	罗元宏	男		副教授，民俗学者	
	美国普林顿大学儒学院	王胜生	男		教授、博士，汉文化	
	中央大学客家学院	李贤明	男		客家、赛夏人民俗学者	
	金门技术学院	杨再平	男		金门民俗学者	

参考文献

1. 毓璋：光绪《漳州府志》卷三八,《民风》。

2. 顾颉刚：《走在历史的路上——顾颉刚自述》,江苏教育出版社 2005 年版。

3. 郑振满：《神庙祭典与社会空间秩序——莆田江口平原的例证》,王铭铭、王斯福主编《乡土社会的秩序、公正与权威》,中国政法大学出版社 1997 年版。

4. 维克多·特纳《仪式过程:结构与反结构》,中国人民大学出版社 2006 年版。

5. 民国《平潭县志》卷二一,《礼俗志》。

6. 施鸿保：《闽杂记》卷七《乌白旗》。

7. 石峰：《朝圣与族性差异——对特纳"交融"概念的省思》,《世界民族》2010 年第 3 期。

8. 林国平：《闽台民间信仰渊源》,福建人民出版社 2003 年版。

9. 郑工：《文化的界限:福建民俗与福建美术研究》,海潮摄影艺术出版社 2002 年版。

10.《大甲镇澜宫志——进香仪典篇》,财团法人大甲镇澜宫董事会 2005 年发行。

11. P. Sangren, *History and Magical Power in a Chinese Community*, Stanford University Press, 1987.

12. 张珣：《大甲妈祖进香仪式空间的阶层性》,黄应贵主编:《空间·力与社会》,台北:"中央研究院"民族学研究所 1995 年。

13. 王铭铭：《"朝圣"——历史中的文化解释》,《文化、族群与社会的反思》,北京大学出版社 2005 年版。

14. 范正义、林国平《闽台宫庙间的分灵、进香、巡游及其文化意义》,《世界宗教研究》2002 年第 3 期。

15. 钱穆:《现代中国学术论衡》北京:生活·读书·新知三联书店 2001 年版。

16. 台湾总督府临时台湾习惯调查会:《番族习惯调查报告书［第五卷］排湾族.第三册》,"中央研究院"民族研究所 2004 年编译、出版。

17. 松岗格:《日本稻作文化对台湾的影响——论日治时代台湾殖民地政府的相关稻米政策——Influences of Japanese Rice – Cropping Culture in Taiwan》,2009 国际人类学民族学第 16 届世界联合大会论文。

18. 管彦波:《民族地理学》,社会科学文献出版社 2011 年版。

19. 张哲郎总编:《北斗镇志.第一章北斗的先居民》,北斗镇公所 1997 年出版发行。

20. 产业网报:《台湾少数民族"丰年祭"热闹登场 8 月 22 日结束》,2010 年 07 月 13 日。

21.《安平县杂记》,台湾银行经济研究室编印。

22. 范胜雄:《府城的节令与民俗.附录＜安平县杂记＞》,台湾建筑与文化资产出版社 2000 年版。

23. 林会承:《台湾文化遗产保存史纲》,远流出版事业股份有限公司 2011 年版。

24. 林国平:《闽台民间信仰源流》,福建人民出版社 2003 年版。

25. 宋兆麟《会说话的巫图:远古民间信仰调查》,学苑出版社 2004 年版。

26. 李天锡:《华侨华人民间信仰研究》,中国文联出版社 2001 年版。

27. 游谦、施芳珑:《宜兰县民间信仰》,宜兰县政府 2003 年版。

28. 王继英:《民间信仰文化探踪》,民族出版社 2007 年版。

29. 林美容编:《台湾民间信仰研究书目》,"中央研究院"民族学研究所 1997 年版。

30. 刘还月:《台湾民间信仰小百科》,台原出版社 1994 年版。

31. 张禹东、刘素民:《宗教与社会:华侨华人宗教、民间信仰与区域宗教文化》,社会科学文献出版社 2008 年版。

32. 彭维斌:《中国东南民间信仰的土著性》,厦门大学出版社 2010 年版。

33. 陈桂炳:《民间信仰与社会和谐:以闽南及台湾地区为研究视野》,方志出版社 2010 年版。

34.黄萍瑛:《台湾民间信仰"孤娘"的奉祀:一个社会史的考察》,稻乡出版社 2008 年版。

后　记

　　从田野到研究案桌，我们整整花了 2 年多时间。当我们在电脑键盘敲打这最后的思考时，眼之所及的文字正隐约散发着泥土、汗水、香火和笔墨混杂的气味。

农耕文化孕育了丰富的历史文化资源

春华秋实与节令习俗息息相关

很庆幸参与了刘芝凤教授领衔的 2011—2013 年厦门市社科调研重大课题《闽台历史民俗文化遗产资源调查》项目。作为其中重要的子课题之一《闽台民间传统节庆习俗文化遗产资源调查》，从 2011 年 5 月开始实施田野调查，在福建 9 个大市 50 多个县市区和台湾 9 个县市区的乡镇做实地考察、访问笔录、摄影摄像。平均每个县市区采访 1～4 个乡镇，每个乡镇走访一两个村。采访所得的文字、影像资料丰富、完整、翔实、独家，具有较好的研究价值。正如本书的评审专家、福建民间文艺家协会副主席、福建省民俗学会副会长陈育伦教授所说"本书稿内容比较充实，对闽台各地众多的民间节日形成的历史背景、流传演变，以及节庆的各种表现形式都有较翔实的叙述，在已出版的各种闽台节日书籍中，本书稿在内容的广泛度和深度上都有所超越，特别是本书稿不单纯是对闽台各地各种节俗的形态做静态的叙述，而是有纵向的探寻，横向的比较，以及对其文化内涵的探索，使本书稿具有一定的科学研究价值"。

课题组专项调查

田塍庙前留下我们的身影

漳州龙海县保泉宫访问现场

　　本专著由郭肖华负责综述和调查分析部分,负责全篇统稿。第二、三、四章节主要由林江珠副教授撰写整理,课题总主持人刘芝凤负责审稿、校改。在整个调研和写作过程中,刘老师无时无刻的激情与责任时时地激励和鞭策着我们,她全年无休的风尘仆仆身影和咬住青山不放松的韧劲牵引着我们,跌跌撞撞而又踏踏实实地完成了既定的任务。虽辛苦,却欣慰。

　　本课题由郭肖华、林江珠、刘芝凤、胡丹等老师和几十位同学共同协作完成。在此,向所有参加本课题的全体师生和台湾朋友表示衷心感谢;向所有接受访问并无私作答的采访对象表示敬意,你们的真实言语是构成本专著的最有血肉的部分;向本专著中被引用过资料,却一时无法向作者本人请示的学者表示歉意;感谢厦门市社科联领导、专家的抬爱与关注,让我们在课题调研中始终饱含热情与信心;特别感谢陈育伦教授认真、细密、严苛的审稿,正是他提出的修改意见,让我们在篇章结构、史料佐证、习俗分布、归类等方面调整得更到位、更完整。

闽台民间节庆习俗文化资源绵长、丰厚,就像一个无尽的宝藏,永远等待着人们去挖掘和发现。像所有前辈学者一样,我们只是做了又一次的集体勘测与梳理而已。这样的工作,远没有结束,也永不会结束,我们愿意带着敬畏和好奇,充满感情与责任,穷其一生,去探寻、去追随、去传承、去传播。

郭肖华

2013 年 9 月 27 日

图书在版编目(CIP)数据

闽台民间节庆传统习俗文化遗产资源调查/郭肖华,林江珠,黄辉海著. —厦门:
厦门大学出版社,2014.5
(闽台历史民俗文化遗产资源调查)
ISBN 978-7-5615-4990-2

Ⅰ.①闽…　Ⅱ.①郭…②林…③黄…　Ⅲ.①节日-风俗习惯-资源调查-福建省
②节日-风俗习惯-资源调查-台湾省　Ⅳ.①K892.1

中国版本图书馆 CIP 数据核字(2014)第 046308 号

厦门大学出版社出版发行
(地址:厦门市软件园二期望海路 39 号　邮编:361008)
http://www.xmupress.com
xmup @ xmupress.com
厦门集大印刷厂印刷
2014 年 5 月第 1 版　2014 年 5 月第 1 次印刷
开本:720×1000　1/16　印张:16　插页:4
字数:290 千字　印数:1～4 000 册
定价:40.00 元
本书如有印装质量问题请直接寄承印厂调换